WESTEND

HEIKE LEITSCHUH

ICH ZUERST!

Eine Gesellschaft auf dem Ego-Trip

WESTEND

Mehr über unsere Autoren und Bücher:
www.westendverlag.de

Die Deutsche Nationalbibliothek verzeichnet diese
Publikation in der Deutschen Nationalbibliografie;
detaillierte bibliografische Daten sind im Internet über
http://dnb.d-nb.de abrufbar.

ISBN 978-3-86489-228-8
© Westend Verlag GmbH, Frankfurt/Main 2018
Umschlaggestaltung: © Jasmin Zitter, ZitterCraft, Mannheim
Satz: Publikations Atelier, Dreieich
Druck und Bindung: CPI – Clausen & Bosse, Leck
Printed in Germany

Inhalt

Vorwort

Bestimmt kennen auch Sie Beispiele aus Ihrem Alltag, bei denen Sie sich mächtig über Ihre Mitmenschen ärgern. Nicht nur beim Autofahren, nein, das ist ja ein ganz alter Hut. Aber vielleicht wenn Ihnen mal wieder jemand ganz charmant die Schwingtür im Kaufhaus vor die Nase knallt. Oder wenn mal wieder jemand im Zug oder im Restaurant neben Ihnen sinnlos laut telefoniert. Oder wenn die jungen Mütter neben Ihnen im Café seelenruhig ihre Latte Macchiato trinken, während ihre Kinder die Gäste tyrannisieren. Vielleicht haben Sie dann auch schon mal gedacht: »Die Leute werden doch immer egozentrischer!«

Das mögen kleinere Irritationen und Unpässlichkeiten des Alltags sein. Doch es kommt immer schlimmer. Bei mir brachten drei Meldungen das Fass zum Überlaufen. In dem Sinne, dass ich keine Lust mehr hatte, mir das alles entgeistert anzusehen, sondern mich zumindest auf diesem Wege, also mit dem Buch, zu wehren: Die Nachrichten, dass Patienten die Erste-Hilfe-Notaufnahme mit einer Lappalie missbrauchen und dann dort auch noch randalieren. Weil es ihnen zu langsam geht. Die Nachrichten, dass Gaffer sich an Unfällen aufgeilen, filmen und die Rettungskräfte behindern. Auch aktiv. Die Nachrichten, dass von Jahr zu Jahr mehr Bahnbedienstete beleidigt und auch körperlich attackiert werden. Teils heftig. Ich wollte genauer wissen, was in unserem Land vorgeht, und habe mit Menschen gesprochen, die selbst zum Opfer wurden. Was sind die Ursachen dieses brutal rücksichtslosen Verhaltens, wollte ich wissen. Und gibt es Auswege?

Vor ein paar Jahren schon war mir ein vermehrt rüpelhaftes Verhalten im Alltag aufgefallen. »Die Flegel« wollte ich mein Buch zunächst nennen und vor allem über Beschäftigte in Unternehmen schreiben, die unter dem oft unverschämten Verhalten ihrer Kunden leiden. Interviews bei Fluggesellschaften, im Einzelhandel oder bei der Bahn bestätigten meine These, dass es da ein echtes Problem gibt. Allerdings wollten die Unternehmen darüber nicht öffentlich reden, denn schließlich wollten sie ihre Kunden nicht kritisieren. Ich sah keine Chance, genügend Informationen zu bekommen, und so legte ich das Projekt erst einmal beiseite. Dann erschien 2012 das Buch des Journalisten Jörg Schindler *Die Rüpel-Republik*, das unsoziales Verhalten in der Gesellschaft generell aufs Korn nahm. Ich fand das Buch sehr gut und ließ meine Idee fallen, denn ich konnte mir nicht vorstellen, Schindlers Ergebnissen noch etwas Neues hinzuzufügen.

Doch einige Jahr später hat sich die Lage geändert, und zwar zum Schlechteren. Sei es im Zug, im Café, im Krankenhaus oder in der Politik: Das Rüpelhafte ist in der Öffentlichkeit zur Normalität geworden und es setzt sich zunehmend im privaten Leben fort. Heute gibt es noch weit mehr Anzeichen dafür, dass sich der Umgang der Menschen untereinander erheblich verschlechtert hat, und es gibt auch einen neuen Befund: Es ist nicht nur das Benehmen, das zu wünschen übrig lässt. Es geht viel tiefer. Empathie und Solidarität, zwei ganz wesentliche Grundpfeiler einer humanen Gesellschaft, erodieren zunehmend. Das ist zumindest meine Wahrnehmung, und es ist die Wahrnehmung vieler Menschen, mit denen ich darüber gesprochen habe. Auch mit der Deutschen Bahn, die nun über das Problem redet. Offenbar ist eine Schmerzgrenze überschritten.

Immer häufiger treffen wir auf Zeitgenossinnen[1], die sich selbst extrem wichtig nehmen. So wichtig, dass sie alle paar Meter ein Foto von sich aufnehmen und das dann in die Welt verschicken müssen. Die Selfie-Manie ist der oberflächliche Ausdruck einer Entwicklung, bei der das Ich immer wichtiger wird und das Wir an Bedeutung verliert. Unter der Egomanie leiden Beziehungen, im Kleinen wie im Großen. Dieser Ego-Kult ist ein Teil dessen, um das es mir geht. Es ist sogar noch der harmlosere Teil, wenn Menschen versuchen, ihren Körper, ihre Erscheinung, ihr ganzes Leben zu optimieren – um im täglichen Konkurrenzkampf besser bestehen zu können. Die Ursachen dafür sind keineswegs trivial, die Erscheinungsformen schon eher.

Ist die gesamte Gesellschaft auf dem Ego-Trip? Zum Glück (noch) nicht. Es gibt jedoch ernsthafte Anzeichen dafür, dass dies eines Tages so sein könnte – wenn wir nicht höllisch aufpassen. Schon jetzt ist deutlich erkennbar, dass eine Ideologie, die nur für wertvoll hält, was sich ökonomisch rechnet, die die Menschen in eine fortwährende Konkurrenz zueinander schickt, tiefe Spuren in unseren Herzen und Hirnen hinterlassen hat. Meine Gespräche und Recherchen haben dafür etliche und deutliche Anzeichen ergeben.

Sie werden sich die Frage stellen, ob es schon mal besser war mit der Solidarität. Die Antworten fallen wohl unterschiedlich aus, je nach den Lebenserfahrungen und -umständen. Was ist der Bezugspunkt für den Vergleich? War es früher tatsächlich besser? Wenn ja, wann und warum? Wie hat sich Solidarität historisch entwickelt? Nehmen wir das Thema Flüchtlinge: Auf der Flucht vor Nazideutschland wurden Juden keineswegs überall mit offenen Armen empfangen. So wenig wie die Sudetendeutschen nach dem Krieg. Was also ist meine Referenz, wenn ich sage, solidarisches Verhalten ist auf dem Rückzug? Vieles ist empirisch nicht klar nachvollziehbar, Daten und Fakten gibt es dazu nicht. Dennoch haben, so wie ich, viele Menschen, mit denen ich gesprochen habe, das Gefühl, dass unsere Kultur und unsere Gesellschaft derzeit einen Umbruch erleben. Alle haben dazu ihre ganz eigenen Geschichten. Und es ist mehr als ein Gefühl, dafür sind die Beispiele zu zahlreich und wiederkehrend.

Ich erzähle die Geschichten von Menschen aus sehr unterschiedlichen gesellschaftlichen Bereichen, und ich erzähle die Geschichten, die ich selbst erlebt habe. Das zusammen ergibt ein Bild, das nicht immer eindeutig und manchmal sogar widersprüchlich erscheint. Deutlich wird jedoch, dass wir uns ändern müssen, um nicht bald schon in einem Land leben zu müssen, in dem sich jeder nur noch selbst der Nächste ist.

Heike Leitschuh, September 2018

I. Was ist nur mit den Leuten los?

24. Februar 2017: In der Nähe von Kassel ereignet sich auf der Autobahn ein Unfall mit Verletzten. Polizei und Rettungskräfte müssen zur Unfallstelle laufen, weil die Autofahrer keine Rettungsgasse bilden, wozu sie das Gesetz seit 1982 verpflichtet.[1]

10. Mai 2017: Ein Geisterfahrer verursacht auf der A5 einen schweren Unfall. Zwei Fahrer werden in ihren Autos eingeklemmt. Da die Autofahrer keine Rettungsgassen bilden, müssen die Verletzten länger auf Hilfe warten als nötig. »Mit Martinshorn und Blaulicht kämpften sich die Retterinnen teilweise im Schneckentempo zur Unfallstelle vor«, schreibt die *Frankfurter Rundschau* am 11. Mai 2017. Zudem haben laut Polizei gleich mehrere Fahrer keine Erste Hilfe geleistet.

17. September 2017: In Heidenheim kracht ein Motorradfahrer auf der Bundesstraße gegen eine Straßenlaterne und verletzt sich tödlich. Ein junger Fahrradfahrer kommt vorbei und filmt die Szene, macht jedoch keine Anstalten zu helfen. Er filmt auch noch weiter, als die Rettungskräfte eintreffen, und behindert sogar deren Arbeit, steht ihnen im Weg rum. Gegen den Mann wird wegen unterlassener Hilfeleistung ermittelt.

18. September 2017: Drei Bankkunden werden vom Amtsgericht Essen wegen unterlassener Hilfeleistung zu Geldstrafen verurteilt. Sie hatten im Eingang einer Bankfiliale einen zusammengebrochenen und hilflosen Rentner liegen lassen, waren teils sogar über ihn hinweggestiegen, um an die Geldautomaten zu kommen. Erst ein fünfter Bankkunde verständigt die Polizei. Der alte Mann stirbt.[2]

6. November 2017: In Berlin-Moabit attackiert ein 23 Jahre alter Mann Rettungskräfte, die gerade dabei sind, ein einjähriges Kind zu reanimieren. Der Rettungswagen blockiert sein Auto, und er will zur Arbeit fahren. »Mir doch egal, wer da reanimiert wird!« ruft er und auf tritt auf das Rettungsfahrzeug ein.[3]

10. November 2017: Auf der Autobahn A3 ereignet sich ein schwerer Unfall mit drei Toten. Mehrere Gaffer wollen Fotos von den Toten machen. Sie zeigen sich völlig uneinsichtig, als man ihnen das verbieten will. So weiß sich die Feuerwehr nicht anders zu helfen, als sie mit dem Wasserstrahl am Fotografieren und Filmen zu hindern und sie zu vertreiben. Der Fall erregt großes Aufsehen, vor allem in den sozialen Medien. Die meisten Kommentatorinnen unterstützen das Verhalten der Feuerwehr. Doch es gibt auch andere, die sich darüber aufregen, dass man nicht einfach ungestört nach Belieben Unfälle und Tote fotografieren darf.[4]

Anfang Dezember 2017: Eine Frau randaliert in einem Flugzeug, weil sie keinen Champagner mehr bekommt. Da sie sich überhaupt nicht beruhigen lässt, entscheidet sich der Pilot zur Zwischenlandung. In diesem Zusammenhang wird bekannt, dass 40 Prozent aller Airlines in den letzten Wochen Probleme mit Randalierern hatten und zum Teil deshalb zwischenlanden mussten.

Die Egozombies sind unterwegs

Was ist bloß los mit den Menschen? Sind wir umgeben von gefühllosen und egozentrischen Zombies? Was geht in den Hirnen dieser Leute vor? Geht da etwas vor? Und was in den Herzen? Haben sie noch eines? Die Beispiele häufen sich, bei denen sich Mitglieder unserer Gesellschaft von ihrer unsympathischsten Seite zeigen. Die Schaulustigen bei Unfällen, die man richtigerweise nun ganz offiziell »Gaffer« nennt, weil schaulustig viel zu positiv klingt, sie gibt es ja schon seit langem. Ich erinnere mich an meine Kindheit, an die Staus auf Autobahnen, weil die Fahrzeuge auf der Gegenfahrbahn langsamer fuhren, um einen genaueren Blick auf einen Unfall erhaschen zu können. Das ist Jahrzehnte her und war damals schon abstoßend und ärgerlich. Heute aber hat das Phänomen eine völlig neue Dimension: Rettungskräfte werden oft sogar aktiv behindert, wenn sie sich um Verletzte und Sterbende kümmern. Nicht selten landen die Bilder und Videos danach im Internet, in den sozialen Netzwerken. »Seht mal alle her, da stirbt gerade einer. Und ich war dabei! Super, was?« Im Wettbewerb um mediale Aufmerksamkeit und vor allem Anerkennung scheint inzwischen fast jedes Mittel recht zu sein.

Weil diese Fälle in einem Ausmaß zunehmen, dass man nicht mehr von bedauerlichen Einzelfällen sprechen kann, hat nun der Gesetzgeber reagiert. Seit Mai 2017 ist das Gaffen und Filmen am Unfallort ein Straftatbestand. Mit einer Geldstrafe oder gar Freiheitsstrafe bis zu einem Jahr muss rechnen, wer so die Unfallrettung beeinträchtigt.

Außerdem hat der Bundestag Anfang März 2018 ein Gesetz beschlossen, das es unter Strafe stellt, Fotos oder Filme von Toten bei Unfällen ins Netz zu stellen, oder anderweitig zu verbreiten. Bisher war es verboten, Verletzte aufzunehmen. Der nordrhein-westfälische Innenminister Ralf Jäger hatte dazu gesagt, es sei ihm völlig unverständlich, wie sich Menschen am Leid anderer ergötzen könnten.[5]

Kein Blick für die Not anderer

Anders gelagert ist der Fall des hilflosen Rentners in der Essener Bankfiliale. Hier scheint genau das Gegenteil zu passieren. Alle glänzen durch komplettes Desinteresse. Vier Personen ignorieren den hilflos am Boden liegenden alten Mann, der sich diesen Platz ganz sicher nicht freiwillig ausgesucht hat, wie die wegen unterlassener Hilfeleistung Beschuldigten später behaupteten. Drei von den vieren, die sich nicht kümmerten, wurden erfreulicherweise zur Rechenschaft gezogen, weil man sie aufgrund der Videoaufnahmen identifizieren konnte. Zu ihrer Verteidigung vor Gericht gaben sie an, sie hätten den Mann für einen schlafenden Obdachlosen gehalten, sie seien zu sehr mit eigenen Problemen beschäftigt gewesen, hätten einfach keine Zeit gehabt, sich zu kümmern, und so weiter und so fort. Nun wäre der alte Mann sehr wahrscheinlich auch bei schnellerer Hilfe gestorben, wie die Ärzte angaben. Aber spielt das in diesem Fall irgendeine Rolle? Leid tat es ihnen allen, ungeachtet dessen wurden die drei zu teils empfindlichen Geldstrafen verurteilt, weil der Richter keine ihrer Entschuldigungen gelten ließ. Auch bei einem Obdachlosen, der direkt vor den Kassenautomaten liegt, ohne jede Unterlage, ohne Decke, müsse man hinschauen, ob er gegebenenfalls Hilfe brauche. Denn es war allzu offensichtlich, dass sich der Mann nicht zum Schlafen niedergelassen hatte. Man hätte sich nur interessieren müssen. Doch vier Menschen stiegen über ihn hinweg und erledigten in aller Ruhe ihre Geldgeschäfte.

Fassungslos frage ich mich: Wie ist so etwas möglich? Aus den Elendsvierteln Indiens zum Beispiel weiß man, dass hier mitunter sogar Sterbende am Straßenrand unbeachtet bleiben. Hierzulande hielt ich so etwas bislang für völlig undenkbar. In einer wohlhabenden Gesellschaft mit einem hohen sozialen und kulturellen Anspruch, in Städten mit gut funktionierenden Notfallsystemen darf so etwas doch eigentlich nicht vorkommen. Und doch scheinen wir uns damit auseinandersetzen zu müssen, dass im Notfall Mitgefühl für Mitmenschen keineswegs mehr selbstverständlich ist. Da stellt sich unwillkürlich die Frage: Wer würde mir helfen, wenn ich auf der Straße stürze oder gar einen Schwächeanfall oder Schlimmeres erleide?

Mitgefühl ein Auslaufmodell?

Je mehr Menschen einen Menschen in Not sehen, desto weniger bieten ihre Hilfe an. Man fühlt sich nicht zuständig, weil da noch andere sind und weil es doch die Polizei und den Rettungsdienst gibt.

Diffusion von Verantwortung
Ein bereits bekanntes Phänomen: »Diffusion von Verantwortung« nennen das die Sozialpsychologen. Jeder fragt sich: Muss ich was tun? Da sind doch genügend andere. Man selbst spürt, ich könnte, sollte etwas tun, doch eigentlich hat man doch gerade gar keine Zeit und keine Lust. Ein schlechtes Gewissen mögen viele dabei schon haben, wenn sie einfach weitergehen, so tun, als hätten sie nichts gesehen.

Klar, unsympathische und egoistische Zeitgenossinnen gab es schon immer, aber nun häufen sich die Anzeichen, dass eine neue

Qualität der Acht- und Respektlosigkeit erreicht ist. Selbst diejenigen, die unter normalen Umständen nett und zuvorkommend sein können, mutieren in bestimmten Situationen zu Egomonstern. Unsere Art zu leben hat in den vergangenen Jahrzehnten zu tiefgreifenden Veränderungen im Gefüge unserer Gesellschaft geführt, deren vielfältige und oft unerwartete Auswirkungen wir jetzt mehr und mehr zu spüren bekommen. An vielen Stellen treffen wir auf empathielose Egoisten. Da ist der genaue Blick darauf gefragt, wo und wie sich dieser Trend zeigt und entwickelt und vor allem, welche Ursachen er hat und was man dagegen tun kann. Denn eines ist klar: Sollte er sich fortsetzen, ist Deutschland schon bald nicht mehr das Land, in dem wir »gut und gerne leben«.

»Gut und gerne leben« in Deutschland schon bald Vergangenheit?

Die Ichlinge des Alltags

Für das, was die Ichlinge so tun oder nicht tun, fehlen uns oft die Worte. Mindestens genauso unangenehm, wie die Ereignisse, die es in die Schlagzeilen schaffen, sind die vielen kleinen Vorkommnisse und auch Trends, die den Alltag und das Zusammenleben unerfreulich machen können und die wir alle immer mal wieder erleben müssen.

Beispiel: Betritt man ein Kaufhaus, oder irgendein öffentlich zugängliches Gebäude, in das viele Menschen wollen, muss man schwer aufpassen, um nicht die Tür auf die Nase zu kriegen. Die Tür für Nachkommende aufhalten? Fehlanzeige. Alle haben es doch so eilig, wie kann man da noch wertvolle Zeit für eine höfliche Geste verlieren?

Ein allgemeiner Aufreger sind die jungen Mütter, die heutzutage ihre Kinder überall mit hinnehmen und aus allem einen Spielplatz machen. Und vor allem: Die meinen, sie könnten sich dann vor allem ihren eigenen Interessen widmen und ihre Kinder der Allgemeinheit überlassen. So erleben wir nun häufig, wie sich die Mütter im Café eifrig unterhalten, während ihre Kinder den Bedienungen zwischen den Beinen rumlaufen – mitunter laut schreiend. Natürlich kann man Kinder mit in Cafés nehmen, keine Frage. Das ist ja auch schön, wenn sich die Generationen im Café oder Wirtshaus treffen. Aber dann muss man sich mit ihnen beschäftigen und wenn sie nicht zu beruhigen sind, muss man halt gehen. Doch viele Mütter – und natürlich auch Väter – meinen wohl, sie könnten ihr altes Leben auch mit Kind einfach weiterleben und müssten auf ihre Umgebung keine Rücksicht nehmen.

Dann gibt es da die Zeitgenossen, die anderer Leute Nerven heftig strapazieren, indem sie laut, viel zu laut telefonieren, gerne auch an Orten, wo andere Menschen zwangsläufig mithören müssen. Das ist überhaupt nicht neu, darüber wurde auch schon viel geschrieben, und das Thema ist immer wieder Gegenstand der Satire. Neuerdings beobachte ich aber, dass zu dieser schon fast normalen Belästigung anderer Leute nun noch was Neues hinzukommt: Leute spielen sich in der Bahn oder im Restaurant gegenseitig ihre Lieblingsvideos oder Lieblingsmusik vor – nicht über den Kopfhörer, nein, via Lautsprecher, sodass auch wirklich alle was davon haben. Eine Freundin betreibt ein Café in Frankfurt und muss das regelmäßig ertragen. Viele Gäste kämen gar nicht auf die Idee, dass sie mit diesem Verhalten andere stören.

Die Rüpel im Straßenverkehr

Auch wenn viele Kommunen in den letzten Jahren viel für bessere Fuß- und Radwege getan haben, viele Autofahrer machen das Erreichte wieder zunichte: Ungeniert parken sie so, dass sie einen Gutteil der Wege versperren, erweitern einfach mal ihren Parkraum in den Platz für andere Verkehrsteilnehmerinnen. Das ist schlimmer geworden, seit es diese völlig überdimensionierten und unförmigen SUVs gibt. Auf meinem täglichen Weg ins Büro komme ich durch eine Straße, in der ein großer Kindergarten liegt. Frühmorgens kommen mir vor allem SUVs entgegen, in denen – in der Regel – junge Mütter sitzen, die ihre Kinder hier abgeben wollen. Ich muss daher höllisch aufpassen, denn die Straße ist schmal, und die monströsen Karossen vereinnahmen den wenigen Platz fast vollständig. Klar, ein großes Auto suggeriert Sicherheit, und vielleicht wollen die Mütter vor allem sich und ihre Kleinen schützen. Dass ihre schweren Riesengefährte damit den Verkehr allerdings insgesamt gefährlicher machen, kommt ihnen dabei wohl nicht in den Sinn. Ein Erwachsener, der als Fußgänger mit einem SUV kollidiert, hat eine sehr viel geringere Überlebenschance als beim Unfall mit einem Kleinwagen – die Chance eines Kindes, den Aufprall zu überleben, tendiert gegen null. Zur Aggressivität im Straßenverkehr trüge schon allein das Design der Autos bei, findet der Sozialpsychologe Harald Welzer. Und damit meint er nicht nur die vor allem für Städte völlig überdimensionierten und martialisch wirkenden SUVs, sondern auch ganz normale Autos. »Die sind farblich grell, oft kann man durch die getönten Scheiben die Fahrer nicht erkennen, und ihr Design signalisiert: ›Aus dem Weg, hier komme ich!‹« [6]

Aber generell scheint Rücksichtnahme im Straßenverkehr seltener zu werden. Die ›Rechts vor Links‹-Regelung kennen nur noch wenige, blinken, wenn man abbiegen will, scheint auch zu anstrengend geworden zu sein, und an Tempolimits halten sich viele nur noch, wenn ein Blitzer in der Nähe ist. Apropos Blitzer: Im hessischen Gernsheim demolierte ein Mann im Dezember 2017 sechs Radaranlagen – mit einem Traktor. Entstandener Schaden: 600 000 Euro. Er hatte sich über die, seiner Ansicht nach, übertriebenen Geschwindigkeitskontrollen geärgert. Mag ja sein, dass eine Kommune diesbezüglich mal zu viel des Guten tut, dann muss man sich halt offiziell beschweren oder die Zeitung informieren – was man eben so tut in einer Demokratie, wenn einem etwas nicht passt. Doch solche Wild-West-Rambo-Manieren scheinen inzwischen für manche ein schnellerer, wirksamerer und vor allem sogar akzeptabler Weg zu sein.

Eigentlich ist es laut Straßenverkehrsordnung und Immissionsschutzgesetz verboten, in einem parkenden Auto zu sitzen und den Motor laufen zu lassen. Denn weder ist das angenehm für die Fußgängerinnen und Anwohner, noch verbessert es die Luft in der Stadt und dürfte schon gar kein guter Beitrag zum Klimaschutz sein. Und doch fällt deutlich auf, dass immer mehr Menschen genau dies tun. Der Grund: Bevor sie losfahren, checken sie nochmal Mails im Schlau-Fon oder tun eben, was man sonst noch mit diesen Multifunktionsspielgeräten so tun kann. Dabei will man es aber – je nach Jahreszeit – schön warm oder schön kühl im Auto haben. Also muss der Motor laufen. Viele unterschätzen vielleicht auch einfach nur, wie lange sie für ihre Schlau-Fon-Aktion brauchen. Gedankenlos und letztlich rücksichtslos ist es allemal. Gleichzeitig aber regen sich die gleichen Leute vehement über den Dieselskandal auf. Nicht zu vergleichen? Stimmt. Das eine ist kriminell, das andere bloß gedankenlos. Bloß gedankenlos? Nun, wie man's nimmt. Denn schädlich für das Gemeinwohl ist dieses Verhalten auch – vor allem in der Summe.

Im Schnitt sind PKWs seit 2000 um zwölf Zentimeter breiter geworden. Gute Abnehmer der überdimensionierten Schlitten sind die sogenannten Autoposer – meist junge Männer, die mit ihren aufgemotzten Autos, viel zu schnell, mit röhrendem Motor und gerne auch bei dröhnender Musik und runtergelassener Scheibe durch die Innenstädte fahren. Einfach, um sich zu zeigen, um Aufsehen zu erregen – zum »Posen« eben. Eine vollkommen sinnbefreite Übung, die für alle anderen vor allem lästig ist.

Oder in der Bahn: Kleinkinder müssen während einer Bahnfahrt beschäftigt werden, klar. Da greifen moderne Eltern neuerdings gerne auch zum Tablet und lassen die Kleinen Filmchen gucken. Dass andere Reisende an diesem Geschehen ebenfalls ausgiebig akustisch teilhaben dürfen, scheint sie in der Multimediablase nicht zu interessieren. Dann gibt es diejenigen, die ihr Mobiltelefon offenbar nicht mehr ans Ohr halten wollen und ihre Gesprächspartnerin daher auf den Freisprecher schalten. All das nervt kolossal.

Sich schützen, andere gefährden

Doch auch unter den Radfahrern hat sich eine rüpelnde Spezies breitgemacht, ich nenne sie die Kampfradlerinnen. Gut geschützt mit Helm und wetterfester Kleidung rasen sie durch die Innenstadt und treiben aggressiv alle Fußgänger aus dem Weg, die es wagen, einen Fuß auf den Radweg zu setzen. Nun sind Radwege zweifelsfrei für Radfahrer da. Aber oft gehen Rad- und Fußweg ineinander über und sind nur farblich oder durch die Wahl des Pflasters voneinander unterscheidbar. Wie kann man es da Fußgängerinnen verdenken, dass sie sich auch mal auf den Radweg verirren? Dann muss man als Radler eben langsamer machen, klingeln und – das wäre die große Kunst des guten Miteinanders – nett Danke sagen, wenn die Passanten aus dem Weg gehen, was sie ja in aller Regel sofort tun. Die Kampfradler haben aber für derlei Höflichkeitsgedusel keine Zeit: Im rasenden Tempo fahren sie auf Fußgänger zu und klingeln dann aggressiv, sodass diese erschreckt zur Seite springen. Nun könnten Stadt- und Verkehrsplanerinnen auf die Idee kommen, dass die Wege deutlicher voneinander zu trennen – tatsächlich wird darüber nachgedacht, Schnellfahrstrecken für Radler einzurichten. Das ist sicher eine gute Idee, doch in den Innenstädten ist der Raum nun mal begrenzt und wird von vielen Verkehrsteilnehmerinnen genutzt. Daher kann eigentlich nur gelten: Gegenseitige Rücksichtnahme! Doch die lässt leider mehr und mehr zu wünschen übrig – sogar bei Fußgängern. Kommt einem zum Beispiel eine kleine Gruppe Menschen auf dem Gehweg entgegen, so antizipiert diese oft nicht, dass es nun mit mir als »Gegenverkehr« zu eng werden könnte. Ist es wirklich nötig, dass man sich an den Rand drücken muss, während die anderen in voller Breite weitermarschieren und gar nicht auf die Idee kommen, Platz zu machen?

Erheblich ruppiger wird es zum Teil auch beim Sport (siehe auch Seite 91 »Im Sport zeigen sich vermehrt die großen Egos«). Nehmen wir nur mal das Skifahren: Mit Helm, Ellenbogen- und Knieschützern gerüstet rasen Fahrer auf den Carvingskis, die es auch recht Ungeübten erlauben, schneller zu fahren, als sie eigentlich sollten, die Hänge hinunter. Diese Pistenrowdies bringen so sich und andere in Gefahr. Die Verletzungen nehmen zu, nicht nur weil die Skigebiete voller sind als früher. Ähnliches lässt sich auch in anderen Sportarten beobachten.

Was geht das mich an?

Bin ich nun eine spießige, freudlose, intolerante Meckerliese, wenn ich solche Verhaltensweisen beklage? Gab es das nicht schon immer? Klar, wenn Menschen sich einen begrenzten Raum teilen müssen, sei es im Straßenverkehr, in der Bahn oder in der Nachbarschaft, sind Konflikte vorprogrammiert. Das Zusammenleben kann nur funktionieren, wenn die einen bei ihren Ansprüchen etwas zu- und die anderen etwas abgeben, und auch mal fünfe gerade sein lassen. Wir bekommen es jedoch zunehmend mit Verhaltensweisen zu tun, die nicht nur banale Ärgernisse des Alltags sind, sondern den Zusammenhalt der Gesellschaft insgesamt in-

Im Alltag greift die Gleichgültigkeit um sich

frage stellen. Die Gleichgültigkeit und Ichbekzogenheit der Menschen nimmt zu, wenn Solidarität zu Mitmenschen als Schwäche interpretiert wird. Es ist die Haltung »Was geht mich das an? Was kümmern mich die anderen?«, die immer häufiger anzutreffen ist. Egal, ob es um vergleichsweise Nebensächliches wie die Sauberkeit in Häusern, auf Straßen und Plätzen geht, oder wenn es wirklich existenziell wird, wenn ein kranker oder verletzter Mensch Hilfe braucht.

Dies zeigt sich auch daran, dass die Klagen von bessergestellten Menschen zunehmen, die in einem sozial gemischten Stadtviertel wohnen. Nehmen wir beispielsweise das Frankfurter Bahnhofsviertel, früher eine Gegend, die zum größten Teil ausländischen Bewohnerinnen und Gewerbetreibenden, dem Rotlicht- und Drogenmilieu vorbehalten war. Nun ist der Stadtteil hip geworden, interessante Cafés, Bars und Restaurants haben sich hier angesiedelt, Firmen der kreativen Szene eröffnen hier ihre Büros, und so zieht es vor allem jüngere Menschen in das Viertel. Das lockt die Investoren. Seit ein paar Jahren wird hier nun kräftig saniert und damit die Gegend zunehmend auch für andere Menschen mit teils dickerem Portemonnaie attraktiv. So mehren sich die Klagen über Drogensüchtige, die sich rund um die Einrichtungen der Drogenhilfe aufhalten.[7] Mit der Gentrifizierung wachsen die Konflikte zwischen sehr unterschiedlichen Milieus. Solche Konflikte sind nicht trivial und in der Regel nicht einfach zu lösen. Doch manche der neuen Bewohner meinen, es sich einfach machen zu können, wenn sie fordern, die Polizei solle die Junkies vertreiben. Haben die nicht auch genauso ein Recht auf ihren Anteil am öffentlichen Raum?

So wie die Obdachlosen. Schlimm genug, dass es zunehmend mehr Menschen gibt, die kein Dach über dem Kopf, keine eigenen vier Wände haben – warum auch immer. Doch wie viele sind es genau? Erfassen, zählen, ordnen – Deutschland liebt seine Zahlen. Alleine in unserer zentralen Statistikbehörde arbeiten über 2 000 Datensammler. Das Erntevolumen von Erdbeeren und die Zahl der Übergewichtigen, darüber werden penibel genau Statistiken gepflegt. Was keine Zahl ist, das gibt es nicht, so scheint es. Denn die Zahl der Obdachlosen ist unbekannt. Nicht gewollt oder nicht gekonnt? Und was wäre schlimmer?

Natürlich macht es kein gutes Gefühl, Obdachlose im Straßenbild zu sehen. Sie erinnern uns daran, dass man in unserer Gesellschaft durchaus unter die Räder kommen kann, dass auch wir ins Rutschen geraten und einmal Hilfe von anderen benötigen könnten. Sie erinnern uns daran, dass wir als diejenigen, denen es besser geht, durchaus immer mal wieder was abgeben könnten – und wenn es nur ein schnell zugesteckter Euro ist. Viele wollen sich aber daran nicht erinnern lassen und würden Obdachlose und die Ärmsten der Armen gerne aus der Öffentlichkeit verbannen. 2017 haben Frankfurter Polizisten rund 2 500 Obdachlose und Bettlerinnen kontrolliert und – man glaubt es kaum – versucht, für das Lagern auf Straßen, das angeblich eine Ordnungswidrigkeit darstellt, Bußgelder zu kassieren.[8] Von Menschen, die oft nicht mehr haben, als das, was sie auf dem Leibe tragen! Ausgrenzung und Diskriminierung trifft oft zuerst die Schwächsten. Empörung löst dies bei Linken und Grünen aus, doch möchte ich gar nicht wissen, wie viele auch innerhalb dieser Wählerschichten insgeheim froh wären, jemand würde die Obdachlosen aus dem Straßenbild verbannen. Die Armut nimmt zu in Deutschland, der Reichtum auch. Die Solidarität mit den Armen wächst aber keineswegs, eher im Gegenteil. Wer es nicht schafft, im täglichen Rennen um die Existenz, den Kopf über Wasser zu halten, ist eben selbst schuld. Noch wagen nur wenige, dieses offen auszusprechen, insgeheim aber hat der neoliberale Virus, vielen bereits die Herzen vergiftet: Alle stehen mit allen in Konkurrenz, jeder ist allein für sich selbst verantwortlich, Solidarität für die Schwachen ist ein Auslaufmodell. »Die hätten sich mehr bemühen können«, denken sich wohl viele.

Es wird wieder ausgegrenzt in unserem Land

Der Wegwerf- und Konsumegoismus

Egozentrik spricht auch aus der Art, wie wir mit Lebensmitteln umgehen, nämlich höchst verschwenderisch. Jahr für Jahr landen in Deutschland rund 18 Millionen Tonnen Lebensmittel im Wert von circa 30 Milliarden Euro im Müll.[9] Dazu gehört die Kartoffel auf dem Feld, die leider ein bisschen krumm gewachsen ist, deshalb pflügen die Bauern Gemüse unter, das nicht den handelsüblichen Normen entspricht. Dazu gehören die Tonnen von durchaus noch genießbaren Lebensmitteln, die die Supermärkte tagtäglich aussortieren, weil das Mindesthaltbarkeitsdatum erreicht ist, und die Kilos an Essen, die jeder Bürger wegwirft, weil er mal wieder zu viel eingekauft hat, weil die Tomate nicht mehr ganz prall, weil der Joghurt abgelaufen ist. Das liegt auch am Unwissen der Verbraucherinnen: An einer Milch muss man nur riechen, um zu erkennen, ob sie sauer ist, von einem ein paar Tage alten Käse muss man nur den trockenen Anschnitt abschneiden, von einer etwas schrumpeligen Karotte wird niemand krank, und gekocht merkt man keinen Unterschied zur taufrischen. Ökologisch und ökonomisch betrachtet ist diese Wegwerfgesellschaft eine Schande. Doch das Beispiel wirft auch einen dunklen Schatten auf die kulturelle Verfassung, in der wir uns befinden. Unser kritisches Nachdenken und unser Verantwortungsbewusstsein reichen oft nur bis zur eigenen Nasenspitze.

Ganz genauso verhält es sich, wenn die aufgeklärten Mittelstandsbürgerinnen sich heftig echauffieren, dass Firmen wie Amazon ihre Beschäftigten schlecht bezahlen und behandeln. Dass es einen direkten Zusammenhang zum eigenen Konsumverhalten gibt, wird dabei gerne mal übersehen. Beklagt wird auch der starke Verkehr in den Innenstädten. Doch ist es gerade der Lieferverkehr, der in den letzten Jahren maßgeblich für das erhöhte Verkehrsaufkommen in den Städten verantwortlich ist. Und wer wiederum bestellt die vielen Pakete, die schlecht bezahlte Boten die Treppen hochschleppen und dafür oft noch nicht mal ein kleines Trinkgeld bekommen? Weil die Empfänger nicht da sind, oder – viel eher noch – weil die so etwas schon lange nicht mehr für nötig halten? Wer regt sich über miese Arbeitsbedingungen in der asiatischen Textilproduktion auf und freut sich zugleich über das neue ach so günstige Kleidungsstück?

Wer kennt sie nicht, die Gutgebildeten unter uns, die auf der ganzen Welt zu Hause sind und natürlich wissen, dass der Flugverkehr einen immer größeren Anteil am Klimawandel hat. Trotzdem – als hätte das eine mit dem anderen so überhaupt nichts zu tun – steigen sie völlig unbekümmert und immer häufiger in den Flieger, zur Fernreise, in eine europäische Stadt oder auch nur von Frankfurt nach Berlin. Auch die Klimaschützer, die sich von Berufs wegen zu den Guten rechnen, bilden hier keine Ausnahme. Zu den jährlichen Klimakonferenzen kommen sage und schreibe 30 000 Teilnehmer aus aller Welt, die meisten von ihnen mit dem Flugzeug. Ich behaupte: Nicht alle werden dort wirklich benötigt. Oft ist es nur das eigene Ego, das ruft: Ich bin ja so bedeutsam! Ich muss dabei sein!

Kognitive Dissonanz nennen das die Psychologen. Ich sage dazu gerne etwas weniger galant: kollektive Schizophrenie. Natürlich können wir als Verbraucherinnen die Welt nicht retten, wenn nicht die Politik die Weichen richtig stellt und die Wirtschaft in die Pflicht nimmt, wenn es keine Abkehr vom verheerenden Wachstumswahn gibt. Doch ohne den Druck der Bürger wird es auch nicht funktionieren, und der muss sich eben auch ökonomisch zeigen: in einem anderem Kaufverhalten, in einem anderen, einem ressourcenleichteren, bescheideneren Lebensstil. Allen voran sind hier die stilprägenden und wohlsituierten Mittelschichten gefragt. Was ich hier beschreibe, ist im Rahmen der Ökologiedebatte um nachhaltigen Konsum seit langem bekannt und größtenteils erforscht. Gelöst ist es deshalb noch lange nicht.

Eine wichtige Erklärung scheint mir jedoch zu sein, dass wir es in der Wirtschaftspolitik seit Jahrzehnten mit einem Dogma zu tun haben, nach dem Wohlstand für alle nur erreicht werden könne, wenn die Wirtschaft fortwährend wächst. Inzwischen wird aber immer deutlicher, dass das ökonomische Wachstum unsere Umwelt nachhaltig zerstört und endliche Ressourcen in einem atemberaubenden Tempo verbraucht. Letztlich gilt die simple Erkenntnis, dass es in einer begrenzten Welt kein endloses Wachstum geben kann. Dennoch ist die Idee des grenzenlosen Wachstums tief im Gefüge unserer Weltwirtschaft verankert und hat sich in Form immer höherer Konsumansprüche in unseren Hirnen verfangen. »Die industrielle Moderne oder besser expansive Moderne der westlichen, aber auch der aufstrebenden Gesellschaften, wie China, Indien oder Brasilien, lässt uns an einem verhängnisvollen Fortschrittsbegriff klammern, der nur eine Richtung und ein Ziel kennt: höher, weiter, mehr, schneller.«[10]

Unser Überkonsum wirkt sich auf die Wertigkeit aus, die wir den Produkten zumessen. Wenn Kleidungsstücke bei Primark oder KiK nur noch wenige Euro kosten, muss man sich nicht wundern, wenn die Menschen, die dort einkaufen, den Produkten keine Wertschätzung mehr entgegenbringen. Allerdings fehlt auch die Wertschätzung bei denen, die 30 Euro oder mehr für eine T-Shirt ausgeben. Oft nur kurz getragen landet es als Spende in einem Oxfam-Laden. So hat man wenigstens ein gutes Gefühl – ein gutes Gewissen sollte das aber nicht verschaffen, wenn man nicht gleichzeitig auch den Kleiderkonsum reduziert, damit der Ressourcenverbrauch sinkt.

Umgekehrt werden die Menschen und Produkte in den Billigläden ebenfalls kaum noch wertgeschätzt. An einem Samstagvormittag bin ich in einem Drogeriemarkt und wundere mich, dass an vielen Stellen Produkte auf dem Boden liegen. Im allgemeinen Gewühl werfen Kunden etwas um und lassen es einfach liegen. Sollen sich doch die Verkäuferinnen darum kümmern. Das zeugt natürlich vor allem von mangelndem Respekt gegenüber den Angestellten, aber auch von Respektlosigkeit gegenüber den Waren, für die Rohstoffe ausgebeutet, oft die Umwelt beeinträchtigt, wenn nicht gar zerstört wird und für die Menschen hart arbeiten müssen – nicht überall gut bezahlt und gut behandelt. Angesichts der riesigen Mengen von Billig- und Billigstwaren verwundert das nicht. Allerdings machen die Menschen damit eigentlich nur nach, was ihnen die Konzerne vormachen: Soziale und ökologische Kosten, die durch mich, aber nicht bei mir selbst entstehen, werden einfach negiert.

Du interessierst mich nicht

Unhöflich, ja respektlos ist auch der Umgang mit Menschen geworden, die für uns eine Dienstleistung erbringen. Ich fahre sehr häufig mit der Bahn. Da erlebe ich, wie selten noch die Fahrgäste den Gruß der Schaffnerin erwidern, die freundlich nach den Fahrtkarten fragt. Wortlos werden ihr die Tickets hingehalten, wortlos wieder zurückgenommen, als hätte man es mit einem Automaten zu tun. Auch hier hört der Schaffner kein freundliches »Moment bitte« oder vielleicht sogar »Entschuldigung, ich hab' es gleich«. Warum auch, ist der doch bloß irgendein namenloser Dienstleister, den kann man ruhig warten lassen. Von selbst versteht sich, dass das »Gute Fahrt noch« der Schaffnerin nicht mit einem kleinen gemurmelten »Danke« erwidert wird. Von einem netten Lächeln wollen wir gar nicht erst reden.

Nicht viel besser ergeht es mir als Reisende, wenn ich ein Abteil betrete: Selten antwortet jemand auf meinen Gruß, selten grüßt jemand, der sich direkt neben mir im Sessel niederlässt. Für die Mitreisenden bin ich genauso Luft, wie die Schaffnerin, eigentlich ja sogar eher ein Ärgernis, weil ich ihnen womöglich ihren zweiten Platz streitig mache, auf dem sie doch ihre Tasche platziert hatten. Nun hat sich der Autor Hans Magnus Enzensberger schon vor vielen Jahren über die Feindseligkeit von Bahnreisenden gegenüber denjenigen gewundert, die neu ins Abteil kommen, und diese Erfahrung herrlich ironisch beschrieben und kommentiert. Die Menschen breiteten sich eben gerne mit ihrem Hab und Gut aus und legen fremden, neu hinzukommenden Reisenden gegenüber ein territoriales Verhalten an den Tag, das zwar »irrational«, aber umso »tiefer verwurzelt« sei. Enzensberger hat seinen Text, mit dem er die Ablehnung des Fremden – und auch von Asylsuchenden – erklären wollte, bereits 1994 geschrieben. So versteht sich, dass er sagt, es gäbe in der Bahn bloß deshalb keine tätlichen Auseinandersetzungen, weil »die Fahrgäste einem Regelsystem unterliegen, das nicht von ihnen abhängt. Ihr territorialer Instinkt wird einerseits durch den institutionellen Code der Bahn, andererseits durch ungeschriebene Verhaltensnormen wie der Höflichkeit gebändigt.«[11] Genau das stimmt aber leider nicht mehr.

Fakt ist, dass man im Mikrokosmos Bahn sehr gut beobachten kann, wie sehr Menschen inzwischen auf ihren Rechten, auf ihren Interessen und ihren Bedürfnissen beharren. Sitzt zum Beispiel jemand auf einem reservierten Platz und die Reisende mit der Reservierung kommt, so höre ich oft ein mehr gebelltes als gesprochenes

»Das ist mein Platz!«, als habe ihr der andere den Platz bewusst streitig machen wollen. Offenbar ist für viele schon die Tatsache, dass da jemand unerhörter Weise auf einem Platz sitzt, »den ich doch für mich reserviert habe«, ein so großer Stein des Anstoßes, dass man die Person erst mal anblaffen muss.

Gering ausgeprägt ist dagegen die Fähigkeit und Bereitschaft, sich bei Interessenkonflikten zu verständigen, zum Beispiel wenn es sehr eng wird, weil viele Reisende mit ihren Koffern die Gänge verstopfen. Keiner will Platz machen, manche verstauen erst mal in aller Ruhe ihre Koffer und brauchen dafür den ganzen Gang, anstatt die Nachkommenden erst einmal durchzulassen. So lösen sich die Knäuel oft nur sehr langsam auf. Ein besonderes Ärgernis: Ich warte hinter jemandem, die sich gerade setzen will, da drängt ein anderer, der meine Rücksichtnahme offenbar dämlich findet, an mir vorbei.

Apropos Koffer: Häufig stellen besonders Frauen, die sich gerne für schwächer halten, als sie sind, ihre Koffer direkt neben sich in den Gang oder im Abteil vor sich. So muss ich mich im Gang vorbeizwängen oder habe kaum Platz für meine Beine, wenn ich das Pech habe, einer solchen Kofferfrau im Abteil gegenüberzusitzen. Dass mich das stören könnte, darauf kommt selten eine Reisende. Hauptsache, man muss sich nicht damit mühen, das Sperrgut ein paar Meter weiter unterzustellen oder gar in die Gepäckablage zu wuchten.

Unerfreulicher wird es auch für Kassierer in den Supermärkten der Republik. Immer seltener werden ihre Gruß- und Abschiedsformeln erwidert. Schlimmer: Kunden telefonieren munter mit ihrem Mobiltelefon und lassen sich nicht einmal beim Bezahlen in ihrem, oft privaten und mitunter lautstark geführten Gespräch stören. Der Verkäufer wird nicht beachtet. Wort- und blicklos streckt man ihm Geld oder Kreditkarten entgegen. Auch hier ein Verhalten, als hätte man es mit Robotern zu tun. Eine Verkäuferin, die ich in einem Drogeriemarkt frage, ob ihr das oft so gehe und wie sie das empfinde, meint: »Sehr oft. Es stört mich schon sehr. Aber ich versuche, es nicht persönlich zu nehmen. Die Menschen sind wohl so sehr in Gedanken und immer in Eile.« Nun ja, eine wohlmeinende Begründung, an der sicher auch was dran ist. Ich fürchte jedoch, wir haben es auch hier obendrein mit einer Spielart des Egoismus zu tun. Das sieht auch ihre Kollegin so: »Ich erlebe viele Kunden ganz schön egoistisch«, und sie erzählt, dass Kundinnen, die ein Produkt suchen, sie ohne Grußformel, ohne »Entschuldigen Sie« sofort anblaffen »Wo ist …?« »Man kommt sich vor wie ein Tier«, sagt die Verkäuferin und mutmaßt über die Gründe: »Vielleicht ist es der Überfluss, der die Leute so werden lässt.« Mit einem Lächeln fügt sie hinzu: »Wir müssen da aber nicht mitmachen.« In der Tat. Wir haben die Wahl: Denn niemand zwingt uns, an der Kasse zu telefonieren. Auch so sehr seinen Gedanken nachzuhängen, dass man andere nicht wahrnimmt, scheint mir nur schwer entschuldbar und narzisstisch zu sein. Im Laden ist so ein Verhalten unhöflich, im Straßenverkehr aber kann man damit sich und andere ernsthaft in Gefahr bringen.

Werbung setzt auf die Egos

Gleich mehrere Branchen können sich über den wachsenden Narzissmus freuen: die Wellnessindustrie, die Schönheitschirurgie, Verlage mit ihren Ratgebern und sicher auch die persönlichen Sporttrainer und Coaches. Ratgeber gehören zu den einträglichsten Büchern, und es gibt sie zu Zigtausenden und allen erdenklichen Themen. Besonders viele gibt es zur Frage, wie ich mich und mein Leben optimieren kann. Hier nur mal eine ganz kleine Titelauswahl: »Gesundheit für mich«, »Alles über meine Schwangerschaft«, »Die perfekte Hochzeit«, »Selbstzuwendung, Selbstvertrauen, Selbstakzeptanz«, »Ich bin die Göttin«, »Weil du es dir wert bist«, »Für mich: Rezepte und Verwöhnideen« und so weiter und sofort. Und natürlich ganz viele Ratgeber wie ich »Clever reich werden« kann. Nun ist nichts dagegen einzuwenden, dass sich Menschen informieren, wie sie sich gesund und fit halten, wie sie sich in der Schwangerschaft verhalten sollten, mehr Selbstvertrauen gewinnen, beruflich erfolgreicher sind und wie **Ratgeber war gestern,** sie mehr Geld verdienen können. Auffällig ist **Ichgeber ist heute** jedoch, dass nicht nur die Zahl der Ratgeber massiv angestiegen ist, sondern auch deren deutlicher Bezug zum Ich. Die Menge der Ratgeber korreliert mit dem steigenden Absatz von nicht rezeptpflichtigen Medikamenten. Überspitzt ausgedrückt: Ratgeber war gestern, Ichgeber ist heute.

Das Individuum, das Ich, steht bei den meisten im Vordergrund, nicht das Wir. Genauso ist es in der Werbung: Slogans wie »Ich und mein Magnum«, »Ich bin ich«, »Meine Bank und ich« zielen ebenfalls auf das narzisstische Ego. Ich stehe im Vordergrund, es geht nur um mich. Für meine Bedürfnisse, meinen Genuss arbeiten die anderen mit ihren Produkten und Dienstleistungen. Ich brauche mich um nichts zu kümmern. So die Botschaft, die offenbar gut ankommt, weil sie zugleich ein gutes Gewissen macht und Hilfe verspricht.

Ein Trend ist es auch, die eigene Haltung mit Sprüchen auf dem T-Shirt zur Schau zu tragen. Dank entsprechender Kopierläden, in denen die Shirts bedruckt werden, lassen sich so ganz individuelle T-Shirts herstellen, die Hinweise auf die Trägerin geben. Oder man kann natürlich aus vorgefertigten Parolen auswählen. Für Männer gäbe es da zum Beispiel Sätze wie: »'N Scheiß muss ich« oder «So kann man als Opa aussehen«, »Hetz mich nicht«, »Ja, ich habe auch Gefühle. Ich habe das Gefühl, ich möchte jetzt ein Bier.« Für Frauen sind im Angebot: »Die beste Mama der Welt«, »Hier wächst unendliche Liebe heran« (für Schwangere, der Text ist dann auf dem T-Shirt auf dem Bauch platziert), »Ich habe das schon verstanden. Ist mir nur egal« und ganz vieles mehr. Meines Erachtens ist das der sehr öffentlich zur Schau getragene Ausdruck einer Egomanie.

Gerne nehmen, aber geben?

Vieles funktioniert in einer sozial orientierten Gesellschaft nur, wenn alle, oder sagen wir wenigstens die meisten, bereit sind, ihren Teil beizutragen. Alle nach ihren Möglichkeiten. Das fängt beim Steuerzahlen an und geht über die Einhaltung von Regeln, die das Zusammenleben erleichtern oder vielleicht sogar erst ermöglichen – wie im Straßenverkehr zum Beispiel –, und über die Bereitschaft, freiwillig etwas für das Gemeinwesen zu tun. Sich ehrenamtlich zu engagieren oder wenigstens etwas zu spenden. Eigentlich sind die Deutschen fleißige Spenderinnen und Spender und nicht als Geizkragen verschrien. So meldet das *Deutsche Institut für Soziale Fragen* auch, dass das Spendenaufkommen 2017 leicht gestiegen ist. Allerdings: Es sind die über 70-Jährigen, die mit 41 Prozent den Löwenteil der rund fünf Milliarden Euro spenden. Die Jüngeren sind da wesentlich zurückhaltender: Nur 13 Prozent der Spenden kommen von den bis zu 29-Jährigen, und auch die eher wohlhabenderen Babyboomer, die heute 50 bis 59-Jährigen sind nur mit 16 Prozent beteiligt.[12] Sterben also so langsam diejenigen Bürgerinnen und Bürger weg, für die Teilen und Abgeben selbstverständlicher ist?

Unter der mangelnden Spendenbereitschaft der jüngeren Generationen leidet auch das Online-Lexikon Wikipedia. Hier können sich alle schnell über fast jedes Thema informieren und einigermaßen sichergehen, dass das Geschriebene eine hohe Qualität aufweist. Doch auch wenn Tausende Autorinnen und Autoren kostenlos dafür sorgen, dass die Plattform stets auf dem möglichst neuesten und besten Stand ist, geht es doch nicht ohne Geld. Technik und Organisation von Wikipedia verschlingen große Summen. Die Plattform verzichtet auf Werbung, um ihre Unabhängigkeit zu bewahren, daher wendet sich der Wikipedia-Gründer Jimmy Wales einmal im Jahr mit einem Spendenziel von sieben bis acht Millionen Euro an die Nutzer. Eine stattliche Summe, doch wenn die Seite über sechs Millionen Mal am Tag aufgerufen wird, könnte man meinen, das Geld sollte in kürzester Zeit gesammelt sein, wenn alle nur ein paar Euro geben. Drei Euro pro Person würden reichen, meint Wales. Dennoch dauert es immer sehr lange, bis das Spendenziel erreicht ist. Nach 34 Tagen waren 2017 erst 5,1 Millionen Euro zusammen, und das von nur rund 250 000 Spendern, die im Durchschnitt 20 Euro gaben. Nur ein kleiner Teil der Nutzerinnen fühlt sich also von dem Aufruf angesprochen und ist bereit, für die Leistung, die sie fröhlich in Anspruch nehmen, auch mal etwas harte Währung zurückzugeben.

Nun wissen wir aus verschiedenen psychologischen Experimenten, dass Menschen viel eher bereit sind zu geben, wenn sie sehen, beziehungsweise sicher sein können, dass auch andere mitmachen, das Spenden also nicht so anonym verläuft. Auch ist die Bereitschaft höher, nach einer Naturkatastrophe den Betroffenen zu helfen, oder für soziale Projekte zu spenden, wenn man zuvor etwas dazu gesehen, gehört oder gelesen hat, das die Herzen der Menschen anspricht. Und doch sollten eigentlich die allermeisten wissen, dass ein Angebot wie Wikipedia auf die Unterstützung der Nutzer angewiesen ist, wenn es zuverlässig und dauerhaft funktionieren soll. Aber auch hier scheint die Haltung verbreitet zu sein: Sollen doch erst mal die anderen was geben. Ganz ähnlich wie beim Unfall auf der Straße oder wenn jemand in der U-Bahn belästigt wird, und alle schauen weg. Dieses Phänomen, dass etwas zwar von allen genutzt wird, sich aber nicht alle verpflichtet fühlen, auch etwas dafür zu tun, kennen wir sehr gut auch aus dem Umweltbereich: Wasser, Luft, Boden und andere natürlichen Ressourcen gehören allen und werden kräftig beansprucht und überbeansprucht. Es ist aber sehr schwer, zu Vereinbarungen zu kommen, gemeinsam diese Güter zu schützen. Man nennt das die »Tragik der Allmende«.

Wo bleibt die Zivilcourage?

Apropos Belästigung in der U-Bahn: Es wird ja schon seit längerem darüber geklagt, dass Menschen wegschauen, wenn andere in Bedrängnis geraten, wenn zum Beispiel auf der Straße oder in öffentlichen Verkehrsmitteln jemand lautstark beleidigt, provoziert oder gar körperlich angegriffen wird. Ich selbst habe mal eine solche Situation in einer Frankfurter S-Bahn erlebt. Der Zug war stark besetzt, sodass ich, zusammen mit anderen Passagieren, im Eingangsbereich stand. Plötzlich fing einer der Fahrgäste in meiner Nähe laut und sehr aggressiv zu schimpfen an. Die Situation wirkte bedrohlich. Die meisten Umstehenden blickten zu Boden oder schauten in eine andere Richtung, als bemerkten sie nichts. Auch ich sagte nichts, fixierte den Mann aber mit meinem Blick, um ihm zu signalisieren: »Ich habe keine Angst vor dir.« Worauf der gezielt auf mich einredete und das mit einer Aggressivität, dass ich es nun doch mit der Angst bekam. Immer noch reagierte niemand, und mir fiel selbst auch keine adäquate Reaktionsmöglichkeit ein. Da tauchten plötzlich zwei junge Männer auf, hakten den Störenfried rechts und links unter und setzten ihn an der nächsten Haltestelle vor die Tür. Der wusste gar nicht, wie ihm geschah, war völlig überrumpelt und machte auch keine Anstalten, wieder in die Bahn zu kommen. Das entschlossene und beherzte Eingreifen dieser beiden Männer hat mich tief beeindruckt, da sie nicht, wie alle anderen, passiv geblieben waren und so eine weitere Eskalation verhinderten.

Nun ist es alles andere als trivial, sich richtig zu verhalten, wenn man es plötzlich mit psychisch kranken, sehr aggressiven und vielleicht sogar gewalttätigen Menschen zu tun hat. Es ist ja tatsächlich schwer zu beurteilen, ob es jemand bei Worten belässt, oder nicht plötzlich doch die Faust schwingt, oder gar ein Messer zückt. Individuelles Heldentum ist da nicht unbedingt angesagt. Aber Wegschauen kann eben auch nicht die Lösung sein. Die Polizei hat dafür sehr konkrete Ratschläge, wie man sich in einer solchen Situation verhalten sollte (siehe Kapitel »Eigentlich sind wir ja kooperativ – wir kommen bloß so selten dazu«, S. 185). Das Mindeste, was man tun kann, ist die Polizei zu rufen, und/oder andere Passanten anzusprechen und – wie in diesem Fall – mit ihnen gemeinsam einzugreifen. Noch viel niedrigschwelliger aber setzt die verbale Intervention an. Gewalt- und Konfliktforscher raten dazu, eben nicht aus Angst, Scham, Unterwürfigkeit oder Ignoranz wegzuschauen und dem Aggressor damit zu signalisieren, dass das Verhalten hingenommen wird. Richtig wäre, ihn auch verbal in die Schranken zu weisen, indem man zum Beispiel ruft: »Ich will nicht, dass Sie mich anschreien«, »Hören Sie auf, den Leuten Angst zu machen«.

Wenn man nicht weiß, was zu tun ist, ist es sicher schwierig, in solchen unangenehmen und mitunter beängstigenden Situationen die Stimme zu erheben, sich einzumischen. Doch was ist, wenn es sich nicht nur um verbale Aggressivität, sondern um eine Straftat handelt? Bundesweit registrierte die Polizei 2016 über 1,3 Millionen Fälle von Straßenkriminalität, von der Belästigung, über den Handtaschenraub und die Sachbeschädigungen bis hin zur schweren Körperverletzung. Gerade die gefährlichen und schweren Körperverletzungen im öffentlichen Raum haben zugenommen, von rund 54 500 (2015) auf rund 61 300 (2016), das ist ein Anstieg von rund 12,5 Prozent.

Da sich diese Delikte sehr häufig unter den Augen vieler Passanten abspielen, ist die Polizei hier stark auf die Hilfe der Bevölkerung angewiesen. Doch leider schauen die meisten Menschen weg und hoffen, es werde schon jemand anderes reagieren. Daher gibt die Polizei mit ihrer »Aktion Tu-was« für mehr Zivilcourage und größere Solidarität und Hilfsbereitschaft wertvolle Tipps für Helfer und Zeuginnen, wie man sich in solchen Fällen verhalten soll – ohne sich selbst zu gefährden, selbstverständlich. »Zivilcourage. Weggeschaut, ignoriert, gekniffen«, so der Titel einer kurzen Informationsbroschüre der Polizei. Oft helfe schon lautes Schreien, um den oder die Täter einzuschüchtern, heißt es darin. Mindestens aber solle man andere Passantinnen direkt ansprechen (»Sie, der Herr im weißen Hemd, helfen Sie mir!«, Sie, die Dame mit dem Kinderwagen, rufen Sie die Polizei«). Das ist nicht zu viel verlangt und doch eben mehr, als die meisten von alleine zu tun bereit sind. Spricht man sie aber an, sind sie in der Regel durchaus hilfsbereit. Es kommt also – wie in so vielen anderen Fällen auch – darauf an, dass jemand die Initiative ergreift und andere mit ins Geschehen holt. Im Übrigen: Wir sind sogar gesetzlich dazu verpflichtet, bei einer Straftat im Rahmen unserer Möglichkeiten einzugreifen: »Jeder von uns trägt Verantwortung dafür, dass das Zusammenleben in unserer Gesellschaft friedlich und zivilisiert verläuft. Deshalb ist auch jeder gefordert, selbst als Zeuge und Helfer aktiv zu werden.«[13]

Zu viele schauen weg, wenn sie sich eigentlich einmischen sollten

Von Narzissten und Selbstoptimierern

Während sich die meisten also in Situationen, in denen sie sich durchaus mal aus der Masse herausheben und engagieren sollten, lieber wegducken und unsichtbar machen würden, können wir in anderen Situationen jeden Tag das genaue Gegenteil davon beobachten: Ich rede von der Sucht, ständig und überall ein »Selfie« anfertigen zu müssen – von sich selbst, oder von sich und den Freundinnen, oder von sich und einem Promi, das man dann natürlich umgehend auf WhatsApp verbreiten, oder in einem sozialen Netzwerk »posten« muss, um die atemberaubende Nachricht, wo man gerade ist, was man gerade isst, wen man gerade gesehen hat, einer möglichst großen »Community« mitzuteilen. Manche Zeitgenossinnen, insbesondere Touristen, tragen gar ständig diesen lächerlichen Selfie-Stick in der Hand, um besonders schöne Fotos von sich machen zu können. Vielen scheint das manische Fotografieren gar schon wichtiger geworden zu sein, als sich die Dinge anzuschauen, vor denen sie gerade stehen und weshalb sie doch eigentlich die Reise unternommen haben. Nun sind diese Mitmenschen im öffentlichen Straßenbild wohl auffällig, wirklich stören tun sie jedoch nicht. Richtig nervig wird es, wenn neuerdings bei Hochzeiten oder auch Kulturveranstaltungen viele ihre Smartphones in die Höhe recken, um das Geschehen zu filmen. Überall sieht man im dunklen Raum dann die störenden Lichtquellen. Sofern das nicht ausdrücklich verboten ist, kommen die Dauernd-und-überall-Filmer auch nicht auf die Idee, dass sie andere belästigen könnten.

Auf dem Gipfel des narzisstischen Selfie-Kults, oder sagen wir lieber dem vorläufigen Gipfel, befindet sich wohl derzeit das Londoner Café »The Tea Terrace«: Hier kann man sich einen »Selfieccino« bestellen, einen Cappuccino oder eine heiße Schokolade, auf der im Milchschaum ein Selbstbildnis der Wahl mit Kakao gedruckt wird. Umgerechnet etwas über sechs Euro kostet so ein Ego-Getränk, schreibt die *Frankfurter Rundschau*: »Aber was tut man nicht alles, um Freunde zu beeindrucken?« Das Café »kann sich jedenfalls nicht über mangelnde Nachfrage beschweren. Mehr als 400 Kunden habe sich in den vergangenen fünf Tagen schon für einen »Selfieccino' entschieden.«[14] Narzissten, wohin man auch schaut.

Hochinteressant war diesbezüglich, was in der 3-Sat-Sendung »Scobel« am 11. Januar 2018 zum Thema »Ego-Kult« gesagt wurde: Da war die Rede von Leuten, die sich allerhand Gerätschaften oder Apps fürs Schlau-Fon anschaffen, um ihre täglichen Schritte zu zählen, den Blutzuckergehalt zu messen, den Puls, die Herzfrequenz und dann natürlich auch noch die Kalorienzufuhr. Wohlgemerkt: Vor allem junge, gesunde Menschen zwischen 20 und 39 Jahren tun das. Offenbar trauen sie ihrem eigenen Körpergefühl nicht mehr und brauchen dazu die Unterstützung von Zahlen und Statistiken. Vor allem aber reicht es ihnen nicht, nur als gesund zu gelten, nein, »optimal fit« wollen sie sein. Fit für den alltäglichen Wettbewerb im Beruf, in der Partnerschaft, im Freundeskreis, in der Familie … In einer wahren Selbstversessenheit beobachten sich die Selbstoptimierer dauernd selbst. Doch die Perfektionistinnen hören nicht beim eigenen Körper, beziehungsweise beim eigenen Leben auf. Ist mit Hilfe von »Parship« oder »Elitepartner« erst mal der perfekt passende Partner, die perfekte Partnerin gefunden, muss es natürlich die perfekte Wohnung im perfekten Stadtteil mit der perfekten Einrichtung sein. Die Urlaube sollten etwas ganz Besonderes sein und werden daher akribisch geplant. Etwas dem Zufall überlassen? Um Gottes willen, nein! Abenteuerurlaub, ja schon gerne, aber bitte immer technisch und auch sonst voll ausgerüstet, damit man sich auf keinen Fall verlaufen, damit auf keinen Fall etwas geschehen kann, auf das man nicht vorbereitet ist, das man vielleicht nicht hundertprozentig im Griff hat. Das durchgeplante Abenteuer, das Leben im Superlativ, mit Rundherum-Absicherung.

Optimierung in allen Lebensbereichen, selbstverständlich auch bei der Familienplanung. Womöglich ist es nicht mehr lange hin, bis uns die ganzen gruseligen Möglichkeiten der modernen Medizin und Gentechnik, also die Eingriffe ins Erbgut, auch im privaten Bereich zur Verfügung stehen und das perfekte Kind im Reagenzglas gezüchtet werden kann. Heute schon werden bei der Präimplantationsdiagnostik überzählige, beziehungsweise als nicht geeignet erscheinende Embryonen aussortiert, die durch künstliche Befruchtung entstanden sind. Lassen wir an dieser Stelle einmal die Dystopien, die negativen Zukunftsbilder beiseite, wie zum Beispiel die Versuche der Neurowissenschaftler, Denken und Gefühle von Menschen zu steuern. Die gegenwärtige Realität bietet schon Diskussionsstoff genug.

Gehen wir also davon aus, dass zwei Selbstoptimierer nun also, ganz klassisch, ein Kind gezeugt haben. Das soll sich im Leben nicht nur gut zurechtfinden können, wofür alle Eltern die Grundlagen schaffen sollten. Es soll – Sie ahnen es schon – optimal vorbereitet werden auf den Kampf um die besten Studien- und Arbeitsplätze. Dazu sollen die lieben Kleinen schon im Kindergarten nicht nur unbeschwert spielen und so ganz natürlich viel über sich und ihre Umwelt lernen dürfen. Nein, viel zu trivial. Sie sollen möglichst hier schon eine Fremdsprache lernen. Später sollten sie dann am liebsten mehrere Musikinstrumente erlernen, und sportlich darf es selbstverständlich ebenfalls anspruchsvoll sein. Da werden Kinder zum Opfer des Perfektionszwangs der eigenen Eltern: Die Kita soll höchsten Ansprüchen genügen, die Schule soll keinen hohen Ausländeranteil und nur wenige Kinder aus der Unterschicht haben – finden übrigens auch oft Eltern aus dem links-grünen Milieu –, die MINT-Fächer und auch das musische Angebot sollen exzellent sein. Das Kind muss glücklich sein, damit seine glücklichen Eltern darüber beglückt reden können.

Alles sofort und zugleich

Wir leben in einer Zeit, in der fast alles möglich geworden ist und in der wir unsere Bedürfnisse rund um die Uhr befriedigen können. Zumindest die materiellen. Das Internet macht es möglich. Heute bestellt, am nächsten Tag geliefert, und wenn es doch nicht das richtige Produkt ist, kein Problem, geht die Sendung eben wieder retour. Auf diese Weise sind Tag für Tag Millionen Pakete in Deutschland unterwegs, vom Hersteller zum Kunden und wieder zurück. Absurd! Die Online-Versandhändler werben mit der bequemen Rund-um-die-Uhr-7-Tage-die-Woche Bestellung, bei Wind und Wetter schön von der warmen Wohnung aus und mit kurzen Lieferzeiten. Gerade für jüngere Leute scheint dies höchst attraktiv zu sein. Leider hat diese Art des modernen Einkaufens eine ganze Reihe von größeren Nachteilen: Der sichtbarste von allen ist die Zunahme des Lieferverkehrs, unter dem vor allem die Stadtbewohnerinnen leiden. Die Millionen Pakete, die da zum Kunden und oft eben auch wieder zurück in die Lagerhalle transportiert werden müssen, bleiben nicht ohne ökologische Folgen: mehr Abgase, mehr Lärm, verstopfte Straßen in den Städten. Dann wären da die Arbeitsbedingungen für diejenigen, die bei Amazon, Zalando & Co. die vielen Pakete packen und entpacken. Die sind bekanntermaßen alles andere als rosig, die Bezahlung bescheiden. Daran hat sich bisher trotz Protesten von Beschäftigten und Gewerkschaften wenig geändert. Würden die Beschäftigten besser bezahlt, ließen sich auch kaum die kostenlosen Retouren aufrechterhalten. Damit stünde wahrscheinlich das gesamte Geschäftsmodell zur Disposition. Ein Geschäftsmodell, das zudem auf hochgradiger Verschwendung von Ressourcen aufgebaut ist, wie jetzt bekannt wurde: Tag für Tag schmeißen Amazon-Mitarbeiter Massen neuwertiger Waren in den Müll, weil das in vielen Fällen günstiger ist, als die Retouren auszupacken, neu zu verpacken und erneut zu einem billigeren Preis anzubieten.[15] Absurde Welt!

Nicht zuletzt schadet der Onlinehandel dem stationären Fachhandel in den Städten. Ihm gehen Umsätze verloren. Viele kleinere Läden können sich nicht mehr halten. Innenstädte veröden, die Stadt wird langweilig, die Lieferautos versperren die Straßen (übrigens meist Diesel, deren Zufahrt zu den Fußgängerzonen natürlich weiter erlaubt bleibt, Dieselruß lässt grüßen). Unter anderem auch deshalb, weil sich besonders preisbewusste Käufer gerne mal im Fachgeschäft beraten lassen, dann aber, wenn sie dank der Beratung wissen, was sie haben wollen, nach günstigeren Angeboten im Internet suchen. Nicht besonders fair finde ich das. Insbesondere, wenn es sich bei den cleveren Schnäppchenjägern um Leute handelt, die nicht jeden Cent umdrehen müssen. Das ist der Lauf der Zeit? Strukturwandel kennt halt immer Gewinner und Verlierer? Da passen Kategorien wie Fairness nicht mehr ins Bild? Mag sein. Doch es ist schon erstaunlich, wie wenig Gedanken sich selbst die sonst durchaus kritischen Zeitgenossen über die Folgen ihres eigenen Tuns machen, wenn es um ihren Lebensstil und ihre Bequemlichkeit geht. Ihre Macht wissen die Internetkonzerne auszuspielen und spielen inzwischen eine immer fragwürdigere, ja sagen wir ruhig, verstörende bis gefährliche Rolle. Sie verstehen sich blendend auf die Steuervermeidung, sie horten inzwischen in gigantischen Mengen unsere Daten – die wir zwangsläufig aber in gutgläubiger oder naiver Haltung bei jedem Onlinegeschäft oder jedem Post auf Facebook & Co. preisgeben, und machen sie zu klingender Münze. Hier entstehen Informationsmonopolisten, die sogar der gesamten Wirtschaft schaden können, die sich – immer noch gutgläubig, das wäre zu ihrem Besten – im Internet zu schaffen macht. So wie wir das alle tun.[16] Hinzu kommt, dass die superreichen Internet-Bosse, wie Marc Zuckerberg (Facebook) oder Jeff Bezos (Amazon) oder die deutschen Zalando-Brüder mit ihrem Reichtum nicht unbedingt der Allgemeinheit dienen. Besonders gut und findig sind sie vor allem im kreativen Steuersparen. Trotzdem wurden die beiden Zalando-Chefs vom Springer-Verlag ausgezeichnet für ihr »visionäres Unternehmertum«.[17] Es gäbe also eine ganze Fülle von Gründen, sich nicht – oder zumindest nicht in diesem Ausmaß – am Online-Einkaufen zu beteiligen. Trotzdem tun es Tag für Tag mehr. Die Verlockungen des ›Alles zu jederzeit‹ scheinen einfach zu groß zu sein. Die Menschen wissen in der Regel ganz gut Bescheid, welche Folgen ihr Verhalten hat, doch sie machen mit, weil es doch alle machen und weil es zu ihrem Lebensstil passt, bei dem alles so bequem wie irgend möglich sein soll.

Apropos ›alles zu jederzeit‹. Dazu nur ein kleines Beispiel aus der analogen Einkaufswelt: Ich stehe am Abend gegen 20.30 Uhr an der Brottheke eines Öko-Supermarktes. Neben mir eine Frau, die ein bestimmtes Brot haben will, das aber schon ausverkauft ist. Der Markt schließt in einer halben Stunde, und es liegen nur noch wenige Brote im Regal. Da beschwert sie sich, warum der Markt bis 21 Uhr geöffnet habe, wenn man eine halbe Stunde vor Ladenschluss schon keine größere Brotauswahl mehr habe. Hallo? Schon mal was von Lebensmittelverschwendung gehört? Was ist so schlimm daran, mal ein anderes Brot zu kaufen? Offenbar denken auch einige der ach so bewussten Ökoeinkäuferinnen im Zweifel doch vor allem nur an sich selbst.

Überhaupt sind die Ansprüche vieler Menschen sehr hoch. Oft völlig zu Recht, wenn sie den Anspruch auf Demokratie, eine gesunde Umwelt, auf lebenswerte Städte, auf gute Arbeit und ordentliche Arbeitsbedingungen, auf sozialen Ausgleich erheben. Manchmal aber sind die Ansprüche unrealistisch hoch. Das gilt etwa für das immer und überall verfügbare Warenangebot oder auch für den öffentlichen Verkehr. Selbstverständlich ist es wichtig, dass Busse und Bahnen möglichst pünktlich und häufig fahren und zudem so komfortabel und sauber sind, dass man sie auch gerne nutzt. Dies ist umso wichtiger, da ein gut funktionierender und preiswerter öffentlicher Nah- und Fernverkehr die wichtigsten Voraussetzungen sind, damit die Menschen mehr und mehr vom Auto oder auch vom Flugzeug loskommen – was wiederum dringend nötig wäre, um die Klimaziele zu erreichen und die Städte lebenswert zu erhalten. Ich finde zwar auch, dass gerade die Deutsche Bahn (DB) mehr für ihre Kunden tun sollte, schließlich ist sie nicht billig. Und dennoch erscheint es mir höchst sonderbar, wie schnell sich manche Zeitgenossinnen tierisch aufregen, wenn ihr Zug Verspätung hat. Wir erwarten so viel auf einmal und sind oft nicht bereit, uns damit abzufinden, dass nicht immer alles hundertprozentig funktionieren kann. Schließlich bringt ja auch keiner von uns ununterbrochen eine hundertprozentige Leistung.

Eine gestiegene Anspruchshaltung kann man auch beim Sport erkennen: Zum Beispiel klagt die Bergrettung darüber, dass sie immer häufiger zu Einsätzen ausrücken muss, um alpine Bergsteigerinnen und auch Wanderer zu retten. Allein in Österreich war das 2017 7987 Mal der Fall, Tendenz steigend. Die Gründe dafür: Die Menschen verlieren dank ihrer guten Ausrüstung und der Möglichkeit, jederzeit mit dem Mobiltelefon Hilfe holen zu können, den Respekt vor den Bergen, der Natur und dem Wetter. Gerade Gelegenheitswanderer sind aber oft schlecht trainiert und überschätzen die eigenen Fähigkeiten. So müssen die Bergretter immer mehr Leute retten, die sich über- beziehungsweise den Berg unterschätzt haben. Häufig sind die Betreffenden gar nicht verletzt, sondern entkräftet oder kommen wegen eines Wetterumschwungs nicht mehr weiter. Das geht auch ganz schön ins Geld, insbesondere wenn ein Hubschrauber zum Einsatz kommt. Eine Suchaktion nach vermissten Alpinisten kostet beispielsweise durchschnittlich gut und gerne 5000 Euro, ein Hubschraubereinsatz 3500 Euro. Die Österreicherinnen denken daher darüber nach, Alpinsportlern, die sich verantwortungslos verhalten und offenbar bewusst in Kauf nehmen, auf Kosten der Steuerzahlerinnen geborgen zu werden, zur Kasse zu bitten. Zwar sind Mitglieder der Alpenvereine in der Regel für solche Fälle versichert, allerdings darf man so ein Verhalten durchaus auch egoistisch nennen.

Luxusprobleme oder essentielle Fragen?

Gemessen an den existenziellen Sorgen und Nöten in vielen Teilen der Welt, und auch bei vielen Menschen hierzulande, die nicht auf der Sonnenseite des Lebens stehen, mögen sich viele Dinge, die ich beschrieben habe, vielleicht wie die Überspanntheit einer satten Mittelschicht ausnehmen, die sonst keine Probleme, aber viel Zeit zum Nachdenken hat. Vielleicht mag diese Kritik, je nach eingenommener Perspektive, auch in gewissen Teilen nachzuvollziehen sein. Dennoch: Ich glaube, dass die beschriebenen Dinge wichtige Indikatoren sind, die Hinweise darauf geben können, wie sich das Verhältnis der Menschen in diesem Land insgesamt zueinander verändert. Ginge es lediglich um Themen der Etikette, bräuchte man sicher kein großes Aufhebens darum machen. Doch die Frage, wie sich Menschen gegenseitig wahrnehmen, wie sie einander betrachten und einschätzen, wie sich ihr Gefühl zueinander entwickelt, wie sie miteinander umgehen und was sie voneinander verlangen, wie sehr sie einander vertrauen, ist eine der wesentlichsten kulturellen Fragen überhaupt. Denn darauf basiert letztlich auch, ob ein humanes und friedliches Zusammenleben möglich ist, beziehungsweise ob sich die Koordinaten dieses Zusammenlebens verschieben oder ob gar der Konsens über grundlegende Regeln einer demokratischen Gesellschaft zu erodieren droht.

Schon Adolph Freiherr von Knigge, den wir heute oft fälschlicherweise als einen langweiligen konservativen Verfechter von Tisch- und anderen überkommen Manieren abtun, ging es in seinem 1788 erschienenen enberühmten Werk »Über den Umgang mit Menschen« um weit mehr als um Benimmregeln – die eigentlich erst in späteren Überarbeitungen durch andere Oberhand gewannen. Der Aufklärer dachte vielmehr über Respekt und Anstand nach.[18] Was Anstand heutzutage sein könnte, darüber schreibt Axel Hacke, Journalist und Schriftsteller aus München, in einem interessanten Essay, aus Anlass des Erstarkens von Rechtspopulisten:

»Unter Anstand würde ich einen Sinn für Gerechtigkeit verstehen, auch ein grundsätzliches Gefühl der Solidarität mit anderen Menschen, für Fairness, also für den Gedanken, dass man sich an die Regeln auch dann hält, wenn gerade mal keiner guckt, für Ehrlichkeit also und Offenheit, auch sich selbst gegenüber. Und Aufrichtigkeit: zu handeln und zu reden ohne Hintergedanken. Fähig zu sein, das eigene Reden und Handeln kritisch zu sehen. Und den Willen zu haben, sich an diese Gebote zu halten, so gut es geht.«[19]

Das gefällt mir gut. Ich würde dazu noch die Begriffe Respekt und Mitgefühl ergänzen. Gerade das Mitgefühl, die Empathie scheint mir eine zentrale Kategorie zu sein, auf der Mitmenschlichkeit fußt. Doch wenn wir uns die vielen Beispiele anschauen, die ich oben beschrieben habe – und Sie werden in diesem Buch noch viel mehr dazu finden (siehe Kapitel «Die Ichlinge kommen») –, dann liegt der beunruhigende Befund nahe, unserer Gesellschaft gehe das Mitgefühl aus.

Geht unserer Gesellschaft das Mitgefühl aus?

Zum Teil scheint das auch tatsächlich so zu sein. Meine empirischen Beobachtungen legen das nahe, aber auch Sozialpsychologen, wie Dieter Frey, Professor an der Ludwig-Maximilians-Universität in München, kommen zu dem Schluss: »Die Menschheit scheint heutzutage deutlich stärker zu manipulativem, aggressivem, egoistischem und antisozialem Verhalten zu neigen. (…) Das korreliert mit geringer Empathie (…)«. Als Gründe nennt er steigenden »Konkurrenzdruck basierend auf einem hohen Lebenswohlstand«. Ohne Empathie zu leben, sei aber mit dem »Dasein als Mensch nicht vereinbar«.[20] Damit sind wir an einem sehr zentralen Punkt. Dazu später mehr (siehe Kapitel »Die neoliberale Konkurrenzmühle vergiftet unsere Herzen, die »sozialen« Medien machen uns unsozial«, Seite 117)

Medienkonsum entfremdet uns von Mitmenschen

Heute sind wir im Alltag oft so sehr von Bildschirmen in den Bann gezogen, dass wir kaum noch wahrnehmen, was in unserer unmittelbaren Umgebung passiert. Ein Blick in eine S-Bahn zur Stoßzeit genügt, um zu sehen, dass die Zahl derer, die nicht auf ihr Schlau-Fon oder Tablet starren oder zumindest mit Kopfhörern Musik hören, sehr gering ist. Die allermeisten sind tief versunken in ihre Kommunikation mit Freunden, das Lesen von Nachrichten, das Surfen im Internet. Das kann man nun schon sogar in Restaurants beobachten, wie sich Freundinnen, Familien, ja sogar Liebespaare gegenübersitzen, aber anstatt miteinander zu reden, jeder in der eigenen digitalen Welt abgetaucht ist. Besonders traurig finde ich, wenn Eltern, meist sind es die Mütter, mit ihrem Kleinkind im Kinderwagen unterwegs sind, und anstatt mit ihrem Kind zu schäkern und die Welt zu entdecken, völlig abwesend ins Schlau-Fon stieren. Oft versuchen diese Kinder vergeblich, mit ihren Müttern Kontakt aufzunehmen. Mitunter rufen sie vielfach monoton »Mama«, doch die reagiert nicht, oder allenfalls mit einem unkonzentrierten »hmm«. Der Ton des Kindes wird lauter, ungeduldiger, ja verzweifelt und bald auch aggressiv. Ich verstehe nichts von Kinderpsychologie, aber könnte es nicht sein, dass das, was wir bei Kindern Aufmerksamkeitsdefizit-/Hyperaktivitätsstörung (ADHS) nennen, vielleicht auch etwas mit den Erfahrungen dieser Kinder mit oft für sie nicht ansprechbaren Eltern zu tun hat? ADHS habe viele verschiedene Ursachen, erklärt mir eine befreundete Kindertherapeutin. Doch in dem von mir beschriebenen Fall handele es sich in der Regel um Eltern, die selbst zu bedürftig sind, um sich ausreichend um ihre Kinder zu kümmern. Der narzisstisch getriebene Egoismus entspringe ja meist einer inneren Unsicherheit und großer Bedürftigkeit nach Anerkennung und Aufmerksamkeit. Im Sommer 2018 beschwerten sich Bademeister in Hessen, dass Eltern im Schwimmbad zu wenig auf ihre Kleinkinder aufpassten. Wahrscheinlich spielen auch hier die Schlau-Fons eine ungute Rolle.

Mir würde sehr einleuchten, wenn Kinder, die ständig darum ringen müssen, dass sich ihre Eltern ihnen etwas intensiver widmen, eine psychische Störung entwickeln und selber narzisstisch werden. Und selbst wenn wir gar nicht so weit schauen und im normalen Familienalltag bleiben: Wie schaffen es die Familien noch, ein intensiveres Gespräch am Abendbrottisch miteinander zu führen, wenn dauernd eine andere aufs Telefon schaut, das gerade mal wieder ›Ping‹ gemacht hat, und dieses ›Ping‹ offenbar so verlockend ist, dass man sich sofort aus jeder Unterhaltung ausklinkt? Wie oft erleben wir es selbst im Bekannten- und Freundeskreis, wie der andere sich in seine Jacke greift, nach dem Schlau-Fon fingert, um die neueste Mitteilung zu checken? Wir alle wissen, dass es sich ganz schön unangenehm anfühlt, wenn man signalisiert bekommt, dass etwas anderes, von dem unser Gegenüber noch nicht einmal weiß, was es ist, wenn das verlockende ›Ping‹ ertönt, plötzlich viel wichtiger ist, als das, was wir zu sagen haben. »Tatorte«, also die Sonntagabendkrimis geben ja mitunter interessante Hinweise auf gesellschaftliche Trends. So auch, als der Kölner Kommissar Max Ballauf (Klaus J. Behrendt) zu seinem Kollegen Freddy Schenk (Dietmar Bär) ins

Auto steigt und dieser nicht die Augen vom Mobiltelefon nimmt: »Fängst Du nun auch schon an?«, fragt er ihn. »Womit?« »Auf Dein Handy zu starren, statt Dich zu unterhalten!«

Kürzlich habe ich einen jungen Vater mit seinem kleinen Kind an einem See beobachtet. Das Kind fütterte Enten, während es der Vater dabei filmte. Das Kind schaute aber nur in Richtung des Vaters, die Enten interessierten es gar nicht. So merkte es nicht einmal, wie die Enten das Brot ignorierten, das ihnen das Kind in großen Mengen achtlos hinwarf. Der Vater auch nicht. Die ganze Szene diente deutlich erkennbar nicht dazu, das Kind den Umgang mit Tieren erfahren zu lassen, sondern lediglich der Selbstinszenierung. Eine Pest, die offenbar schon Kleinkinder befallen hat. Absichtsloses Aufnehmen, Verstehen und Genießen erfordert erst mal Achtsamkeit und Konzentration. Daran mangelt es vielen Zeitgenossen heute.

Wer mit seinem Schlau-Fon, Tablet & Co. beschäftigt ist, taucht oft total in die Welt ab, die sich ihm und ihr da eröffnet. Das Internet und die sozialen Medien können ja auch hochgradig faszinierend sein, keine Frage. Dieses Abtauchen hat aber tatsächlich unangenehme Nebeneffekte, wenn es im öffentlichen Raum stattfindet. Viele Menschen wirken wie abgeschnitten von ihrer Umwelt. Oft haben sie ja zudem noch Kopfhörer auf und bekommen auch akustisch kaum noch etwas mit. So geht die Wahrnehmung für Dinge, die um sie herum passieren, verloren. Eigentlich sind die Menschen gar nicht wirklich da, wo sie sind, sondern in einer Parallelwelt. Axel Hacke beschreibt diesen Zustand als Paradox, da wir in dieser Parallelwelt einerseits sozial handeln und im Austausch mit anderen stehen. Unserem unmittelbaren Umfeld gegenüber verhielten wir uns andererseits aber zutiefst unsozial, sodass uns die Medien letztlich vereinzeln und uns »gemeinsam einsam« machten.[21]

Die Unkultur bei Facebook & Co. breitet sich aus

Schon seit längerem wird über den Ton in den sozialen Medien geklagt, der zunehmend bösartig, aggressiv, beleidigend und sogar bedrohend werde. In der Tat: Hinter Pseudonymen versteckt, lässt es sich vortrefflich schimpfen und hetzen, und noch dazu mit garantierter Bestätigung. Denn das liefern die Echokammern des Internets in Perfektion: Extreme Ansichten werden von Gleichgesinnten bestätigt und weiter gesteigert. Was früher am Stammtisch des Wirtshauses passierte und oft dort auch Widerspruch auslöste, geht heute dank Internet in millionenfacher Verstärkung. Man muss sich weder schämen, noch rechtfertigen und erntet auch wenig Widerspruch. Kein Wunder also, dass rechtsextreme politische Organisationen sich mit ihrer Hetze auf den Stimmenfang im Internet spezialisiert haben.

Das Gemecker geht bis an die Schmerzgrenze des Erträglichen und oft als Hetze und krude Verschwörungstheorie weit darüber hinaus. Gerne wird auch gegen die sogenannte »Lügenpresse« gewettert. Die Redakteure der *Frankfurter Rundschau* aber beschlossen, sich nicht mehr in den Redaktionsstuben über das ganze unflätige Zeug zu ärgern, und machten die oft sogar unfreiwillig komischen Texte öffentlich. »Hate Slams« nennen sie das. Indem man die Angreifer der Lächerlichkeit preisgibt, entschärft man ihre Waffen, so der Gedanke. Das ist sicher eine gute Idee, aber letztlich bedient es auch nur eine weitere Echokammer, diesmal die eigene. Währenddessen wird im Netz weiter täglich rassistisch, menschenverachtend und Minderheiten beleidigend gehetzt – mit schwerwiegenden Schäden für den Umgang der Menschen miteinander: Wir werden roher, gefühlloser, unzivilisierter, brutaler.

Nur im Netz? Natürlich nicht. In den USA regiert ein Präsident mit einer unfassbaren Dreistigkeit, miesen Manieren und einem zur Schau getragenen intellektuellen wie emotionalen Stumpfsinn. Trumps Devise: Alles, was über meinen Horizont geht, ist unter meinem Niveau. Die Komplexität der modernen Welt ist ihm so fern wie eine gerechte Einkommensverteilung. Dabei wird er zu einer ernsten Gefahr für den Weltfrieden – durch sein Handeln und weil er zum Vorbild für andere wird. In der Türkei, in Polen, in Österreich und nun sogar in Italien regieren Autokraten beziehungsweise reaktionäre Parteien, die nationalistisch, fremden- und teils sogar demokratiefeindlich eingestellt sind. Fast unnötig zu erwähnen, dass auch hier der Ton und die Sitten rauer werden. Auch das Erstarken der AfD ist zu einem guten Teil mit dem Zerfall der politischen Kultur in Deutschland zu erklären.

In Katalonien geht es – mal davon abgesehen, wie diese Auseinandersetzung von beiden Seiten geführt wird – letztlich um den egoistischen Konflikt, dass eine vergleichsweise reiche Region meint, alleine besser wegzukommen, als wenn sie auch für den ärmeren Teil Spaniens geradestehen muss.

Eine Untersuchung des emeritierten Professors für Erziehungswissenschaften an der Universität Marburg, Benno Hafeneger, aus dem Jahre 2017 kommt zu dem Ergebnis, dass sich der Umgang der Parlamentarierinnen in den Parlamenten, in denen die AfD sitzt, spürbar verschlechtert hat. Leider passen sich offenbar auch Demokraten an die miesen Umgangsformen der Populisten an: »Man kann erkennen, dass das Klima rauer und aggressiver wird, der Konsens der demokratischen Parteien im Umgang miteinander verändert sich«, sagt Hafeneger.[22] Das ist ganz schlecht, denn man wird sich gegen den Einfluss der AfD nicht wehren können, indem man sich auf ihr Niveau herablässt. Will man sie kleinhalten, muss man zeigen und beweisen, dass die demokratische, solidarische, die weltoffene und respektvolle Kultur attraktiver und überlegen ist. Das klappt nicht, wenn man sich in Ton und Verhalten an die Feinde dieser Kultur annähert. Der römische Kaiser und stoische Philosoph Mark Aurel warb im zweiten Jahrhundert vor Christus in seinen »Selbstbetrachtungen« für Wohlwollen und Freundlichkeit im Umgang mit den Menschen: »Sooft Du an der Unverschämtheit eines Menschen Anstoß nimmst, frage Dich alsbald: Ist es auch möglich, dass es in der Welt keine unverschämten Menschen gibt? Unmöglich.« Die Natur schenkte »wie eine Art Gegengift dem Rücksichtslosen gegenüber die Sanftmut, einem anderen aber eine andere Gegenkraft, und überhaupt steht es ja in deiner Hand, den Irrenden eines Besseren zu belehren«.[23] Ist das naiv im Umgang mit Menschen, die sich auf den Weg gemacht haben, Grundwerte unserer Kultur auszuhebeln? Ich meine nicht. Die Aufgabe muss sein, sie einerseits politisch scharf und kompromisslos zu bekämpfen, andererseits aber auf keinen Fall zuzulassen, dass sie es schaffen, die gesellschaftliche Kultur, die ja ohnehin schon angegriffen ist, weiter zu vergiften.

Wir alle kennen solche Situationen: Irgendwer macht uns ganz doof von der Seite an, vergreift sich im Ton, behandelt uns schlecht.

Wie schnell sind wir da innerlich auf 180 und zahlen in gleicher Münze heim. Nehmen wir nur mal das Benehmen im Straßenverkehr. Leider ändert es an der Situation gar nichts, wenn man die Fassung verliert. Man fühlt sich noch nicht einmal besser hinterher. So schwer es auch im Einzelfall sein mag: Das »Gegengift«, von dem Mark Aurel sprach, scheint mir die einzige richtige Antwort zu sein (siehe Kapitel fünf, S. 219).

Die Populisten in den Parlamenten sind jedoch das Resultat, nicht Ursache der Veränderung. Sie sind nicht Antreiber, sondern bestenfalls das Treibholz, das auf dem Strom schwimmt. Tatsächlich wurde der Keim dessen, was wir heute beobachten, schon viel früher gelegt und hat viel mit dem Erstarken des Neoliberalismus vor allem in den letzten 30 Jahren zu tun, der nicht nur Wirtschaft und Politik, sondern auch unsere persönliche Haltung und unser Verhalten verändert hat. Zudem sollten wir uns anschauen, wie die Globalisierung und die Veränderungen, die sie mit sich brachte und bringt, auf den Alltag der Menschen und ihre Psyche wirken.

Der Reichtum der Reichen …

Wenn man wissen will, woher dieses ganze miese Verhalten kommt, muss man sich auch fragen: Welche Vorbilder haben wir eigentlich für unser privates Leben? Was führen uns tagtäglich diejenigen vor Augen, die sich gerne zur politischen und wirtschaftlichen Elite unsers Landes beziehungsweise der Welt zählen lassen? Da wären zunächst einmal die sogenannten Paradise Papers, die die *Süddeutsche Zeitung* im November 2017 und viele anderen Zeitungen weltweit veröffentlichten und die zeigen, in welch riesigem Ausmaß Reiche und Konzerne sich ihrer Verantwortung für das Gemeinwesen entziehen. Die Unterlagen zeigen in tausenden Fällen, »wie von Milliardären weltweit und einigen der global größten Konzerne wie Apple, Facebook oder Nike mittels Geldwäsche, Steuersplittung und Verschleierung unter anderem durch Gründung von Briefkastengesellschaften und Nutzung von Offshore-›Steueroasen‹ Steuervermeidung und Steuerhinterziehung betrieben wird und wurde. In den durchgesickerten Unterlagen finden sich Datensätze zu mehr als 120 Staats- und Regierungschefs und Politikern aus 47 Ländern, darunter die britische Königin Elisabeth II. sowie der damalige US-Handelsminister und Multimillionär Wilbur Ross.«[24] Auch Popstars wie Madonna, oder Justin Timberlake gehören laut Paradise Papers zu denjenigen, die ihre Gewinne dem Zugriff des Fiskus entzogen. Sogar die mit ihrem Leadsänger Bono sozial und ökologisch engagierte Gruppe U2, übte sich im Steuer-Optimieren: Es ist zwar nicht illegal, aber allemal illegitim, wenn eine irische Band mit Weltruf ihren Sitz von Irland in die Niederlande verlegt, um Steuern zu sparen, wie 2006 geschehen. Auch die deutschen Unternehmen Allianz, Deutsche Post, Deutsche Bank oder Siemens finden sich in den Paradise Papers, oder Personen des öffentlichen Lebens wie der Ex-Bundeskanzler Gerhard Schröder, der ehemalige FDP-Bundestagsabgeordnete Harald Leibrecht oder die Familie Engelhorn, unter anderem Eigentümerin des Pharmakonzerns Boehringer Ingelheim. Dabei spielt es gar keine Rolle, ob die Personen und Firmen legale Schlupflöcher genutzt haben oder nicht. Entscheidend ist, dass sie ihren Gesellschaften, den Kunden und denen, die auf sie angewiesen sind, viel Geld entziehen und somit das Gemeinwohl ganz erheblich schädigen.

Ich habe noch nie verstanden, warum Menschen, die immer noch Millionäre oder gar Milliardäre bleiben, selbst wenn sie reichlich Steuern zahlen, so etwas tun. Erst recht nicht, warum solch ein Verhalten dann auch noch von vielen Staaten toleriert wird. Womöglich verstärkt sich mit wachsendem Reichtum der persönliche Eindruck, man habe alles durch besondere Leistungen und Cleverness selbst erwirtschaftet, und daher nicht die Pflicht, der Allgemeinheit etwas davon abzugeben. Vermögende gründen dann gerne eigene Stiftungen und bestimmen selbst, wem sie wofür Geld zukommen lassen, vielleicht sogar, um ihren politischen Einfluss und ihre Macht zu mehren – wie das funktioniert, kann man sich etwa bei Bill und Melinda Gates ansehen. Gemessen am Umfang des Skandals hielt sich die öffentliche Empörung um die Paradise Paper in sehr überschaubaren Grenzen. Die politischen Reaktionen, solche Schlupflöcher wirksam zu schließen, lassen weiter auf sich warten, beziehungsweise werden nur halbherzig ergriffen. So hat die Europäische Union Anfang 2018 schon nach kurzer Zeit wieder acht Länder, die

Steuerhinterziehung fördern, von ihrer schwarzen Liste gestrichen, nachdem diese versichert haben, sich bessern zu wollen.

Die Reichen und Superreichen, teils mit mafiösem Hintergrund, wehren sich mit allen Mitteln gegen eine höhere Transparenz: Ende Februar 2018 wurden der investigative Journalist Ján Kuciak und seine Freundin in der Slowakei ermordet. Er hatte über Steuerbetrug und organisierte Kriminalität berichtet.

Weil die Bedingungen in der Weltwirtschaft und in den Sozialsystemen der Nationalstaaten ungerecht sind und weil es ein globales Finanzsystem gibt, bei dem sich oft viel mehr Geld mit Geld verdienen lässt, als mit Investitionen in die Realwirtschaft, öffnet sich die Schere zwischen Arm und Reich weiter – weltweit und auch in Deutschland. In seiner neuesten Studie schätzt das Deutsche Institut für Wirtschaftsforschung (DIW), dass das Vermögen der reichsten 45 deutschen Haushalte 2014 so groß war, wie das der gesamten ärmeren Hälfte der Bevölkerung. Beide Gruppen kamen demnach auf rund 214 Milliarden Euro.[25] Die Zahl der Einkommensmillionäre steigt: 19 000 zählte das Statistische Bundesamt 2014, 1600 mehr als 2013.[26]

Weltweit ist das Missverhältnis zwischen Arm und Reich sogar noch gravierender. Jedes Jahr veröffentlicht die Entwicklungsorganisation Oxfam Zahlen zur Verteilung des Reichtums auf der Welt. Im Jahr 2018 besitzen nun 42 Milliardäre so viel Geld wie die Hälfte der Menschheit, 2009 waren es noch 380 Personen. Das reichste Prozent der Weltbevölkerung besitzt gar 82 Prozent des gesamten auf der Welt erwirtschafteten Vermögens. Zwischen 2016 und 2017 sei die Zahl der Milliardäre angestiegen wie nie zuvor: Zuletzt waren es bereits 2 043. Die 3,7 Milliarden Menschen, die die ärmere Hälfte der Weltbevölkerung ausmachen, so Oxfam, hätten dagegen überhaupt nicht vom Vermögenswachstum profitiert. Die Organisation fordert deshalb, endlich faire Einkommen für Frauen und Männer durchzusetzen, in Bildung und Gesundheit für alle zu investieren und die Steuervermeidung zu stoppen. Denn den Entwicklungsländern entgehen nach Oxfam-Berechnungen durch den Steuerbetrug von Konzernen und reichen Einzelpersonen mindestens 170 Milliarden US-Dollar an Einnahmen pro Jahr – mehr als die gesamte weltweite

Entwicklungshilfe, die jährlich 145 Milliarden US-Dollar beträgt.[27] Außerdem haben sich gerade in den ärmsten Ländern Oligarchien herausgebildet, deren Potentaten wie die Maden im Speck leben, während die Menschen leiden.

Fast noch wichtiger ist die Verteilung des Reichtums innerhalb einer Gesellschaft. Diese wird mit dem sogenannten Gini-Koeffizienten gemessen. Demnach ist die Ungleichheit in Deutschland im weltweiten Vergleich weniger stark ausgeprägt, allerdings gibt es auch hier eine klare Tendenz zu zunehmenden Einkommens- und Vermögensunterschieden. Dies könnte auch die Ängste erklären, die sich in der deutschen Bevölkerung gerade in der Mittelschicht vor dem sozialen Abstieg ausbreiten und die der AfD in die Hände spielen.

… und ihr Desinteresse am Gemeinwesen

Diese Zahlen bedeuten nicht nur, dass es Menschen gibt, die einen Reichtum angehäuft haben, der mit nichts, aber auch gar nichts mehr zu rechtfertigen ist und nur noch als unverschämt, unanständig, ja obszön bezeichnet werden kann. Es bedeutet auch, dass sich durch diese enormen und mit normalem Menschenverstand kaum noch fassbaren Summen, ökonomische und oft auch politische Macht in den Händen ganz weniger zu konzentrieren beginnt, beziehungsweise bereits konzentriert hat. Unanständig und skandalös finde ich es, wenn der Sultan von Brunei rund 500 Rolls-Royce-Autos besitzt und in einem Palast mit 1788 Zimmern lebt, ähnlich wie die anderen vier reichsten Monarchen im Nahen Osten, während die Region unter der höchsten Jugendarbeitslosigkeit der Welt leidet. Unanständig und skandalös finde ich auch, dass der Gründer von Amazon, Jeff Bezos, mit einem Vermögen von rund 80 Milliarden Euro und mehreren großen Villen, 34 Millionen Euro in die Hand nimmt, um in einem texanischen Berg eine gigantische Uhr bauen zu lassen, die 10 000 Jahre laufen soll. Mal eben so. Offenbar will er sich damit seine eigene »Unsterblichkeit« sichern. Mit dem Geld könnte man wirklich sinnvollere Dinge tun.

Richtig und notwendig wäre es, politisch dafür zu sorgen, dass gar keine Milliardäre mehr entstehen können und dass Reichtum von oben nach unten umverteilt wird. Leider aber sind die Maßnahmen der Regierungen gegen Geldwäsche, Steuerhinterziehung und Korruption in vielen Ländern nur sehr halbherzig, in vielen anderen wird fast nichts dagegen getan. Insbesondere dort, wo die Profiteure der miesen Machenschaften selbst in der Regierung sitzen.

Aber nicht mal den G20-Staaten gelingen ernst zu nehmende Verbesserungen: Nach den Skandalen um die Panama Papers und Paradise Papers wurden nur wenige der Zusagen zur Bekämpfung von Schattenfinanzplätzen und Geldwäsche tatsächlich umgesetzt. Zu diesem Schluss kommt auch der am 19. April 2018 veröffentlichte Bericht von Transparency International. Elf der G20-Staaten haben demnach immer noch nur unzureichende Regelungen zur Kontrolle der sogenannten wirtschaftlich Berechtigten – trotz der Selbstverpflichtung, die sie 2014 im Rahmen der Erklärung »High-Level Principles on Beneficial Ownership Transparency«[28] gemacht haben. Zwar konnten sich etliche Staaten verbessern, darunter neben Deutschland auch Frankreich, Italien und Brasilien. Bis zur Erfüllung der Zusagen sei es aber noch ein weiter Weg.

Bernie Sanders, der linke Kandidat für die US-Präsidentschaftswahlen 2017, sagt zu diesem Thema: «Wenn Bürger Korruption und Ungleichheit beobachten und sich ausgeschlossen fühlen, sind das nach Untersuchungen des UN-Entwicklungsprogramms mit die stärksten Ursachen dafür, dass Rechtsextremismus und gewalttätige Gruppen in der Gesellschaft Unterstützung finden. Wenn die Menschen das Gefühl haben, dass die Karten zu ihrem Nachteil gemischt sind, und keinen legalen Weg sehen, das zu ändern, wenden sie sich eher schädlichen Lösungswegen zu, die das Problem verschärfen.«[29] Genau in dieser Situation befinden wir uns.

Falsche Vorbilder auch bei den Managern

Bleiben wir beim Thema Geld: Christine Hohmann-Dennhardt, ehemalige Richterin am Bundesverfassungsgericht und ehemalige SPD-Ministerin, sollte nach dem Dieselskandal als Vorsitzende für »Integrität und Recht« den Autokonzern VW wieder auf den Pfad der Tugend bringen. Irgendwie klappte das aber nicht, und so verließ sie Volkswagen 2017 relativ glücklos nach nur 13 Monaten schon wieder. Ihre Abfindung betrug über zwölf Millionen Euro, dazu gibt es

noch eine lebenslange Monatsrente von 8 000 Euro, schon ab dem
1. Januar 2019. Egal, warum die Managerin ging oder ob sie gehen
musste, und unabhängig von psychischen Verletzungen, dem Verlust
an Reputation oder Ähnliches: Wahrscheinlich sind Riesenabfin-
dungen dieser Art, genauso wie generell exorbitant hohe Manager-
gehälter, immer auch eine Art Schmerzensgeld für immens hohen
Druck, ausbleibende Anerkennung und möglicherweise oft auch
schlechte Behandlung. Doch rechtfertigt das solche immensen Summen? Was rechtfertigt es, wenn die Deutsche Bank ihren Führungs-
kräften für 2017 Boni in der Höhe von insgesamt über einer Milliarde
Euro auszahlt, obwohl das Unternehmen im vergangenen Jahr wieder Verluste verzeichnete?[30] Was rechtfertigt es, wenn ein DAX-Vor-
stand 2017 im Schnitt 71 Mal so viel verdiente wie die Beschäftigten
seines Unternehmens? 2005 war es noch 42 Mal so viel, wie das Institut für Mitbestimmung und Unternehmensführung (IMU) errech-
nete.[31]

Mir sträuben sich angesichts des offensichtlichen Verlustes jedes
Maßes die Nackenhaare. Wer denkt dabei eigentlich daran, wie sich
diejenigen ganz normalen Mitarbeiterinnen fühlen müssen, die tagtäglich versuchen, in einem solchen Unternehmen einfach einen guten Job zu machen, dafür auch selten mal ein lobendes Wort hören
und sowieso nicht immer mit Samthandschuhen angefasst werden?
Wie können sie zwischen sich und dem Vor-

Millionenboni zeigen: stand noch irgendeine Art von solidarischer
Die Unternehmen Zusammengehörigkeit, ja wenigstens eine Idee
verlieren jedes Maß von Gemeinsamkeit konstruieren? Wie sollen
sie noch ein Gefühl dafür entwickeln, dass man
gemeinsam für den Erfolg eines Unternehmens arbeitet, wenn schon
alleine die finanzielle Kluft zwischen der Führung und der Beleg-
schaft jeder Beschreibung spottet? Ganz abgesehen davon, was man
zum Wohle des ganzen Unternehmens und aller Mitarbeiterinnen
mit solchen Summen anfangen könnte.

Leider geben sich viele Beschäftigte auf diese Fragen die falschen
Antworten: Sie sehen die falschen Vorbilder und ziehen daraus den
Schluss, es selber nun auch nicht mehr so genau nehmen zu müssen
mit der Bescheidenheit, dem Anstand, der Wahrheit. Das Schlimmste

ist heutzutage meines Erachtens nicht mehr die sogenannte »innere Kündigung«, also dass die Mitarbeiterinnen nur noch Arbeit nach Vorschrift machen, ohne sich noch besonders ins Zeug zu legen. Gefährlicher ist, wenn sie sich an »denen da oben« orientieren. Das Ipsos-Institut hat 2016 Beschäftigte in 4100 Unternehmen in 41 Ländern befragt: Demnach wären in Deutschland rund zehn Prozent der Beschäftigten bereit, Behörden und auch ihr eigenes Management zu täuschen – wahrscheinlich um Vorteile für sich selbst rauszuschlagen.

Trump & Co. beflügeln die Egoisten und Intoleranten

Über Donald Trump muss ich an dieser Stelle nicht allzu viele Worte machen, über ihn wird mehr als genug geschrieben. Nur so viel: Er ist angetreten, der Anwalt derjenigen Amerikanerinnen und Amerikaner zu sein, die sich ausgegrenzt und nicht mehr vertreten fühlen, zum Beispiel die Menschen in den Rust Belts, den deindustrialisierten Zonen des Landes, die sich von Gott und der Welt vergessen vorkommen. Obwohl eigentlich längst klar geworden ist, dass er sich vor allem für sich selbst interessiert, halten seine Anhänger noch größtenteils zu ihm. Denn noch immer schafft er es, ihnen einzureden, es seien vor allem die Mexikaner, die Chinesen, die Europäer und überhaupt vor allem alle Nicht-Amerikaner, die ihnen das Leben schwer machen. So bedient er sich geschickt der Ängste der Menschen vor der Globalisierung und den vielen und schnellen Veränderungen, die sie für das Leben bringt. Ängste, die ja durchaus berechtigt sind. Denn der neoliberale Kapitalismus zwingt uns in den Wettbewerb aller gegen alle, und so scheint die Frage »Kann ich da noch mithalten, und wenn ja, wie lange?« mehr als berechtigt. Diese Frage mussten sich bislang die Unternehmen stellen, nun aber wird das auch zunehmend für die Bürgerinnen und Bürger eine existenzielle Angelegenheit. Es ist das Spiel mit der Angst, das Trump so perfekt beherrscht. Ganz Ähnliches können wir hierzulande mit der AfD beobachten.

Und so merken seine Anhänger nicht oder wollen es nicht merken, dass er sich mitnichten für ihre Interessen einsetzt, sondern, ganz im Gegenteil, lieber die Bankkonten der ohnehin schon Reichen weiter füllt. Seine Steuerreform war eine offene und unverschämte Umverteilung von unten nach oben. Das versuchte er noch nicht mal zu verschleiern, als er Ende 2017 bei einem Bankett den anwesenden Reichen und Superreichen von Apple, Google oder Facebook unverhohlen mitteilte, dass sie dank seiner Reform bald noch reicher sein würden.

Und auch er selbst lässt das geringste Gefühl für Anstand vermissen, wenn er für seine viel zu häufigen Flüge zu seiner Villa in Florida und auf seine privaten Golfplätze immer tüchtig das Steuergeld der Amerikaner verschwendet.[32] Der Milliardär kommt gar nicht auf die Idee, dass er seine Privatvergnügen, die aufgrund der Sicherheitsvorkehrungen Millionen kosten, gefälligst aus eigener Tasche zahlen könnte.

Trump hält sich nicht an Regeln, schon gar nicht an jene ungeschriebenen Regeln, die für den Zusammenhalt einer Gesellschaft mindestens ebenso wichtig sind wie die, die uns die Gesetze und Verordnungen aufgeben. Durch sein Verhalten tritt er mit Füßen, was wir Zivilisation nennen. Im zivilisatorischen Fortschritt nämlich, so hat es Norbert Elias in seinem Werk *Über den Prozess der Zivilisation* beschrieben, lernt der Mensch zunehmend, seine Impulse zu kontrollieren, denn er weiß, dass er von seinen Mitmenschen auch abhängig ist. Deshalb bedenkt er, wie sein Handeln auf andere wirken könnte.[33] Offenbar – und das wusste auch Elias – gibt es in diesem Prozess auch Rückschritte. Gefährlich ist, dass Trump und eben auch die AfD und andere Populisten, all denjenigen den Rücken stärken, die sich jetzt schon einen Dreck um andere und um Regeln scheren. Oder wie es die US-amerikanische Schauspielerin Meryl Streep bei der Verleihung der Golden Globe im Januar 2017 formuliert hat, ohne Donald Trump beim Namen zu nennen. »Dieser Instinkt, andere zu demütigen – wenn es von jemandem in der Öffentlichkeit vorgemacht wird, von jemand Mächtigem –, zieht sich in den Alltag von uns allen«, sagte die mehrfache Oscar-Gewinnerin. Schließlich gebe das anderen Menschen vermeintlich die Erlaubnis, dasselbe zu tun. Das Verhalten werde salonfähig. »Respektlosigkeit lädt zu Respektlosigkeit ein, Gewalt animiert zu Gewalt.«

Und taugen unsere deutschen Politiker als Vorbilder? Ganz sicher nicht so jemand wie der FDP-Vorsitzende Christian Lindner, der die Sondierungsgespräche zur »Jamaika-Koalition« von CDU/CSU, Grünen und FDP, nach Wochen zäher Verhandlungen plötzlich medienwirksam abbrach. »Christian Linder geht es um Christian Lindner«, vermutete die Grünen-Politikerin Claudia Roth beim Parteitag der Grünen im November 2017. Womit sie wohl recht hat. Es ging ihm so sehr um sich selbst, dass er mit seiner offenbar einsamen Entscheidung sogar seine Parteifreunde vor den Kopf stieß.

Egoismus wird salonfähig und wächst in die Alltagskultur

War es bisher gesellschaftlich verpönt, wenn sich Menschen egoistisch und respektlos über die Bedürfnisse und Interessen anderer hinwegsetzten, so lehren uns diese Egomanen, dass man es mit einem solchen Verhalten sogar bis an die Spitze einer Weltmacht schaffen, mindestens aber Vorsitzender einer einst angesehenen liberalen Partei werden kann. Und nehmen wir die schon vergessenen größenwahnsinnigen Unternehmer Schmieder und Schneider, die mit Betrug in ganz großem Stil versuchten, Geld zu scheffeln. Oder die Familie Schlecker, die ihre Drogeriemarktkette pleitegehen ließ, ohne Rücksicht auf die vielen Beschäftigten, meist gering verdienenden Frauen, noch viel Geld beiseite schaffte und sowieso die vielen kleinen Schmieder und Schneider überall. Mit solchen »Vorbildern«, mit all diesen Egomanen sind wir nun also konfrontiert, wenn wir uns fragen, wie wir ein anständiges Leben führen können.

»Wir leben in Zeiten, in denen das Ich im Vordergrund steht. Vom Wir ist oft keine Rede mehr. Da ist etwas Schleichendes, an das man sich unversehens gewöhnt – und genau darin liegt die Gefahr. Es werden Dinge salonfähig, die nicht salonfähig sein sollten.« Anstand hat für Axel Hacke nicht vordergründig etwas mit Benimmmanieren zu tun, sondern mit »Menschenbildung, Moral, Weltklugheit und die Pflichten, die wir, wie er (Adolph Knigge, d. Autorin) schrieb, ›allen Arten von Menschen schuldig sind‹«. Ehrlichkeit, Rücksicht, Wohlwollen, Freundlichkeit, Neugier und Respekt. »Damit müssen wir uns beschäftigen, wenn wir eine zivilisierte Gesellschaft bleiben wollen.«[34] Wie wahr!

30 Jahre verschärfter Neoliberalismus haben uns vergiftet

Über die negativen Auswirkungen des Neoliberalismus wurde schon viel gesagt und geschrieben. Bisher glaubten wir jedoch, dass diese auf sozial-materielle und ökologische Ungerechtigkeiten, Verwerfungen und Probleme konzentriert sind. Schlimm genug. Doch nun spüren wir zudem immer deutlicher, dass das Schlimmste am Neoliberalismus nicht das ist, was wir immer dachten. Das Schlimmste ist nicht das, wofür ihn sich ein paar Professoren der Ökonomie ausgedacht haben. Es ist nicht die Wirtschaftspolitik, die immer nur die Starken im Fokus hat und die Fürsorge des Staates zurückdrängt. Viel schlimmer und womöglich irreversibel ist das, was die wirtschaftsliberalen Ideen bei den Haltungen der Menschen anrichten, bei ihren Werten und den zwischenmenschlichen Alltagsbeziehungen – ohne dass uns das bisher bewusst war.

Zwei Jahrzehnte Wirtschaftsliberalismus haben gerade jene Lebensbereiche ökonomisiert und damit verdreht, verändert, verbogen, die bisher nicht auf entgeltliche Leistungen, sondern vorwiegend auf Vertrauen und Hilfe, auf Gegenseitigkeit und Engagement, auf Solidarität und Mitgefühl aufbauten. Jetzt zählt offenbar nur, was sich auszahlt, wie sich ein Vorteil erlangen lässt, wie man »cleverer« als andere ist. Das verstärkt und legitimiert berechnendes, egozentrisches und unsolidarisches Verhalten, und zwar auch dort, wo es gar nicht willentlich »abgerufen« wird, sondern wo es affektiv ist. Es wächst in die Alltagskultur hinein, quasi als Kollateralschaden des Neoliberalismus. Das zeigen meine vielfältigen Beispiele. Die Werbung trägt einen großen Teil bei mit Werbebotschaften, die individuelle Bedürfnisse in den Mittelpunkt stellen (»Ich und mein Magnum«, »Geiz ist geil«, »Hier zähle ich«). Medien unterstützen den Trend, indem in vielen Sendungen soziale Beziehungen wie Waren behandelt und Menschen für eine bessere Quote auf respekt- und anstandsloseste Art vorgeführt werden. Die Politik trägt ihr gerüttelt Maß dazu bei, indem sie die tatsächlichen Nöte großer Teile der Bevölkerung geflissentlich ignoriert, aber auch insgesamt blind ist für die desaströsen kulturellen Konsequenzen eines ökonomischen Denkgebäudes, von dem längst bekannt ist, dass es nichts taugt. Trotzdem wird daran festgehalten. Gesellschaftsblind könnte man das nennen: Es gehen Dinge in der Gesellschaft kaputt, die zu den wichtigsten für ein friedliches Zusammenleben gehören, und keiner merkt es oder will es merken.

»Das Immunsystem der Gemeinschaft funktioniert nicht mehr«, so lautet der Befund von Jörg Schindler, der sich mit seinem Buch *Die Rüpelrepublik* 2012 erstmals der Thematik genähert hat: »Vieles (…) spricht dafür, dass die anti-zivile Seuche, der drastische Verlust sozialen Kapitals, den wir seit einigen Jahrzehnten erleben, mit dem Bröckeln persönlicher Beziehungen begonnen hat. Und dass der unbedingte Individualismus, der daraus folgte, die Gesellschaft wehrlos gemacht hat, gegen die asozialen Exzesse, denen wir heute fassungslos gegenüberstehen.« [35]

Was kam zuerst? Der Individualismus, den der Kapitalismus so sehr fördert, oder ging die Lockerung und Zerstörung sozialer Bindungen voraus? Ich persönlich glaube, dass es die Individualisierung ist, die aus emanzipatorischen Gründen ja durchaus positiv zu bewerten ist, uns in ihrer aktuellen Ausprägung aber in einen Strudel treibt, dem wir jetzt nur noch mit Mühe entkommen können.

Die neoliberale Ideologie hat sich in unseren Hirnen und Herzen eingenistet. Kein Wunder, denn die Auswirkungen neoliberaler Politik dringen mittlerweile bis in den letzten Winkel unseres Lebens vor. Und wer nicht unter die sich immer schneller und unbarmherziger drehenden Räder einer Wirtschaft und Gesellschaft geraten will, muss immer schneller laufen und darf auf keinen Fall stolpern. Da wundert es nicht, wenn Eltern schon ihre Kinder zu Höchstleistungen anhalten. Mag es auch noch so falsch sein. Da wundert es nicht, wenn sich junge Leute um ihre Zukunft sorgen, psychisch stark belastet sind und lieber in ihre Weiterbildung investieren, statt sich politisch zu engagieren. Da wundert es nicht, wenn Menschen, die einen Arbeitsplatz weit weg von der Familie annehmen mussten,

Die neoliberale Ideologie hat sich in unseren Hirnen und Herzen eingenistet

gestresst und sauer im Zug sitzen, wenn ihr bisschen Freizeit durch Verspätungen dahinschmilzt und zu Hause die Familie wartet. Da wundert es nicht, wenn Menschen durch die Straßen hetzen, ohne Rücksicht auf andere Verkehrsteilnehmerinnen, wenn sie das Gefühl haben, noch Hundert Dinge erledigen zu müssen, wenn Zeit immer knapp ist und die Anforderungen – sei es von außen oder die selbst gestellten – immer höher werden. Wo der Druck wächst, wachsen auch Hetze, Unachtsamkeit und Aggression (siehe Kapitel »Die neoliberale Konkurrenzmühle vergiftet unsere Herzen, die »sozialen« Medien machen uns unsozial«, S. 117). Ich will damit das miese Verhalten vieler Zeitgenossen keineswegs rechtfertigen, aber nachvollziehbar ist es schon.

Der Blick auf die Sonnenseite und den Riss in uns

Teilt sich die Gesellschaft? Diese Vermutung könnte naheliegen, wenn man bedenkt, dass es neben den Egoisten andererseits viele Menschen gibt, die sich ehrenamtlich stark engagieren, von 70 Prozent ist die Rede (siehe Kapitel »Eigentlich sind wir ja kooperativ – wir kommen bloß so selten dazu«, Seite 185).

Wo ist also das Problem? Haben wir überhaupt eines? Ja, das haben wir. Denn einerseits sagen die 70 Prozent noch nichts über die Intensität und die Richtung des Engagements aus. Andererseits glaube ich auch nicht, dass wir die Gesellschaft so einfach in Egoisten und Nicht-Egoisten einteilen können. Viel wahrscheinlicher ist, dass der Riss oft mitten durch uns hindurch geht. Dass sich jemand liebevoll um die alten Eltern kümmert oder eine kranke Nachbarin versorgt, aber grundsätzlich nie bereit ist, einem Obdachlosen mal einen Euro zu spendieren. Dass jemand in der Bürgerinitiative viele Stunden investiert, um für den Erhalt von Bäumen und Grünflächen einzutreten, sich jedoch keine Gedanken darüber macht, dass seine häufigen Flüge dem Klima und damit auch den Bäumen so gar nicht guttun. Dass sich ein Familienvater intensiv um seine Kinder kümmert, sich aber im Straßenverkehr wie der letzte Rüpel aufführt. Diese Widerspruchspaare könnte ich endlos fortsetzen. Und ich möchte mich da selbst überhaupt nicht ausnehmen. Auch ich tauge allenfalls zur Teilzeitheiligen. Es wäre gewiss einfacher, wir könnten die Welt sauber mit dem Lineal in Gut und Böse einteilen. Aber so geht es eben nicht.

Hinzu kommt, dass wir nicht nur durch ein hohes Arbeitspensum in Beruf und Familie, durch hohe Erwartungen an die Freizeitgestaltung in Beschlag genommen werden, sondern – wie bereits beschrieben – auch von den elektronischen Medien. Sie ziehen uns wortwörtlich in eine Parallelwelt und machen uns hochgradig unachtsam, ja unempfindlich für die reale Welt, die sich gerade um uns herum ereignet, während wir gedanklich und emotional ganz woanders sind.

Und welche Medizin hilft da?

Eine Kultur, die das Individuum zu sehr vor die Gemeinschaft stellt, den Kult um das Ich vor die Aufmerksamkeit für die anderen, die eigenen und nationalen Interessen vor die Solidarität mit den Schwachen und Hilfesuchenden, droht unsere Gesellschaft von innen zu erodieren. Es wäre dringend nötig, den Zerfall des gesellschaftlichen Miteinanders auf die politische Agenda zu setzen. Doch dazu würde auch der Mut gehören, zuzugeben, dass wir ein schwerwiegendes Problem haben und dass AfD und Pegida davon nur die öffentlich sichtbaren Zeichen sind.

In der Nachhaltigkeitsstrategie benennt die Bundesregierung neben ihren sozialen und ökologischen Zielen auch jene für den sozialen Zusammenhalt der Gesellschaft. Und der wird auch gerne in Neujahrsansprachen oder Regierungserklärungen beschworen. Da müsste dann aber auch der ehrliche Befund folgen, dass Politik zuallererst und konsequent alles zu vermeiden hat, was den Zusammenhalt schwächt: Sozialabbau, ungerechte Besteuerung, ungerechte Bildungschancen, Wohnungsbau vor allem für Besserverdienende, Ausgrenzung Schwacher, und vieles mehr. Ganz besonders und vor allem: Es muss endlich Schluss damit sein, es wie ein Naturgesetz hinzunehmen, dass sich eine kleine Schicht der Gesellschaft den größten Teil vom Kuchen nehmen kann und somit auch noch einen überproportional hohen Einfluss auf Politik und Wirtschaft nimmt.

Unserer Gesellschaft mangelt es an Zukunftsbildern. Wir wissen nicht mehr, wo wir hinwollen, und verhalten uns so, wie es Mark

Twain beschrieb: »Als sie das Ziel aus den Augen verloren, verdoppelten sie die Geschwindigkeit«. Wir wissen den Weg nicht, aber wir rennen wie verrückt. Daher braucht unsere Gesellschaft als Allererstes eine neue Vision oder, besser gesagt, wir brauchen überhaupt eine. Eine Vision, die sich von der neoliberalen Denke des »höher, weiter, schneller, mehr« genauso verabschiedet, wie von der Haltung, jeder solle sich hauptsächlich um sein eigenes Fortkommen kümmern, und wer nicht mithalten kann, sei eben selber schuld. Wir bewegen uns auf eine Gesellschaft zu, die den Schwachen nicht nur nicht hilft, sondern sie verachtet. Das muss aufhören!

Wir brauchen endlich wieder eine gesellschaftliche Vision, die mehr bietet als Wachstum

Es gilt also der Frage nachzugehen, welcher kulturellen und politischen Weichenstellungen es bedarf, damit wir wieder zu einer Gesellschaft werden können, in der Empathie, Mitgefühl, Achtsamkeit und ein sich gegenseitig unterstützendes Miteinander die Oberhand behalten. Oder, besser gesagt, die Oberhand gewinnen. Dies gilt vor allem und ganz besonders für die Strategien einer nachhaltigeren, also sozial und ökologisch zukunftsfähigen Gesellschaft, die ohne diese Grundlagen im Wertekanon kaum eine Chance haben dürfte. In diesem Kontext gilt es auch der Rolle und Kraft der Gegentendenzen nachzuspüren, den solidarischen, sozialen und ökologischen Alternativprojekten, die gegebenenfalls das Potenzial haben, der Humus für eine ganz neue Form der Gesellschaft zu sein. Eine Gesellschaft, die nicht mehr das Mantra des Wirtschaftswachstums singt, sondern stattdessen die Kultur des achtsamen Miteinanders und Teilens entdeckt. Hierzulande und im globalen Kontext.

Ich weiß nicht, ob wir den Trend zur Ichgesellschaft stoppen werden, aber ich bin sicher, dass wir es können, wenn wir es wollen.

Erich Kästner: Die Entwicklung der Menschheit

Einst haben die Kerls auf den Bäumen gehockt,
behaart und mit böser Visage.
Dann hat man sie aus dem Urwald gelockt
und die Welt asphaltiert und aufgestockt,
bis zur dreißigsten Etage.

Da saßen sie nun, den Flöhen entflohn,
in zentralgeheizten Räumen.
Da sitzen sie nun am Telefon.
Und es herrscht noch genau derselbe Ton
wie seinerzeit auf den Bäumen.

Sie hören weit. Sie sehen fern.
Sie sind mit dem Weltall in Fühlung.
Sie putzen die Zähne. Sie atmen modern.
Die Erde ist ein gebildeter Stern
mit sehr viel Wasserspülung.

Sie schießen die Briefschaften durch ein Rohr.
Sie jagen und züchten Mikroben.
Sie versehen die Natur mit allem Komfort.
Sie fliegen steil in den Himmel empor
und bleiben zwei Wochen oben.

Was ihre Verdauung übrigläßt,
das verarbeiten sie zu Watte.
Sie spalten Atome. Sie heilen Inzest.
Und sie stellen durch Stiluntersuchungen fest,
daß Cäsar Plattfüße hatte.

So haben sie mit dem Kopf und dem Mund
den Fortschritt der Menschheit geschaffen.
Doch davon mal abgesehen und
bei Lichte betrachtet sind sie im Grund
noch immer die alten Affen.

II. Die Ichlinge kommen.
Beispiele aus unserem Alltag

Die Not in den Notaufnahmen

2017 gab es mehrere Medienberichte, die sich damit beschäftigten, dass es in den Notaufnahmen deutscher Krankenhäuser immer häufiger zu sehr unschönen Szenen kommt. Patienten werden aggressiv oder randalieren sogar, wenn sie – für ihren Geschmack – nicht schnell genug an die Reihe kommen. Manche Krankenhäuser beschäftigen deshalb schon private Sicherheitsdienste, und Deeskalationstrainings für das Personal sind in vielen Kliniken bereits Pflicht. Es gebe eine wachsende Ungeduld von Patienten, die oft in Gewalt umschlägt, berichtet Heidemarie Lux, Vizepräsidentin der Bayerischen Landesärztekammer: »Die Ansprüche haben auf ungesunde Art zugenommen. Leute informieren sich vorab im Internet und stellen dann viele Forderungen. Jeder ist sich selbst der Nächste und besteht darauf, als Erster dranzukommen.« [1]

Auch der Chef der Münchner Notfallklinik in Bogenhausen und Präsident der Deutschen Gesellschaft für interdisziplinäre Notfall- und Akutmedizin, Christoph Dodt, klagt über »Respektlosigkeit, Distanzlosigkeit, aufgeblasene Egos«. Jeder denke nur noch an sich. Notfallaufnahmen seien zum Symbol für die rasende Entwicklung in der Medizin geworden. Sie führe dazu, dass Menschen meinten, nur weil es hier moderne Hightech-Geräte gäbe, jede nur mögliche Behandlung bekommen zu können. »Und wenn es heutzutage möglich ist, mit einem Kernspin kleinste Risse im Gewebe zu erkennen, dann sollte man das ja wohl, bitte schön, auch machen.« Oft machten Patienten ihren Fall dringlicher, als er tatsächlich sei, um schneller an die Reihe zu kommen. [2]

Viele nehmen sich viel zu wichtig

Die Erfahrung, dass Patientinnen hohe, oft übertriebene Ansprüche stellen, macht auch Ulrich Reissmann, der ärztliche Leiter der Notaufnahme im Markus-Krankenhaus in Frankfurt-Ginnheim. »Da kommt zum Beispiel jemand samstagabends um 23 Uhr in die Notaufnahme und klagt, er habe seit drei Wochen Kopfschmerzen. Da fragt man sich doch, warum der nicht schon mal tagsüber zum Hausarzt gegangen ist«, so Reissmann. Manche meinten wohl, sie könnten so die Wartezeiten in Arztpraxen oder auf einen Termin beim Facharzt umgehen.

Viele Patienten stellen extrem hohe und übertriebene Ansprüche

Solche Leute reagierten dann oft äußerst unverständig, wenn sie auch im Krankenhaus nicht sofort drankommen, weil es schlimmere Fälle gibt als den ihren. So fragte eine Wartende das Ärzteteam, wann sie denn nun endlich an der Reihe sei, obwohl sie sehr genau sehen konnte, dass dieses gerade intensiv mit einem Patienten zu tun hatte, der kollabiert war. Ein anderer klopfte nachdrücklich und ungeduldig an eine Tür, hinter der eine frisch eingelieferte Schwangere entband, um auf sein Anliegen aufmerksam zu machen.

»Viele nehmen sich so entsetzlich wichtig und verhalten sich richtig ignorant oder sogar egoistisch«, meint die Leiterin der Pflegestation, Tabea Görzel. Und die Ansprüche an das Gesundheitssystem seien enorm gestiegen, ergänzt Ulrich Reissmann. »Alles soll zu jeder Zeit und sofort zur Verfügung stehen.« Wir reden hier zwar nicht von der Mehrheit der Patientinnen – die meisten verstünden schon, dass es im Krankenhaus nach der Dringlichkeit gehe und es auch hier Wartezeiten gebe –, doch beobachten die Beschäftigten in den letzten zehn Jahren einen »schleichenden Prozess« der Zunahme von Fällen, bei denen sich Patienten stark fordernd, uneinsichtig und auch egoistisch zeigten. Auf rund 30 Prozent schätzen sie deren Anteil.

Androhung schlechter Bewertungen im Internet

Auch das Internet mit seinen Bewertungsportalen spielt in diesem Kontext eine Rolle. »Manche drohen uns damit, eine schlechte Bewertung über uns abzugeben«, sagt die leitende Oberschwester Tabea Görzel. In den Wartezimmern schaukelten sich die Patientinnen dann in ihrem Unmut gegenseitig hoch. Da die Krankenhäuser heute auch im ökonomischen Wettbewerb zueinander stehen, sind solche Drohungen mitunter mehr als heiße Luft. »Das macht uns auch ein Stück konfliktscheu«, sagt Reissmann. Zum Beispiel in den Fällen, bei denen sie sagen müssten, »Sie sind hier ganz falsch«, nämlich dann, wenn jemand mit ein bisschen Fieber kommt und einfach mal nur im Bett bleiben sollte. Oder jemandem ist übel. »Viele Leute haben kein Gefühl zu ihrem Körper und ängstigen sich sehr, wenn sie sich nicht ganz wohlfühlen«, so Tabea Görzel. Sie recherchierten im Internet und kommen auf die wildesten Ideen, welche Krankheit sie haben könnten. Zudem hätte kaum noch jemand Alltagswissen darüber, wie man kleine Krankheiten wie Erkältungen, Übelkeit oder Kopfschmerzen selbst mit Hausmitteln kurieren kann. So sei eine Frau mit einfachem Unwohlsein gekommen und habe sich komplett durchchecken lassen. Ohne Ergebnis. Andere seien vielleicht einfach nur erschöpft, litten unter unklaren Symptomen und durchliefen die gesamte Maschinerie, nur um am Schluss festzustellen: Ich bin nicht krank, ich muss mich nur mal richtig erholen.

Manche Patienten seien sogar extrem unverschämt wie ein Mann, der über starke Schulterschmerzen klagte, sich aber nicht röntgen lassen wollte und schließlich zugab, dass er am nächsten Tag in Urlaub fahren wollte und festgestellt habe, dass er keine Schmerztabletten mehr hatte. Die erhoffte er sich nun vom Krankenhaus. So etwas sei aber zum Glück die Ausnahme, meint der Arzt Ulrich Reissmann.

Auch die Krankenhäuser müssen was ändern

An diesem Beispiel wird aber auch deutlich: Es fehlt mitunter der ganzheitliche Blick der Ärztinnen auf die Patienten. Zuerst werden die Apparate in Stellung gebracht und erst dann nach den Lebensumständen der Patientinnen gefragt. Allerdings erwarten viele Patienten auch genau das, nämlich dass man für sie die gesamte Hightech-Maschinerie in Gang setzt.

Zum Teil lägen die Ursachen für das aggressive Verhalten von Patientinnen jedoch auch in organisatorischen Mängeln in den Krankenhäusern, und der Service sei teils durchaus verbesserungsbedürftig, meint die Medizinexpertin und Beraterin Sigrid Rybka. Im Umgang mit Migranten fehle es dem Personal etwa oft an interkultureller Kompetenz, denn diese gingen anders mit ihren Gefühlen und Beschwerden um.[3]

Insbesondere jüngere Patienten gehen lieber in die ambulante Notaufnahme, hat die Hessische Krankenhausgesellschaft (HKG) in einer Umfrage unter Patientinnen festgestellt. Es sei aber ein bundesweites Problem. Allerdings seien die Gründe nicht nur Unwissenheit und Bequemlichkeit, sagt Rainer Greunke, geschäftsführender Direktor der HKG, am 12. April 2017 in der *Frankfurter Rundschau*, sondern sie erhofften sich hier auch mehr Qualität, da man alle Fachärzte und Geräte an einem Ort habe.

Was aber kann ein Krankenhaus nun in solchen Fällen tun? Den Leuten mal richtig die Meinung sagen? Schwierig. Wie gesagt, da ist die Furcht vor den Bewertungsportalen. Bei ausländischen Mitbürgern steht dann auch schon mal schnell der Vorwurf des Rassismus im Raum. Also einfach nur die Zähne zusammenbeißen? Das kann es auch nicht sein. »Es ist schon ein Kampf gegen Windmühlen«, gesteht Dennis Göbel, Geschäftsführer des Markus-Krankenhaus, der die ganze Entwicklung auch aus wirtschaftlicher Perspektive betrachten muss.[4] Die Behandlungen kleiner Blessuren und Wehwehchen können ein Krankenhaus auf Dauer teuer zu stehen kommen, insbesondere wenn der Medizinische Dienst den Aufwand nicht akzeptiert und die Kassen daraufhin die Kosten nicht übernehmen. »Im Grunde müssten wir die Patientinnen bei Bagatellbehandlungen an den Kosten beteiligen, um so ein Bewusstsein dafür zu schaffen, was medizinisch nötig ist und was nicht«, meint Göbel. Besonders bei solchen Patienten, die bei einem gebrochenen Zeh auf ein Röntgenbild bestünden.

> **Bewertungsportale machen die Krankenhäuser konfliktscheu**

Eine Möglichkeit, so Krankenhauschef Dennis Göbel, wäre wohl auch, unnötige Fahrten mit dem Krankenwagen, die ja auch erhebliche Kosten verursachen, in Rechnung zu stellen. Dies aber wäre wohl ein bürokratisch zu hoher Aufwand, es sei denn, der Gesetzgeber würde eine Eigenbeteiligung verlangen.

Eigenverantwortung erhöhen

Wie kann die Eigenverantwortung der Patientinnen erhöht werden? Eine bessere Gesundheitserziehung in den Schulen könnte da zum Beispiel eine wichtige Rolle spielen. Auch der Arbeitskreis Zentrale Notaufnahme (ZNA) in Hessen überlegt, mehr in die Aufklärungsarbeit zu investieren. Einerseits, um den Menschen vor Augen zu halten, was das hiesige Gesundheitssystem im Vergleich zu anderen alles zu bieten hat, andererseits, um zu zeigen, wie man selbst dazu beitragen kann, dass die Kosten nicht ins Unermessliche steigen. So will der ZNA erreichen, dass die Patientinnen wieder mehr zum Hausarzt gehen. Dafür werden Flyer ausgelegt, und alle Patienten, die zu Zeiten in die Notaufnahme kommen, wenn auch die Hausarztpraxen geöffnet haben, werden gefragt, warum sie nicht zum Hausarzt gegangen seien.

Ein bis zwei Prozent der Gesamtkosten, schätzt Göbel, könnten im Gesundheitswesen eingespart werden, wenn Patientinnen unangemessen hohe Ansprüche zurückschrauben und sich bei kleineren Erkrankungen selbst um sich kümmern würden.[5] Das klingt wenig. Angesichts der Milliardenbeträge im System wäre das jedoch bereits ein mehrstelliger Millionenbetrag. Und mit Sicherheit würde es die Arbeitsbedingungen der Ärztinnen und Pfleger in den Notaufnahmen erleichtern. Die könnten sich dann voll und ganz auf diejenigen Patienten konzentrieren, die wirklich akut Hilfe brauchen.

Auch die Politik soll helfen

Es kann nicht sein, dass Ärzte und Kliniken diese Probleme alleine lösen müssen. Zumindest ist das die Meinung des Präsidenten der Bundesärztekammer Frank Ulrich Montgomery, nachdem er im Mai 2017 die Ergebnisse einer Studie vorgestellt hat. Demnach würden immer mehr Ärztinnen Opfer aggressiver oder gar gewalttätiger Patienten, besonders in den Notfallambulanzen, wenn sie nicht sofort behandelt würden. Aber auch Hausärztinnen leiden vermehrt unter dem aggressiven Verhalten ihrer Patientinnen, wenn diese länger warten müssten oder der Meinung seien, sie würden nicht richtig behandelt. 91 Prozent gaben an, das schon erlebt zu haben. Montgomery fordert daher, Ärzte und Angehörige von Gesundheitsberufen besser zu schützen. Das vom damaligen Bundesjustizminister Heiko Maas eingebrachte Gesetz zum Schutz von Polizisten und Rettungssanitätern gegen Gewalt solle daher auch auf Ärztinnen ausgeweitet werden.[6]

Schulen und Kitas: überforderte Kinder und hilflose Eltern

Lehrerinnen und Lehrer gehören zwar zu einer Berufsgruppe, der man gerne mal vorhält, nicht gerade hart arbeiten zu müssen und dann auch noch lange Ferien zu haben, doch auch sie haben heutzutage ganz bestimmt keinen einfachen Job. Die Schülerinnen und Schüler werden schwieriger, die Eltern einerseits anspruchsvoller, andererseits gleichgültiger, der Gesetzgeber überzieht die Schulen mit immer neuen Anforderungen.

Sabine Förster[7] etwa ist seit 1991 Grundschullehrerin an einer nordrhein-westfälischen Brennpunktschule. Sie unterrichtet alle Fächer. »Wir haben heute viel mehr verhaltensauffällige Kinder und damit mehr Disziplinprobleme. Immer häufiger müssen wir das Jugendamt oder Psychologen einschalten«, sagt sie. Achtjährige seien früher Kinder gewesen, heute aber verhielten sie sich wie kleine Erwachsene, was in diesem Fall nichts Gutes bedeutet. »Sie mobben sich gegenseitig auf übelste Weise und zeigen wenig Respekt vor Lehrkräften und Erziehern. Regeln kennen sie nicht und kümmern sie auch nicht.« Leider seien die Eltern oft wenig hilfreich, im Gegenteil. Zum Beispiel habe der Vater eines Schülers die Klassenlehrerin wüst beschimpft, beleidigt und sogar bedroht, nachdem die Schulleitung eine Ordnungsmaßnahme gegen den Schüler verhängt hatte. Die Polizei musste eingeschaltet werden, es kam zu einer Anzeige. Statt ein Gespräch über das Verhalten seines Sohnes zu suchen, erstattete der Vater eine Gegenanzeige. Das Verfahren gegen die Lehrerin wurde nach mehreren Zeugenaussagen eingestellt.

Immer sind die anderen schuld

Respektloses Verhalten – wenn auch nicht immer so extrem – erfahren Pädagogen leider immer häufiger, unabhängig von Schichtzugehörigkeit und Nationalität der Eltern. Nach einer repräsentativen Befragung des Verbands Bildung und Erziehung (VBE) aus dem Jahre 2018 unter 1200 Schuleiterinnen gaben 48 Prozent an, dass an ihren Schulen Pädagogen psychischer Gewalt ausgesetzt seien, 20 Prozent berichten von Cybermobbing, und 26 Prozent sagen, dass bei ihnen Lehrkräfte sogar körperlich angegriffen würden. Besonders auffällig seien hier die Grundschulen. Die Eltern der betreffenden Kinder zeigten sich nach einem Vorfall häufig, nämlich in 59 Prozent der Fälle, wenig kooperativ. »Wenn Eltern ihren Forderungen mit Gewalt Nachdruck verleihen, muss man sich nicht wundern, wenn Kinder das dann auch machen«, sagt Udo Beckmann, Vorsitzender des VBE.[8]

»Viele Eltern bringen ihren Kindern keine Verhaltensregeln mehr bei, geben ihnen keine Strukturen, und wenn was passiert, sind immer die anderen schuld«, so die Lehrerin Sabine Förster. Keiner wolle mehr Verantwortung übernehmen. Generell sei die Haltung vorherrschend, die Schule müsse alles richten, sich also auch um die Erziehung kümmern. Oft komme sie gar nicht zu ihren eigentlichen Aufgaben, nämlich den Kindern Wissen zu vermitteln. Vor allem habe sie zu wenig Zeit für die Schüler, die sich »normal« verhielten und lernen wollten. Die gäbe es ja zum Glück auch noch. »Doch von 23 sind das gerade mal sechs.«

»Letztlich zeigen viele Eltern zu wenig Interesse, an der Entwicklung ihrer Kinder«, klagt die Lehrerin. Und das ist wohl nicht nur ein Problem der sogenannten bildungsfernen Schichten. Es gibt eine »Armutsverwahrlosung«, aber auch eine »Wohlstandsverwahrlosung«, wie dies eine andere Lehrerin nennt. Das ist keineswegs materiell gemeint, sondern vielmehr bekämen zu viele Kinder zu wenig Zuwendung, zu wenig Aufmerksamkeit, zu wenig Unterstützung von ihren Eltern. Natürlich gibt es auch die Kehrseite, derjenigen Eltern, die ihre Kinder übermäßig ›betütteln‹, beschützen und in Watte packen, die landläufig als Helikoptereltern bezeichnet werden und für ihre Kinder alles machten und alles von ihnen wissen wollen. Angeblich. »Das sind dann die, die uns sagen, zu Hause sei alles in Ordnung mit ihren Kindern, und sie verstehen überhaupt nicht, warum es in der Schule Probleme gibt.« Neuerdings macht in diesem Kontext noch ein anderer Begriff die Runde: »Curling-Eltern«. Das sind die, die wie beim verwandten Eisstockschießen, bei dem man mit einem Tuch vor dem Curlingstein das Eis glattwischt, damit der Stein weiter rutscht, permanent ihren Kindern jedes auch nur so kleine Hindernis aus dem Weg räumen wollen. Wenn solche Eltern die professionelle Meinung eines Lehrers für ein solches Hindernis halten, sind Konflikte vorprogrammiert.

Wenn die Eltern nicht mitmachen, ändert sich nichts

An der Schule von Sabine Förster versucht man durchaus, dieser Dinge Herr zu werden, vor allem der zunehmenden Aggressivität, zum Beispiel mit dem Projekt »Gewaltfrei Lernen«. »Da machen die Schülerinnen ganz gut mit, aber schon nach kurzer Zeit ist das meiste wieder vergessen.« Die Inhalte dieses Projektes werden immer wieder im Unterricht wiederholt und einmal die Woche im Klassenrat thematisiert. Die Klassenteams, bestehend aus Klassenlehrer, Sonderpädagogin und Erzieherinnen, beraten oft und regelmäßig über einzelne Fälle, doch wenn die Eltern nicht mitmachten – und das sei eben häufig so – »dann sind wir machtlos«, sagt Sabine Förster. Manchmal helfe dann nur noch der Schulwechsel. Damit schlägt das Problem aber bloß an einer anderen Stelle auf. Letztlich habe man für diese Art von Schülern zu wenig Personal, zu wenig Sozial- und Sonderpädagogen vor allem. Es bräuchte Doppelbesetzungen für jede Stunde, das heißt zwei Lehrerinnen müssten sich jeweils um die Schüler kümmern.

Ganz ähnliche Erfahrungen machte auch Marina Möller, sie war bis zu ihrer Pensionierung Anfang 2018 seit 1977 Lehrerin für Ernährung und Hauswirtschaft an einer Berufsschule im hessischen Hanau und hatte meist mit Schülerinnen zu tun, die einen Hauptschulabschluss nachholen wollen.[9] »Die Schülerinnen sind oft sehr intelligent, aber sehr verhaltensauffällig. Sie sind unpünktlich, haben kein Durchhaltevermögen, schlechte Umgangsformen und sind respektlos.« Woran liegt das? Die Schülerinnen kämen zunehmend aus prekären Familien, manchmal seien beide Eltern arbeitslos, so erlebten sie nicht mehr, was es hieße, diszipliniert zu sein und kontinuierlich zu arbeiten. Die Eltern zeigten wenig Interesse an dem, was ihre Kinder machen und erleben, und seien überfordert, wenn diese nicht zur Schule gingen. Die Schülerinnen bekommen keine konstruktive Unterstützung, sondern würden allenfalls angemeckert und »fertiggemacht«.

Mangel an Empathie bei Schülern

Und weil sich die Eltern so wenig mit ihnen beschäftigten, »können sie meist ganz alltägliche Dinge nicht, wie zum Beispiel Geschirr von Hand spülen«, so die ehemalige Berufsschullehrerin. Die jungen Leute seien sehr unsicher, könnten mit Kritik nicht umgehen, sind schnell beleidigt und gäben sich insgesamt recht unzugänglich. Sogar Lob dringe nicht richtig zu ihnen durch. »Sie schauten mich mit großen Augen an und konnten es nicht annehmen.« Das sei früher noch anders gewesen. »Da konnte ich sie noch erreichen, und sie haben auch versucht, etwas zu ändern.« Heute hingegen wirkten die Schülerinnen abgestumpft, oft auch empathielos und seien nicht mehr neugierig. »Gleichzeitig haben sie aber hohe Ansprüche an ihr Leben. Sie wollen ein Haus mit Garten und in den Urlaub fliegen. Das soll dann wohl irgendein Märchenprinz für sie richten.«

Der Mangel an Empathie zeige sich auch im Umgang mit Abfall, erzählt Marina Möller. »Sie lassen überall alles liegen und fallen. Das könnten doch die Putzfrauen wegmachen, sagen sie dann.« Den Kindern werde heute zu viel aus dem Weg geräumt. Die aus der Mittelschicht hätten zu Hause eine Putzhilfe, bei den anderen mache alles die Mutter.

Wie kann man das ändern? Das Schulsystem müsse sich ändern. Leider müssten die Schulen auch Erziehungsaufgaben wahrnehmen, ob sie wollen oder nicht, sagt Marina Möller. In vielen Elternhäusern gebe es in der Beziehung große Versäumnisse, doch an die Eltern komme man nicht ran, so die langjährige Lehrerin und Personalrätin. Zum Beispiel müsste es viel mehr gemeinsame soziale Aktivitäten geben, wie zusammen kochen, Tisch decken, gemeinsam essen und wieder aufräumen. »Nur so kann Sozialverhalten gelernt werden, das an allen Ecken und Enden fehlt.«

Beleidigungen und grenzüberschreitende Eltern

Auch in Integrierten Sekundarschulen kennt man diese Probleme. Benjamin Keelan, ein junger Lehrer für Latein und Sport, unterrichtet an einem Gymnasium in Berlin-Spandau die 7. bis 13. Klassenstufe.[10] Immer wieder müsse er dafür sorgen, dass im Unterricht die Jacken und Kappen ausgezogen, also einfachste Regeln eingehalten werden. Ganz schlimm sei es mit der Verschmutzung der Schule. »Selbst Pfandflaschen werden einfach in den Hof geworfen. Es gilt wohl als uncool, diese wegzubringen«, meint Keelan. Das Thema Sauberkeit ist immer wieder Thema im Unterricht, einmal im Jahr werde die sauberste Klasse gekürt, doch diese Aktion hat nur mäßigen Erfolg, sie erscheint wohl nicht so attraktiv. »Die Kinder lernen es anscheinend zu Hause nicht mehr, dass man seinen Dreck wegräumt.«

Schulen müssen leider auch Erziehungsaufgaben wahrnehmen

Schlimm sei auch der Umgang miteinander: »Alle sind ständig auf Krawall gebürstet. Kaum ein Satz kommt ohne eine Beleidigung aus.« Die Kinder hätten überhaupt keine Frustrationstoleranz mehr. »Sie können nicht mal fünfe gerade sein lassen.« Weil das ganz besonders beim Fußballspielen so ist, hat sich der Sportlehrer etwas einfallen lassen. Er hat Verhaltensregeln aufgestellt, die alle unterschreiben mussten. Wer nicht unterschreiben wollte, durfte nicht mitspielen, und wer gegen eine Regel verstößt – zum Beispiel gegen die Regel »Wir verwenden keine Kraftausdrücke« – ,darf schon beim ersten Mal nicht mehr mitspielen, sondern muss stattdessen auf der Aschenbahn laufen. »Das funktioniert ganz gut«, sagt Benjamin Keelan, »denn Fußball spielen wollen sie alle.« Einträge ins Klassenbuch und schlechte Noten hingegen seien ihnen ziemlich egal.

Die Eltern dieser Kinder könnten manchmal ziemlich übergriffig sein und meinen, ihn mit SMS und WhatsApp jederzeit kontaktieren zu können. Rücksicht auf Feierabend und Wochenende werde nicht genommen. »Offenbar gibt es ein Klima des ›Ich komme zuerst‹«, meint der Lehrer. Auch meinen viele Eltern, ganz genau zu wissen, was Lehrkräfte dürfen und nicht dürfen, und so »bekommen wir oft Nachrichten, was wir angeblich alles falsch gemacht haben«. Andererseits böten die Eltern ihren Kindern kein gutes Vorbild, zum Beispiel wenn sie bei Elternsprechtagen rauchend in die Schule kommen.

Alles für mein Kind

Auch in den Kitas verändert sich das soziale Klima, was besonders Erziehern auffällt, die schon länger im Dienst sind. So berichtet Marianne Hübinger aus Frankfurt, die Erwartungshaltung der Eltern an die Einrichtungen sei heute größer. »Früher hat man sich mehr als Einheit verstanden. Es gab ein Wir-Gefühl. Die Eltern haben sich mit uns gemeinsam dafür verantwortlich gefühlt, dass es den Kindern in der Kita gut geht. Heute hingegen werden wir eher als Dienstleister wahrgenommen und auch so behandelt«, sagt die Erzieherin, die seit rund 35 Jahren in diesem Bereich — auch in leitenden Positionen — arbeitet. »Manche Eltern wünschen sich ein möglichst großes Angebot, da sollte am liebsten auch schon Englisch für die Dreijährigen dazugehören.« Bei so manchen sei die Haltung zu beobachten, »Hauptsache, meinem Kind geht es gut«, alles andere interessiere wenig.

Mitunter verhielten sich auch Elternbeiräte so, als ginge es nur um ihr eigenes Kind. Die Eltern kennen sich untereinander kaum noch, früher hätte die Familien auch mal was zusammen unternommen, oder sich zumindest gemeinsam für die Kita engagiert. Das sei seltener geworden. »Die Lebensverhältnisse haben sich eben stark verändert«, erklärt Paul Hafner, der nach einer Selbstständigkeit nun seit neun Jahren wieder in einer Frankfurter Kita als stellvertretender Leiter arbeitet.'' Die Familien wohnten teils weit auseinander, und viele zögen immer wieder mal um. Auch stünden die Eltern heute sehr unter Druck. »Sie sind überlastet von der Arbeit, aber auch davon, alles in ihrem Leben unter einen Hut zu bekommen. Man muss ja heute überall mithalten, überall super sein, alles kennen, alles machen, abends noch ins Fitnessstudio, et cetera.«

Immer wieder fällt bei den beiden Erziehern das Wort »Selbstoptimierung«. Die Eltern hätten verinnerlicht, dass es auf sie alleine ankäme, etwas aus ihrem Leben zu machen, und nun versuchten sie auch, ihren Kindern die besten Startmöglichkeiten zu geben. »Das Kind soll auf alle Fälle Abitur machen. Das mindestens. Deshalb fragen etliche, was es in der Kita alles lernen kann, welche Angebote wir haben«, so Marianne Hübinger. »Dabei vergessen sie oft, dass Kinder am meisten und schnellsten im Spiel lernen.«

Die beiden Erzieherinnen sind sich einig, dass die Veränderungen, die sie in ihren Kindertagesstätten beobachten, ursächlich damit zusammenhängen, dass wir in einem Gesellschaftssystem leben, bei dem zunehmend »alles zur Ware wird« (Hafner) und in dem Kinder möglichst viel lernen sollten, möglichst gut ausgebildet sein sollten, um später besser mit anderen konkurrieren zu können. Dabei komme dann des Öfteren zu kurz, dass sich nicht immer alles um das eigene Kind drehen kann und man auch auf andere Rücksicht nehmen muss. »Da gibt es zum Beispiel die Mutter, deren Kind etwas fallen lässt und die nicht auf Idee kommt, es zu bitten, das Verlorene wieder aufzuheben. Oder der Vater, der sein Kind aus der Gruppe abholt und nicht daran denkt, dass dieses vielleicht noch ein wenig beim Aufräumen der Spielsachen helfen müsste. Dafür sind wir ja da«, erzählt Marianne Hübinger.

»Neoliberale Denke macht die Eltern kirre«

Obwohl er sich über das rücksichtslose Verhalten ärgert, bringt der Pädagoge Paul Hafner, selbst Vater von zwei erwachsenen Kindern, Verständnis für die heutigen Eltern auf: »Sie sehen sich einem riesigen Informationsangebot ausgesetzt, wollen alles richtig machen und wissen manchmal nicht mehr, wo hinten und vorne ist.« Die jungen Eltern scheinen dem gesunden Menschenverstand wenig zu trauen, und Großeltern, die vielleicht auch mal mit ihrer Erfahrung beruhigend und mäßigend einwirken könnten, sind meist nicht in greifbarer Nähe. Einerseits hätten etliche Eltern von heute übermäßige Erwartungen an ihre Kinder, andererseits nehmen sie ihre Elternrolle nicht ausreichend wahr und ließen sich auch von ihren Kindern auf der Nase herumtanzen. »Es gibt Fälle, da sagen die Kinder, wo es langgeht.« Die neoliberale Denke, so Hübinger, mache die Eltern völlig kirre. Eine Tendenz, die sowohl im Bildungsbürgertum als auch bei Hartz IV-Beziehern zu beobachten sei. Doch Eltern, die wirtschaftlich besser gestellt seien, formulierten auch höhere Ansprüche an die Kitas und versuchten, ihre Interessen durchzusetzen, das sei aber eine Minderheit.

Denn: Bei aller Kritik im Einzelnen wollen und können die beiden Erzieher nicht behaupten, dass es einen Trend zum Schlechteren gibt. Respektloses und unsoziales Verhalten habe es früher auch schon gegeben, zugenommen habe aber, dass mehr Eltern stark verunsichert sind. Mit den meisten Eltern seien die Erzieherinnen in einem »konstruktiven Dialog«, und aus den allermeisten Kindern, die sie ins Leben entlassen, »werden durchaus vorzeigbare Jugendliche«, da ist sich Marianne Hübinger sicher. »Vieles ändert sich, weil sich die Gesellschaft ändert, aber manches wird auch besser«, ergänzt Paul Hafner. Zum Beispiel findet er gut, dass die Eltern heute auch ihre Rechte kennen und wahrnehmen und Erzieher und Lehrerinnen auch als fehlbar begreifen und nicht bloß als Respektspersonen, die grundsätzlich recht haben.

Gedankenlose Bürger vermüllen die Städte

Wer hat sich nicht auch schon mal über verschmutzte Gehwege, Plätze und Parks geärgert? Hier trügt die Wahrnehmung nicht: Unsere Städte, besonders die Großstädte, sind schmutziger geworden. Aber nicht etwa, weil die Stadtreinigungen im Zuge von Sparmaßnahmen ihren Service reduziert hätten. Das Gegenteil ist der Fall. Sie wenden mehr Mittel auf als je zuvor – 2017 waren es bundesweit 740 Millionen Euro – und kommen doch nicht richtig hinterher. Denn das Verhalten der Bürgerinnen und Bürger hat sich in den letzten Jahren drastisch geändert. Noch nicht allzu lange ist es her, da erschien es den allermeisten noch selbstverständlich, dass man auf der Straße keine Abfälle achtlos wegwirft und die Reste des Picknicks im Park ebenfalls nicht einfach liegen lässt, sondern entweder in den Abfalleimer wirft oder mit nach Hause nimmt. Heute hingegen hat sich eine andere Haltung breitgemacht: »Es gibt ja Leute, die sauber machen, da brauche ich mich selbst also nicht zu kümmern.« Michael Eickenboom von der Frankfurter »Stabsstelle Sauberes Frankfurt«, ein Büro der Stadt Frankfurt, bei dem sich Bürger über Verschmutzungen oder wilde Müllablagerungen beschweren können, gibt jedoch entlastend zu bedenken, dass sich heute mehr Menschen in den Grünanlagen aufhalten.

Vor allem Jüngere verhalten sich gedankenlos

Neun Millionen Euro musste zum Beispiel die Stadt Frankfurt 2016 für die Reinigung aufwenden. »Und es wird Jahr für Jahr mehr«, stöhnt die Frankfurter Umweltdezernentin Rosemarie Heilig. »Viel lieber würde ich mehr Geld ausgeben, um Bäume zu pflanzen und insgesamt für die Begrünung, die wir angesichts des Klimawandels dringend brauchen.« Heilig will daher nicht länger zusehen, wie buchstäblich immer mehr Geld aus ihrem Haushalt für die Beseitigung von Dreck draufgeht. Zusammen mit Berlin hat sich Frankfurt an einer Studie beteiligt, um herauszufinden, warum sich die Bürgerinnen heute so gedankenlos verhalten und welche Gruppen das genau sind. Die Humboldt-Universität in Berlin machte sich auf Spurensuche und fand in zwei Studien 2016 und 2018 heraus[12]: Am wenigsten Eigenverantwortung für Sauberkeit in der Stadt zeigen junge Menschen zwischen 21 und 30 Jahren, gefolgt von den bis 20-Jährigen. Besonders nach den Abifeiern sieht es in den Parks aus, als hätte »eine Bombe eingeschlagen«, sagt Michael Eickenboom. »Obwohl wir zum Beispiel im Grüneburgpark dann 40 zusätzliche Mülleimer aufstellen. Die aber sind nur zur Hälfte befüllt. Der Rest bleibt einfach auf der Wiese liegen.« Die Jugendlichen, so meint der Projektmanager, würden es zu Hause nicht mehr lernen, ihre Sachen wegzuräumen, und bei vielen gelte es in der Clique gar als uncool. Aber auch die Älteren gehen achtloser mit ihrem Müll um als noch 2008, als zu diesem Thema erstmals Daten erhoben wurden. Entgegen der vielleicht gängigen Meinung »littern« Frauen genauso häufig wie Männer, und das Phänomen hat nichts mit dem Grad der Bildung zu tun.

Städte müssen Millionen für die Müllbeseitigung ausgeben

Um Ausreden nicht verlegen

Warum sind Menschen zunehmend achtloser? Bei den Antworten, warum man sich für den eigenen Abfall nicht verantwortlich fühlt, gibt es erwartungsgemäß viele Ausreden wie, das Material sei doch biologisch abbaubar, die Abfallbehälter seien überfüllt oder es gäbe gar keine in Reichweite, es war sowieso schon dreckig und überhaupt, da sei doch die Stadtreinigung, die das alles wieder in Ordnung bringt. Immerhin auf Platz fünf der Antworten kommt schon die realistische Selbsteinschätzung, man sei einfach zu bequem, um sich darum zu kümmern. Dieses sei, so die Forscher, auch die eigentliche Hauptursache, Faulheit und Bequemlichkeit, gefolgt von Gleichgültigkeit und mangelndem Verantwortungsbewusstsein gegenüber der Umwelt. Der »Service-Gedanke und die Anspruchshaltung« habe ebenfalls zugenommen, meint Michael Eickenboom. »Ich zahle doch Hundesteuer«, sagten manche, dann brauche man den Hundekot nicht selbst zu entfernen. Das entspricht auch dem, was die Forscher an der Humboldt-Universität 2018 herausgefunden haben: Die Menschen seien sich durchaus bewusst, dass es nicht in Ordnung ist, den Müll einfach irgendwo liegen zu lassen, aber es herrsche gerade bei den Jüngeren eine Haltung des »Das machen doch alle so«, und schließlich gebe es doch die Stadtreinigung. »Verberuflichung von Zuständigkeit«, nennt das der Frankfurter Soziologe Tilmann Allert. Zuständigkeiten hätten sich durch die Rationalisierung immer weiter ausdifferenziert. Die Menschen sagten sich daher: »Wir sind so perfekt organisiert, morgen ist das Zeug weggeräumt.« Und diese Erfahrung machen sie ja auch. Immer räumt jemand hinter ihnen her. Die jungen Leute, so ergab es die Studie der Berliner Humboldt-Universität, hätten durchaus ein gewisses Umweltbewusstsein, und es sei ihnen schon klar, dass ihr Verhalten nicht korrekt ist. Doch finden sie immer Argumente, warum es ihnen aufgrund der äußeren Bedingungen in der jeweiligen Situation nicht möglich war, sich ordentlich zu verhalten. Es gab dann angeblich keine Mülleimer, auch wenn die nachweislich nur ein paar Meter entfernt stehen. Die Jungen lebten auch viel mehr in der Gegenwart als Ältere, und so dächten sie, sagt Allert, wenig über etwas anderes nach als über das, was gerade passiert. Von einer »sozialen Amnesie« oder noch schlimmer »sozialer Debilität«, spricht in diesem Kontext der Frankfurter Psychiater Manfred Fröhlich.[13] Die Leute stellten nicht mal mehr einen Zusammenhang her zwischen dem Müll, den sie gerade produzieren, und dem Papierkorb, der sich womöglich irgendwo in der Nähe befindet. Über die Folgen des eigenen Handelns wird schon mal gar nicht nachgedacht.

Ein wichtiger Aspekt ist natürlich auch, dass sich die Menschen heute viel öfter in den Grünanlagen aufhalten, die im Sommer quasi zu ihrem zweiten Wohnzimmer werden. Und da die Bevölkerung der Großstädte wächst, entsteht auch eine gewisse Enge. Wo sich sehr viele Menschen aufhalten, gibt es dann den Effekt: Hier liegt ja schon Müll, da brauche ich meinen nun auch nicht wegzuräumen.[14]

Verpackungen überall ...

Neu ist der Aspekt, dass es einfach zu viele Verpackungen gibt und es sich kulturell durchgesetzt hat, den Kaffee zum Mitnehmen zu bestellen. 320 000 Kaffeebecher werden in Deutschland weggeworfen. Stündlich wohlgemerkt! Mit rund 35 Prozent werfen die Leute vor allem Zigarettenkippen achtlos weg, aber schon auf Platz zwei folgen Take-away-Verpackungen mit über 20 Prozent, die 2008 erst 6,2 Prozent des Abfalls auf Straßen und Plätzen ausmachten. Das ist auch mit bloßem Auge erkennbar: Wer nach einem sonnigen Wochenende durch einen Park einer Großstadt geht, trifft überall auf die Reste von sicher vergnüglichen Picknicks inklusive Wein-, Sekt- oder Bierflaschen. Ganz offensichtlich ist die öffentliche Verschmutzung auch Ausdruck einer veränderten Lebensweise. Gerade junge und jüngere Menschen essen sehr viel unterwegs und bestellen sich vor allem im Sommer zum gemütlichen Treffen mit Freunden im Park ihr Essen beim Pizzaservice oder einem der vielen anderen Lieferdienste, die in den letzten Jahren wie Pilze aus der Erde sprossen.

Geschäftstüchtige Lieferdienste hätten in Frankfurt schon beantragt, Werbung an den Bäumen am Mainufer anbringen zu dürfen. Das aber wurde ihnen untersagt, berichtet Frankfurter Dezernentin Heilig mit einiger Genugtuung. Doch Littering ist bei weitem nicht nur eine Erscheinung in der Freizeit. »Wir haben zu Hause früher gefrühstückt, und für die Schule oder an den Arbeitsplatz nahm man ein Pausenbrot mit. Heute aber kauft man sich seinen Kaffee im Einwegbecher und dazu ein Stückchen in der Tüte und isst nebenher«, so Rosemarie Heilig. Beides landet dann nicht immer in einem Abfallbehälter.

... und keine Zeit für die Café-Kultur

Auch die Zeit für einen Kaffee in der Porzellantasse im Café wollen sich viele nicht mehr gönnen. Eine Freundin betreibt ein schönes Café in Frankfurt-Bockenheim und berichtet von immer mehr Leuten, die reinkommen und nach einem Kaffee to go fragen, sogar einen Espresso, den man ja mit zwei Schlucken getrunken hat, wollen einige zum Mitnehmen. Die Café-Besitzerin hat für solche Wünsche

Becher vorrätig, fragt die Kunden aber, ob sie sich nicht die paar Minuten Zeit nehmen wollen, ihren Kaffee am Tresen aus einer schönen Porzellantasse zu trinken. Die Becher ganz abzuschaffen und, wie es einige wenige andere Cafés in Frankfurt schon tun, Mehrwegbecher zum Kauf anzubieten wäre dann der nächste Schritt.

Am Berliner Lietzensee in Berlin-Charlottenburg, wo sich vor allem in den warmen Monaten sehr viele Menschen auf den Wiesen und an den Ufern aufhalten, engagieren sich Anwohnerinnen für die Sauberkeit des großen Parks. Die »Bürger für den Litzensee«, vorwiegend Rentner, treffen sich regelmäßig, um das zu entfernen, was andere liegen lassen. Auch hier heißt es, das Problem seien vor allem die Verpackungen, »die es früher nicht gab«. Am liebsten wäre ihnen, die Verantwortlichen vom Grünflächenamt würden Gespräche mit den umliegenden Gastronomen führen, denn die sollten auf ihre Pizzakartons und Pappbecher ein Pfand nehmen. Ob es helfen würde? Ein Versuch wäre es wohl wert. Mehr Mülleimer hingegen wür- **Kinder werden nicht mehr** den nichts nützen. Wer seinen Müll **zur Sauberkeit erzogen** entsorgen will, findet jetzt schon ausreichend Behälter, meinen die Lietzenseebürger. Was das Verhalten von Kindern und Jugendlichen angeht, so gibt es laut der Studie der Humboldt-Universität, zu wenig Erziehung zu Sauberkeit und Umweltbewusstsein im Elternhaus. Die Eltern selbst seien keine guten Vorbilder für ihre Kinder.

Humor und direkte Ansprache statt erhobener Zeigefinger

Was tun? Die letzte große Kampagne der Stadt Frankfurt setzte auf Ordnungsstrafen. 130 Euro Bußgeld werden verhängt, wenn jemand zum Beispiel seinen Vierbeiner in der Parkanlage ausführt und dessen Kot nicht beseitigt. Auf einem Spielplatz sind sogar 180 Euro fällig. Wer Essensreste zurücklässt, wird mit 55 Euro zur Kasse gebeten, und eine weggeworfene Getränkedose oder Flasche, ein Papiertuch oder eine Zigarettenkippe kosten jeweils 30 Euro. Doch erstens schrecken solche Geldstrafen nicht wirklich ab, und zweitens ist es sowieso schwer für das Ordnungsamt, den Übeltätern auf die Spur zu kommen. Wie viele Ordnungskräfte müssten da durch die Straßen patrouillieren?

2016 ließ die Stadt in ihrer Not auf einem begrenzten Gebiet am Main den Müll einfach mal liegen und sammelte zusätzlich den Müll eines Tages in einem großen Gitterkasten, um auf das Problem aufmerksam zu machen. Optisch war das sicher eine gute Aktion, die Bilder für die Medien generierte. »Gebracht hat es aber so gut wie nichts«, muss Dezernentin Heilig ernüchtert feststellen. Genauso unbeeindruckt zeigten sich die Besucher der beliebten Feierabendtreffpunkte, wie zum Beispiel freitags beim Markt am Friedberger Platz, wenn die Frankfurter Stadtreinigung dort mal demonstrativ nicht sauber machte.

Rosemarie Heilig setzt daher auf eine komplett andere Strategie: Mit der neuen »#cleanffm«-Kampagne, die Mitte 2017 begann, will die Stadt auf freundliche, pfiffige und angenehme Art und Weise ihre Bürgerinnen ansprechen und vor allem eben die jungen Leute. »Aufgrund der Studie wissen wir auch, dass der erhobene Zeigefinger, der Versuch, ein schlechtes Gewissen zu machen, gerade in dieser Altersgruppe so gut wie überhaupt nichts bringt.« Kinder, Jugendliche und junge Erwachsene lehnen Maßnahmen mit einer potenziell erzieherischen Wirkung ab. Zusammen mit einer Werbeagentur, in der viele junge Menschen arbeiten, wurden daher Strategien entworfen, wie man die Zielgruppe erfolgreicher ansprechen kann. Vor allem humorvoll soll die Kampagne sein, die sich die Stadt für einen Zeitraum von drei Jahren drei Millionen Euro kosten lässt. Das verspreche den besten Effekt. So wurden an viel besuchten Orten, wie dem Mainufer, neu gestaltete, auffällige Abfallbehälter installiert mit humorigen, aber auch informativen Aufdrucken, die zum Nachdenken anregen sollen. Zum Beispiel: »Eine Ehe hält im Durchschnitt 15 Jahre. Plastiktüten dagegen bis zu 20 Jahre«. Oder: »Reif für die Insel. Wussten Sie, dass sich vom Geld, das die Stadt jährlich für die Müllentsorgung ausgibt, Frankfurt eine eigene Karibik-Insel leisten könnte?« Ein wiederverwendbarer To-go-Becher mit dem Logo der Kampagne wurde produziert und verteilt, und natürlich wurden Posts im Internet abgesetzt. Besonders wichtig ist die Zusammenarbeit mit Kooperationspartnern, wie Kinocentern oder

Schnellrestaurants, die sich ebenfalls was einfallen lassen, um auf das Thema aufmerksam zu machen.

Das Herzstück der Kampagne sind jedoch junge Leute, die als »Botschafter« eingesetzt werden, um ihre Altersgenossen direkt anzusprechen. Das sind dann zum Beispiel Studentinnen und Studenten, die in ihren »#cleanffm«-T-Shirts auf feiernde Gruppen am Main oder in den Parks zugehen und sie bitten, ihren Müll in den neuen grünen Behältern zu entsorgen. Für die Raucher haben sie sogar Aschenbecher to go dabei. Nun ist es aber gar nicht so einfach, junge Leute als »Sauberkeitsbotschafter« zu gewinnen, wie sich herausstellt. Das lag vielleicht am geringen Stundenlohn von zehn Euro, der auf 13 Euro aufgestockt wurde. Bestimmt ist es aber alles andere als einfach, sich ohne ordnungsrechtliche Befugnisse bei den Altersgenossen, die in Feierlaune sind, Respekt zu verschaffen. Das fällt vielleicht den 15 »Parkwächtern« etwas leichter, die die Leute auf Regeln beim Grillen und beim Aufenthalt in Parks aufmerksam machen.[15] Noch liegen nicht ausreichend Erfahrungen vor, um wirklich sagen zu können, wie die Kampagne greift, doch Umweltdezernentin Heilig scheint recht zuversichtlich, dass sich ein Effekt zeigen wird.

Waste Watcher in Berlin

In Berlin geht man mit dem Thema etwas weniger offensiv um, obwohl die Problematik hier mindestens genauso drängend ist. Vier Millionen Euro muss die Hauptstadt allein dafür ausgeben, den illegal abgelagerten Sperrmüll zu beseitigen. Trotzdem hält man sich bei der Berliner Stadtreinigung BSR zum Thema bedeckt. Das gehöre nun mal zu den Aufgaben einer Stadt, darüber verbiete es sich, seitens der BSR zu schimpfen, sagte mir dort eine Sprecherin. Offenbar wird es den Verantwortlichen nun aber anscheinend doch zu bunt, denn der Senat will ab 2018 hundert Müll-Polizisten, sogenannte »Waste Watcher« aussenden, die sich – in Uniform und in Zivil – auf die Suche nach Müllsündern machen sollen, um diese auch zu bestrafen. Auch nach 22 Uhr sollen die Waste Watcher noch unterwegs sein. Das ist eine Maßnahme im Rahmen des neuen Aktionsprogramms »Saubere Stadt«, die sich die Berliner von Wien abgeschaut haben sollen. 8,4 Millionen Euro lässt sich der Senat den Kampf gegen die Vermüllung kosten, denn die Beseitigung von jährlich rund 24 000 Kubikmeter illegalen Mülls ist ebenfalls sehr teuer. Daher soll die Sensibilität der Menschen für die Thematik geschärft werden. Für die Pflege und Reinhaltung der Parks und Grünanlagen – was bisher alleinige Aufgabe der Bezirke war – wird die Stadt Berlin in Zukunft mit 8,8 Millionen Euro in die Tasche greifen.[16] Die Lietzensee-Bürger wird es freuen.

Während die Berliner also eher auf das Ordnungsrecht und Geldstrafen setzen, gehen die Frankfurterinnen den soften Weg über Aufklärung, Information und »Nudging«, also das freundliche Anstupsen der Bürger, indem man die Menschen informiert, ihnen attraktive Alternativen präsentiert, indem man sie auf den Geschmack bringt. Es wird sich zeigen, ob das reicht und wer letztlich mehr Erfolg hat.

Alles soll sich um mich drehen – Missbrauch von Rettungsfahrzeugen

Spätestens innerhalb von zehn Minuten sollen Rettungswagen in Hessen in Notfällen bei den Patienten sein. Das gelingt auch meistens, doch eben nicht immer. Dann liegt das oft daran, dass die Rettungsfahrzeuge stark beansprucht werden. Nun könnte man sagen, dann gibt es eben zu wenige davon. So einfach ist es aber nicht. Denn leider kommt es immer häufiger vor, dass die Rettungskräfte vor Ort feststellen müssen, dass es sich nicht wirklich um einen Notfall handelt, ihr Einsatz also eigentlich unnötig ist.

Wegen Kleinigkeiten wird die 112 gewählt

Das erlebt auch Sophie Wetzel. Die Ärztin arbeitet in Frankfurt seit über 20 Jahren im Rettungsdienst und ist schon mehr als 5 000 Einsätze gefahren. »Die Notrufnummer 112 wird in vielen Fällen zu schnell gewählt. Allein in der letzten Woche waren acht von zehn meiner Einsätze im Grunde nicht nötig.« Da klagte zum Beispiel eine 24-jährige Frau über Brustschmerzen. Das könnte ein Herzinfarkt sein. War es aber nicht, eher eine psychosomatische Störung. Das kann die Leitstelle am Telefon jedoch nicht feststellen. Oder eine Schwangere bekommt Wehen. »Da kann man sich auch mit dem Auto in die Klinik fahren lassen. Wenn niemand zu Hause ist, hat früher ein Nachbar geholfen. Heute aber wird der Krankenwagen gerufen, Nachbarschaftshilfe ist leider seltener geworden«, beobachtet Sophie Wetzel. »Wir sind dann mit zwei Wagen und mindestens vier Leuten vor Ort, dem Rettungswagen mit zwei Rettungsdienstmitarbeitern und der ganzen Technik. Ich als Notärztin mit einer Assistenz komme separat.« Ein teurer Einsatz: Rund 1 000 Euro kostet das, jedes Mal.

Schwierig sei es auch in Familien aus Kulturen, bei denen schnell die Emotionen hochkochen. »Hier gibt es am Telefon oft ein großes Geschrei, und wir denken, Wunder was passiert ist. Wenn wir dann ankommen, ist alles halb so schlimm.« Die Schwelle, auch bei Kleinigkeiten den Rettungsdienst zu holen, sei gesunken, berichtet die Ärztin. Ein gebrochener Finger, ein Zeckenbiss, eine kleinere Schnittwunde, auch solche Bagatellen sind leider für manche Leute Anlass, den Notarzt zu rufen. Natürlich fährt keine Ärztin zu einem Patienten mit gebrochenem Finger, aber wenn die Situation am Telefon nicht eindeutig beschrieben wird, kann es eben zu Fehleinsätzen kommen. »Hier wird das System tatsächlich ausgenutzt«, urteilt Sophie Wetzel. Man könnte auch sagen missbraucht. Das Gesundheitssystem bietet – bei aller Kritik im Einzelnen – hierzulande eine Menge. Doch dazu gehören auch eigenverantwortliche Patientinnen, die erkennen, was wirklich benötigt wird.

Eltern können ihren Kindern oft nicht helfen

Besorgte Eltern übertreiben es auch gerne mal. So wurde der Rettungssanitäter Daniel Renz, der im Hochtaunuskreis tätig ist, zu einem achtjährigen Kind gerufen, das rote Flecken am Körper hatte. Diese stellten sich als simple Mückenstiche heraus. Eltern hätten heute oft weniger Wissen und Erfahrung im Umgang mit harmlosen Krankheiten oder Blessuren ihrer Kinder. »Mitunter wissen sie noch nicht einmal, wie man einem Kind ein Zäpfchen gibt. Sie beschäftigen sich einfach nicht mit solchen Dingen«, so die Ärztin Wetzel.

Viele Eltern können selbst mit harmlosen Krankheiten ihrer Kinder nicht umgehen

Doch der junge Sanitäter, der bereits zehn Jahre im Dienst ist, will die Menschen trotzdem nicht pauschal verurteilen, auch wenn von seinen letzten 30 Einsätzen in vier Nachtschichten lediglich drei echte Notfälle waren. »Viele wissen aus unterschiedlichen Gründen einfach nicht mehr weiter. Dann erscheint ihnen die 112 als einzige Möglichkeit, sich Hilfe zu holen.« Zum Beispiel der Alkoholkranke, zu dem er sieben Mal in den vier Nächten fahren musste. Etliche wüssten aber auch ganz genau, sie müssten nur die Stichworte ›Atemnot‹ oder ›Brustschmerzen‹ nennen, dann komme auf alle Fälle das Notfallteam. Denn solche Symptome könnten natürlich auf einen Herzinfarkt hindeuten.

Ich kann alles. Wenn nicht, kommt der Sani

Ärgerlich findet Daniel Renz, wie selbstverständlich heute zum Beispiel bei Abiturfeiern davon ausgegangen werde, dass man sich sinnlos betrinken kann, denn es würden ja sogar schon Sanitätszelte in den Parks aufgebaut. Generell verhielten sich die Menschen weniger verantwortungsvoll, wie zum Beispiel bei risikoreichen Sportarten. »Viele bilden sich ein, sie können alles. Und dann schnell ein Selfie machen. Höher, schneller, weiter sei die Devise«, ergänzt Notfallärztin Wetzel. Man wisse ja, es werde einem geholfen, auch wenn man mit mangelnder Kondition und Ausrüstung im Hochgebirge unterwegs ist.

Auch bei kleineren Unfällen, greifen Passantinnen gleich zum Telefon, selbst wenn es vielleicht nur Schürfwunden gibt. Es ist ja schön, wenn Umstehende helfen wollen, doch oft wäre es sicher besser, sie würden erst mal schauen, ob denn tatsächlich jemand verletzt ist, und wenn ja wie. Manches lässt sich ja auch mit einem Verband aus dem Erste-Hilfe-Koffer lösen. Im Zweifel

Die Bereitschaft sinkt, Erste Hilfe zu leisten

kann der oder die Betroffene dann im Anschluss noch zum Arzt gehen. Doch die Bereitschaft, Erste Hilfe zu leisten, sei gesunken. Die Menschen, so Wetzel, hätten oft Angst, etwas falsch zu machen, Angst vor möglichen rechtlichen Konsequenzen, und dann ließe man lieber die Finger davon. »Die Leute schauen zu, greifen aber nicht ein. Sie haben Berührungsängste, und es fehlt ihnen an Zivilcourage.« Dies gelte auch für Arbeitsunfälle. Die Deutschen, findet Sophie Wetzel, seien diesbezüglich schon speziell. Hier dächten zu viele nur an sich.

Unnötige Einsätze verteuern die Medizin

Das alles macht die Medizin teurer, als sie sein müsste. Wie gesagt, allein 740 Euro für einen fälschlich herbeigerufenen Rettungswagen und nochmal 280 Euro, wenn auch der Notarzt kommt. Sophie Wetzel gibt jedoch zu bedenken, dass ein Teil unnötiger Einsätze verhindert werden könne, wenn in der Leitstelle, wo die Anrufe ankommen, intensiver nachgefragt würde. Dafür bräuchte es dort aber mehr Personal, meint sie.

Eine weitere Ursache für vermehrte Rettungseinsätze sieht der Sanitäter Renz auch darin, dass das Hausarztsystem nicht mehr gut funktioniere. »Welcher Hausarzt kommt denn heute noch nach Hause zum Patienten? Wer hat überhaupt noch einen Hausarzt, der seine Patienten gut kennt?«

Ein weiteres Problem, das zu überflüssigen Einsätzen führt, ist laut Notärztin Wetzel die Tatsache, dass es immer mehr Angstpatienten gebe, mehr Menschen mit psychischen Störungen, die sich auch gerne mal einbilden, schwer krank zu sein. Dies sei ein gesellschaftliches Phänomen. »Auch da müssen wir erst mal nachschauen.« »So gibt es ›Patientinnen‹, zu denen wir immer mal wieder hinfahren, nur um ihnen zu sagen, dass eigentlich alles in Ordnung ist.«

Bei allem Verständnis für die häufig auch psychischen Notlagen vieler Menschen, zu denen sie mehr oder weniger überflüssigerweise gerufen werden, richtig sauer werden die Ärztin und der Sanitäter, die auch schon Einsätze zusammen gefahren sind, wenn sie sich Dinge anhören müssen wie: »Ach, ich habe sie gerufen, weil die Arztpraxis ja erst in drei Stunden öffnet.«

Kein Verständnis, wenn Rettungswagen im Weg stehen

Und wütend sind sie auch, wenn Autofahrer kein Verständnis dafür aufbringen, dass ein Rettungsfahrzeug vielleicht auch mal etwas ungünstig stehen kann. »Da werden wir dann durchaus beschimpft. Wir haben aber einfach nicht die Zeit, lange nach einem guten Parkplatz suchen«, so Daniel Renz. Er habe es tatsächlich schon erlebt, dass ein Autofahrer »in den Rettungswagen kletterte und ihn wegfahren wollte, weil er ihm im Weg stand«. Das Berliner Beispiel des jungen Mannes, der zur Arbeit wollte, während eine Rettungswagen seine Einfahrt blockierte, weil ein Kleinkind wiederbelebt werden musste, und der dann randalierte, ist also überhaupt kein Einzelfall. Der Gedanke, dass ein Menschenleben um einiges bedeutsamer ist als das pünktliche Erscheinen am Arbeitsplatz, der kam ihm offensichtlich nicht. Der Fall erregte 2017 größeres Aufsehen, und es wurde eine Strafanzeige gegen den Mann gestellt. Die Journalistin Ariane Bemmer kommentierte diesen Vorfall klug im Berliner *Tagesspiegel*: »Wer bisher glaubte, Kinder in Not seien etwas, auf das durchweg mit Empathie reagiert würde, darf das seit vergangenem Freitag im »Leider falsch«-Ordner abheften. (…) Antisoziale Empathielosigkeit lässt sich im Alltag in vielen Formen besichtigen. Wo immer sich die Starken gegenüber den Schwachen körperlich durchsetzen, wenn sie beispielsweise die alte Frau wegdrängeln, die auch in die U-Bahn einsteigen möchte. Wenn sie vom Auto aus den Menschen auf dem Zebrastreifen förmlich die Absätze runterfahren und wild hupen, um ihrer Empörung über irgendeine Situation Ausdruck zu verleihen, ohne daran zu denken, dass sie damit lauter Unbeteiligte erschrecken.«[17]

Das alles zeige schon, meint Sophie Wetzel, dass viele Menschen wenig Empathie für andere in Not aufbringen. »Aber wehe, sie sind mal selbst betroffen und brauchen Hilfe! Dann muss sich wahrscheinlich alles um sie drehen.«

Für die Ärzte und Sanitäterinnen bedeutet all dies, dass sie aufpassen müssen, nicht abzustumpfen. Dass sie nicht den Mut verlieren. »Wir müssen in der Lage sein, schnell zu erkennen, wer wirklich Hilfe braucht, und sollten dann auch unsere Fähigkeit zur Empathie bewahren.« So sind die beiden – so seltsam das klingen mag – richtig froh, wenn es auch echte Notfälle gibt, wo »wir wirklich gebraucht werden und das tun können, wozu wir ausgebildet wurden«, sagt Daniel Renz. Dies sei schon allein wichtig, damit das Personal seine Fähigkeiten im Ernstfall trainieren und so gesehen fit bleiben könne.

Angriffe auf die Polizei und Feuerwehr werden brutaler

Was kann man aber tun, um überflüssige Einsätze zu vermeiden? Da sind Ärztin und Sanitäter relativ ratlos. Die Patientinnen an den Kosten für die Fahrten beteiligen? Ist rechtlich nicht möglich, und viele könnten das auch gar nicht bezahlen. Aber wenigstens sollten die Hausärzte in ihrer Rolle wieder gestärkt werden, deren Beruf sollte attraktiver werden. Das wäre auf alle Fälle eine gute Maßnahme. Darin sind sich die beiden einig. »Das würde den Rettungsdienst sicher entlasten.«

Respektlosigkeit und Gewalt gegen Polizisten, Behördenmitarbeiterinnen, Feuerwehrleuten, und eine schamlose Schaulust

An Sylvester 2017 ging es besonders heftig zu. An vielen Orten hatten Polizei und Feuerwehr alle Hände voll zu tun. Zum Beispiel in Berlin: Insgesamt hätten die Berlinerinnen zwar friedlicher gefeiert als in den Vorjahren, teilte eine Feuerwehrsprecherin mitteilt. Dennoch zählte die Polizei in Berlin 60 Attacken auf Feuerwehrleute und Polizisten, und die würden »immer brutaler«. Die Feuerwehr meldete insgesamt acht Angriffe auf Einsatzkräfte und 57 Angriffe auf Einsatzfahrzeuge mit »erheblichen Sachschäden«. Bei den Angriffen auf die Polizei wurden sechs Beamte verletzt. Im Bereich Potsdamer Straße/Pallasstraße in Schöneberg wurden Polizisten demnach gegen Mitternacht »aus größeren Gruppen heraus« mit Pyrotechnik und Flaschen beworfen. So vermeldete es der Berliner *Tagesspiegel* am 1. Januar 2018 in seiner Online-Ausgabe.

Auch in Frankfurt, Stuttgart, Leipzig und anderen Städten wurden Polizei und Rettungskräfte mit Feuerwerkskörpern beschossen. In Leipzig in der Silvesternacht wurden aus einer großen Menschenmenge heraus Mülltonnen und andere Gegenstände angezündet. Zum Löschen rückte die Polizei mit zwei Wasserwerfern an und wurde dann von 40 bis 50 Vermummten mit Steinen und Böllern angegriffen, so Zeit-Online am 1. Januar 2018. Auch in Bremen griff eine Gruppe von etwa 50 Menschen Polizistinnen mit Raketen und Böllern an. Dabei wurde auf dem Bahnhofsvorplatz ein Polizist verletzt, teilte ein Sprecher mit.

Beleidigungen sind schon fast normal

Das alles ist aber keineswegs auf Sylvester beschränkt. In Baden-Württemberg zum Beispiel sind die strafbaren Handlungen gegen Polizisten 2016 um fast zwölf Prozent auf 4394 Fälle angestiegen.[18] Im Dezember 2017 attackierten Jugendliche auf dem Mannheimer Weihnachtsmarkt eine Polizeistreife und verletzten fünf Beamte: Die zogen sich dabei Schürfwunden, Prellungen und ein blaues Auge zu. Ein Beamter wurde in den Rücken getreten. Wie kam es dazu? Die Angreifer hatten zuvor zwei Polizisten bei deren Rundgang beleidigt. Als diese dann deren Papiere sehen wollten, waren die jungen Männer handgreiflich geworden. Mit Schlagstöcken und Pfefferspray »gelang den beiden Beamten nur mit großer Mühe, sich die Angreifer vom Leib zu halten«, hieß es in dem Polizeibericht. Etliche andere Polizisten mussten zur Hilfe kommen, um die Jugendlichen festzunehmen.[19]

Schon zwei Tage später tritt ein Randalierer einen Polizeibeamten in Berlin ins Gesicht. Was war passiert? Drei Männer im Alter von 27 bis 34 Jahren hatten die Innenwände einer S-Bahn mit Farbe beschmiert und einen Reisenden geschlagen. Als Beamte die drei festnehmen wollten, wurden sie von den Männern beleidigt, und einer trat dann schließlich einen Polizisten mit den Fuß gegen den Unterkiefer.[20]

Es sei »unfassbar, dass Helfer und Polizisten derart angegriffen werden«, meldete sich am 3. Januar 2018 der Berliner Polizeipräsident Klaus Kandt in der *Frankfurter Rundschau* zu Wort. Und Wilfried Gräfling, Brandleiter bei der Berliner Feuerwehr, sagte: »Das ist eine Aggressivität, die wir in den letzten Jahren noch nicht erlebt haben.« Der Vorsitzende der Deutschen Polizeigewerkschaft verurteilte die Angriffe ebenfalls scharf. »Die Attacken gegen Einsatzkräfte haben lebensbedrohliche Ausmaße angenommen«, so Rainer Wendt der Zeitung *Die Welt*. Immer wieder würden Silvesterraketen gezielt auf Personen oder Fahrzeuge gerichtet. Einsatzkräfte würden dadurch »mindestens in die Gefahr schwerster Verletzungen« gebracht. Der stellvertretende Vorsitzende der Gewerkschaft der Polizei (GdP), Jörg Radek, forderte daher »endlich eine breite gesellschaftliche Debatte darüber, dass Gewalt in keiner Weise akzeptabel ist«. Dies fange im Elternhaus an und betreffe auch die Schulen, sagte Radek der *Welt*. Auch auf dem jüngsten Gewerkschaftstag des Deutschen Gewerkschaftsbundes im Mai 2018 wurde nun das Thema Respektlosigkeit und Gewalt gegen Mitarbeiterinnen in öffentlichen Dienst thematisiert.

Auch Behördenmitarbeiterinnen werden angegriffen

Nicht nur Feuerwehr und Rettungskräfte leiden vermehrt unter aggressiven tätlichen Übergriffen. Auch Mitarbeiter bei Behörden klagen zunehmend über steigende Aggressivität bei Bürgerinnen und berichten sogar von körperlichen Angriffen. So zitiert der SWR im Mai 2017 Sven Pless von der Arbeitsagentur, Regionaldirektion Baden-Württemberg, mit den Worten: »Die Hemmschwelle sinkt überall: Es gibt keinen Tag, an dem nicht ein Mitarbeiter beschimpft wird.« Es würden schwere Gegenstände wie Locher geworfen, und es werde sogar zugestochen: Bei einem Messerangriff im letzten Jahr sei ein Mitarbeiter schwer verletzt worden. Im Februar 2016 sei einem Mitarbeiter bei dem Versuch, einen Streit zu schlichten, das Ohr abgebissen worden. Diese besonders krassen Fälle bleiben zwar bisher zum Glück die Ausnahme, doch gerade in Großstädten verschärften sich die Probleme, wie der Städtetag berichtet.

Die Ämter sind nun dazu übergegangen, ihre Mitarbeiterinnen verstärkt zu schützen. Das reicht von Schulungen zur Deeskalation von Konflikten über Notfalltasten und SOS-Apps, um schnell Hilfe zu holen beziehungsweise, um sich gegenseitig zu warnen, bis hin zu Bodycams. Bei absehbar schwierigen Kunden sollen je zwei Kolleginnen eingesetzt, Hintereingänge sollen gesichert werden. So macht es zum Beispiel die Stadt Karlsruhe. Ähnlich wie auch die Deutsche Bahn (siehe Seite 108) hat die Stadt Stuttgart ein Mitarbeiter-Unterstützungs-Team (MUT) gebildet, das besonders stark betroffenen Mitarbeiterinnen helfen soll. Im Karlsruher Klinikum bewacht nun Sicherheitspersonal die Notaufnahme, denn gerade in Notaufnahmen geht es oft heiß zu, wie hier bereits beschrieben wurde. Die baden-württembergische Justiz verfügt seit 2013 über ein Notfallkonzept für ihre Gerichtssäle.

Gaffer werden immer unverschämter

Im Mai 2017 wurde der Paragraph 323c des Strafgesetzbuchs dahingehend geändert, dass nunmehr jede »Behinderung hilfeleistender Personen« ausreicht, um sich strafbar zu machen. Zudem gibt es auch eine Pflicht zur Ersten Hilfe. Im Frühjahr 2018 wurde das Gesetz ein weiteres Mal verschärft, indem nun auch diejenigen bestraft werden können, die einen Unfall fotografieren oder filmen wollen. Das hat inzwischen überhandgenommen und wird oft sogar ein Problem für die Rettung von Verletzten. Schamlose Gaffer gab es schon immer, doch heute, mit der Möglichkeit, sich selbst per Schlau-Fon gleich selbst mit in Szene zu setzen, kennen viele Menschen offenbar keine Grenzen mehr. Auch ihr Mitgefühl, so sie denn eines haben, verliert gegenüber ihrem Drang, Unfallopfer aufzunehmen und sogar ins Netz stellen zu wollen. Eigentlich nur ekelhaft und schon schlimm genug. Doch es geht noch schlimmer: Viele dieser Gefühlszombies versuchen sogar, Polizei und Rettungskräfte wegzudrängen, um die besten Bilder machen zu können. Da fehlen einem die Worte.

Fassungslos zeigt sich auch der Berliner Polizist und Mitglied der Polizeigewerkschaft GdP André Baudach[21] bei dieser Entwicklung: »Feuerwehren, Rettungsdienste und die Polizei müssen nun oft schnell aufblasbare Schutzwände um den Unfallort aufstellen, um den Gaffern die Sicht zu verstellen. Manche versuchen aber sogar, diese noch niederzutreten.« Außerdem kostet so ein Sichtschutz rund 2500 Euro, erhöht also die Kosten bei Polizei- und Rettungseinsätzen zu Lasten der Steuerzahlerinnen.

André Baudach ist der Meinung, dass Respektlosigkeit gegenüber der Polizei und der Voyeurismus in den letzten Jahren deutlich zugenommen haben. Auch Zeitungsfotografen verhielten sich bei der Jagd nach spektakulären Bildern immer häufiger daneben. Etwa als es vor einigen Jahren auf dem Tempelhofer Damm zu einem Unfall kam, bei dem ein Kind lebensbedrohlich verletzt wurde. Erst habe ein Fotograf einer bekannten Boulevardzeitung fast noch einen Polizisten über den Haufen gefahren, dann habe er sich zwischen die Feuerwehrleute und Helfer gedrängt und sogar versucht, in den Rettungswagen reinzukommen. Ohne Worte.

Sorgen macht sich Baudach, der auch Vertrauensmann in der Gewerkschaft und im Personalrat engagiert ist, insbesondere über seine Kolleginnen. Denn viele Männer hätten vor Frauen noch weniger Respekt als vor den männlichen Polizisten. Und auch Hooligans gingen inzwischen gezielt auf die Polizistinnen los. Körperliche Auseinandersetzungen gehörten immer mehr zum Alltag der Polizei. Häufiger käme es auch zu Messerattacken. Das wiederum erhöht die Bereitschaft der Polizei, zur Schusswaffe zu greifen. Denn die Regel für die Polizisten lautet: Ab einem Abstand von sieben Metern dürfen sie auf einen Messerangreifer schießen.

Wurden 2011 in Berlin 6 091 Angriffe auf Polizisten gezählt, so waren es 2015 schon 7 060, und nach einem leichten Rückgang im Jahr danach, kam wieder ein Anstieg auf 6 811 in 2017, berichtet Benjamin Jendro, Pressesprecher der Polizeigewerkschaft GdP im Landesbezirk Berlin.[22] Das ist ein erneuter Anstieg um sieben bis acht Prozent pro Jahr. Die Palette reiche von Beleidigung über Widerstand bis hin zur Körperverletzung. Am deutlichsten sei der Anstieg dort, wo die Polizei massiv gegen Straftaten vorgehen müsse, wie im Görlitzer Park, am Kottbusser Tor oder an der Warschauer Brücke.

Umgang miteinander wird rauer und aggressiver

»Es gibt insgesamt einen gesellschaftlichen Wandel im Umgang miteinander«, stellt der Städtetagsdezernent Gerhard Mauch fest. Wenn Frauen, Politessen oder Polizistinnen angegangen werden, habe das manchmal auch etwas mit der Herkunft der Aggressoren und einem anderen Frauenbild zu tun. Der Respekt habe aber insgesamt abgenommen.

Der Polizei-Gewerkschafter Baudach ärgert sich auch über Darstellungen in den Medien, wenn sie einseitig nur die Polizeigewalt zeigten, zum Beispiel bei Auseinandersetzungen mit gewaltbereiten Demonstranten. »So wird ein schlechtes Bild der Polizei gezeichnet, was **Wir brauchen mehr Respekt!** wiederum die Respektlosigkeit gegenüber den Beamten erhöht. Und wenn ein einzelner Polizist einen Fehler macht, heißt es schnell, »die Polizei« habe sich falsch verhalten. »Das ist ebenfalls nicht fair.«

Sein Kollege Benjamin Jendro verweist zudem darauf hin, dass die Polizei stellvertretend für den Staat wahrgenommen werde, und da die gesellschaftlichen Probleme und die politische Unzufriedenheit wüchsen, müssten quasi die Polizisten und Polizistinnen herhalten, an denen man seinen Frust abreagieren könne. Es gäbe aber auch insgesamt weniger Respekt für andere Menschen, weil man sich im Alltag immer weniger mit anderen auseinandersetzen müsse. »Wir machen alleine Sport im Fitnessstudio, wir sitzen alleine am Computer und kaufen online ein, erledigen so auch unsere Bankgeschäfte und so weiter.« Und André Baudach ergänzt: »Das fängt alles ganz früh an. Denn in vielen Familien gehören Respekt und Anstand nicht mehr zur Erziehung.«

Problematisch findet Jendro auch, dass die Justiz bei jugendlichen Straftätern viel zu milde agiere. Da habe zum Beispiel ein 17-Jähriger in Berlin eine Polizistin schwer im Gesicht verletzt. Der habe dann einen Monat in U-Haft gesessen, eine einjährige Haftstrafe sei zur Bewährung ausgesetzt worden. Der Jugendliche habe zudem 100 Sozialstunden leisten müssen. Die Beamtin aber hätte aufgrund ihrer Verletzungen ein Jahr nicht zum Dienst kommen können. So ein Urteil findet Jendro viel zu soft: »Bewährungsstrafen schrecken nicht ab.« Doch man hätte dem Jugendlichen nicht die Zukunft verbauen wollen. Sanktionen würden jedoch durchaus helfen, denn immerhin 70 bis 80 Prozent der Menschen befolgten Regeln nur aus Angst vor Strafen, sagt André Baudach.

Helfen mehr Kameras?

Was die Ursachen für die zunehmende Respektlosigkeit angeht, so zeigt Baudach vor allem auf die Politik: »Wenn sich selbst Politiker oder andere Persönlichkeiten des öffentlichen Lebens nicht an Gesetze halten, oder respektlos über die Polizei reden, muss man sich nicht wundern, wenn die Bürgerinnen und Bürger das auch tun.«

Und was wäre zu tun? Bodycams wären hilfreich, meint der Berliner Polizist, da sie nachweislich aggressives Verhalten gegenüber der Polizei senkten und im Zweifel auch ein gutes Beweismittel seien. Der Ruf nach mehr Videoüberwachung auf öffentlichen Plätzen wird ebenfalls lauter. So gibt es in Berlin ein Volksbegehren für mehr Sicherheit, das, unterstützt von der Berliner CDU und den beiden Polizeigewerkschaften, mehr Videoüberwachung einfordert.

Nun mag es sein, dass solche technischen Maßnahmen tatsächlich positive Effekte zeigen. Doch was ist der Preis dafür? Wollen wir dem chinesischen Vorbild folgen, und uns alle der Überwachung und Registrierung preisgeben? Ist ein bisschen mehr Sicherheit – wenn denn Kameras diese überhaupt bringen – einen derartigen Eingriff in die persönlichen Freiheiten wert? »Wenn ich mir nichts vorzuwerfen habe, muss ich doch keine Angst vor Kameras haben«, argumentieren manche. Ein genauso naives Argument in diesem Fall, wie wenn viele völlig achtlos ihre Daten im Internet preisgeben. Wie schnell kann man unter einen falschen Verdacht geraten. Entscheidend für mich ist aber: Alle diese eher technisch basierten Maßnahmen rühren nicht an die Ursache der Probleme, die kulturell und politisch bedingt sind, und werden daher nicht helfen, sondern nur neue Probleme schaffen. Und teuer sind sie obendrein. Es gibt generell eine Tendenz, gesellschaftliche Probleme vor allem technisch lösen zu wollen. Das erleben wir im Umweltschutz und eben auch beim Thema Sicherheit.

Die Polizistinnen und Polizisten wollen die Entwicklung nicht hinnehmen, dass sie zunehmend zur Zielscheibe von verbalen und körperlichen Attacken werden. Mit vielfältigen Aktionen macht zum Beispiel der Verein »Keine Gewalt gegen Polizisten« auf die Problematik aufmerksam und wirbt für einen anderen Umgang und mehr Anerkennung und Respekt für Einsatzkräfte. Das halte ich auf alle Fälle für sehr sinnvoll.

Im Sport zeigen sich vermehrt die großen Egos

Seltsame Dinge geschehen auf dem Fußballplatz: Bei einem Hessenligaspiel der C-Juniorinnen des KSV Hessen Kassel gegen die Eintracht Frankfurt wird der 15-jährige Schiedsrichter von Eltern und Betreuern der unterlegenen Mannschaft bedrängt, bedroht und später sogar bis in die Kabine verfolgt. Das Ereignis im März 2017 machte Schlagzeilen. Doch war es wohl kein Einzelfall. Immer wieder und häufiger werden Schiedsrichter bedroht oder angegriffen, von Spielern, aber auch von den Zuschauern. Und die haben auch keine Hemmungen, einen jugendlichen Schiedsrichter körperlich zu attackieren, wie etwa im Januar 2018 einen hessischen Nachwuchsschiedsrichter, der durch Schläge und Tritte eine Gehirnerschütterung davontrug.

Immer weniger Schiedsrichter

Inzwischen müssen sich die Vereine sorgen, noch genügend Schiris zu bekommen, denn ihre Zahl ist in Hessen in den vergangenen zehn Jahren drastisch zurückgegangen. Waren es 2008 noch rund 6 800 Unparteiische, gab es in der Saison 2016/2017 bereits 2 000 weniger. Vielerorts gibt es gleich gar keine Schiedsrichter mehr, die ein Spiel pfeifen könnten. »Wir bilden jedes Jahr zwischen acht- und zehntausend Schiedsrichter in Deutschland neu aus. Das müsste eigentlich reichen, aber genauso viele hören auch jedes Jahr wieder auf«, sagt Lutz Wagner, der früher in der Bundesliga pfiff und heute DFB-Schiedsrichtercoach ist. »Wir haben untersucht warum, und es liegt wirklich zum größten Teil an den Begleitumständen auf unseren Sportplätzen.«[23] Weil die Angriffe auf Schiedsrichter keine seltenen Einzelfälle sind, haben am Wochenende vom 21./22. April 2018 im Raum Frankfurt Schiris die Spiele von Jugendmannschaften bestreikt. 150 Spiele fielen aus, beziehungsweise mussten von Eltern gepfiffen werden, die so mal am eigenen Leib erleben sollten, wie man sich als Schiri fühlt, wenn am Spielfeldrand dauernd über ihre Leistung gemeckert und gepöbelt wird und sie gar persönlich beleidigt werden. Das galt als Aktion gegen Respektlosigkeit. Laut Matthias Lippert, der in der Kreisliga pfeift, spielen Trainer und Eltern und nicht die Teams, die Hauptrolle beim schlechten Benehmen auf dem Platz. Sie sollten sich mäßigen, meint er. Es gibt eine »Frankfurter Erklärung« zum Fair Play, doch die werde leider »mit Füßen getreten«.

Die »Begleitumstände« sind auch im Profisport nicht immer schön, wenn man an die bekannten Ausschreitungen denkt, die immer mal wieder bei Bundesligaspielen vorkommen. Grund genug, mal nachzufragen, was denn da im Sport los ist.

Bereits seit rund 15 Jahren kümmert sich der Deutsche Fußballbund (DFB) intensiv um das Thema Fair Play, es gibt in den Landesverbänden ehrenamtliche und hauptberufliche Mitarbeiter für dieses Thema und auf Bundesebene eine AG Fairplay und Gewaltprävention. Doch deren Leiter Gunter Pilz, ehemaliger Professor für Sportsoziologie an der Uni Hannover, legt zunächst Zahlen auf den Tisch, die die Probleme relativieren: »Wir registrieren rund 1500 Vorfälle im Jahr. Bei der großen Masse an Spielen sind das gerade mal 0,04 Prozent der Spiele. Dennoch: Jeder einzelne Fall ist einer zu viel. Deshalb kümmern wir uns um das Thema und vor allem um Prävention.« Wie viele Fälle werden jedoch nicht registriert? Wie hoch ist die Dunkelziffer?

Was wächst: Die Probleme oder deren Wahrnehmung?

Alles in allem seien die Probleme keineswegs größer als früher, auch wenn die Medien dieses Bild erzeugten. Es gäbe nicht mehr Vorfälle, aber dank der sozialen Medien, lande fast jeder einzelne im Internet, und so entstehe der Eindruck, dass es immer mehr Pöbeleien und Gewalt auf den Fußballplätzen gebe. Nicht die Vorfälle hätten zugenommen, sondern die Aufmerksamkeit dafür, findet Pilz.

Wenn es auch nicht mehr Probleme gibt, so hat sich doch deren Charakter verändert. »Der Sport ist nicht nur ein Spiegelbild, sondern quasi ein Brennglas der Gesellschaft«, sagt Stefanie Schulte,[24] die beim DFB den Bereich Gesellschaftliche Verantwortung leitet. »Wir erleben hier, was man überall in der Gesellschaft beobachten kann: Gewalt, Homophobie, Rassismus und Sexismus. Das sind heute die Themen, die uns beschäftigen.« Das alles gibt es natürlich auch außerhalb von Sportstätten, aber gerade im Sport und besonders im Fußball wird das besonders intensiv wahrgenommen: »Die Journalisten schauen hier ganz genau hin und unterliegen dann dem Reflex zu sagen, es werde immer schlimmer«, ergänzt Gunter Pilz.

So sieht es auch Christine Kumpert,[25] eine ehemalige Fußballspielerin, die heute beim Hessischen Fußball-Verband (HFV) in Frankfurt als Referentin für gesellschaftliche Verantwortung arbeitet. 500 000 Mitglieder hat der HFV, und entsprechend viele Spiele finden somit an den Wochenenden statt. Auch hier lägen die erfassten Vorkommnisse bei weit unter einem Prozent. Vor einigen Jahren gab es eine Studie, wonach die Zahl der Gewaltvorfälle und Spielabbrüche in Hessen rückläufig ist. Das seien offensichtlich die Erfolge der Maßnahmen des HFV zur Gewaltprävention. Denn das Fair Play Forum des hessischen Fußballs bietet den Vereinen seit ein paar Jahren Konflikttrainings an, bei denen auch Eltern und Schiedsrichter einbezogen werden. Das kostenfreie Programm sei für die Vereine freiwillig, »weil wir es für notwendig erachten, dass sie eine eigene Motivation für das Thema Prävention mitbringen«, so Christine Kumpert. 20 ausgebildete Konfliktmanagerinnen und 30 Referenten arbeiten alleine für den HFV. Außerdem bietet das Fair Play Forum präventive Workshops in allen Regionen Hessens an. All das wird vom hessischen Innenministerium unterstützt.

Gewaltprävention heißt vor allem Werte vermitteln

»Letztlich geht es darum, Werte zu vermitteln: Toleranz, Fairness, Solidarität«, so Christine Kumpert. Doch die Präventionsarbeit hat auch noch eine zweite Säule, und das sind Strafen: Die eigenen Sportgerichte des HFV können Vereine zu Geldstrafen und Punktabzügen verurteilen und/oder Spieler für eine gewisse Anzahl von Spielen sperren. Wer aber an Konflikttrainings teilnimmt, kann ihre oder seine Strafe reduzieren – sofern die Sportrichterin im Urteil diese Möglichkeit eingeräumt hat. Es sei diese Kombination aus Strafe und Trainings, die am wirksamsten sei, meint Kumpert. »Wenn wir mit den Spielern reden und arbeiten, sind viele richtig dankbar, dass sich mal jemand intensiv mit ihnen und ihrem Konfliktverhalten beschäftigt.« Die gesellschaftliche Verantwortung des Sports und besonders des Fußballs, so die junge Frau, sei deshalb so groß, weil er für eine große Zahl an Menschen unterschiedlicher kultureller und sozialer Herkunft eine »Heimat« bietet, auch für jene, die sonst keinen gesellschaftlichen Institutionen angehören.

Im Übrigen ist das Problem Gewalt tatsächlich fast ausschließlich auf den Männerfußball konzentriert, sagt Gunter Pilz. Doch in dem Maße, wie der Frauenfußball in seiner Leistungsfähigkeit mehr und mehr anerkannt werde, »gleichen sich auch die positiven wie negativen Verhaltensweisen der Sportlerinnen und Sportler an«, ist sich Pilz sicher. Im Moment aber liegt der Schwerpunkt der Maßnahmen zur Gewaltprävention noch ganz beim Männerfußball. Generell gelte aber, dass sich die »in modernen Industriegesellschaften dominanten Kanons des Leistungs-, Konkurrenz- und Erfolgsdenkens auch im Frauensport widerspiegeln«. Die geschlechtsspezifischen Emanzipationsprozesse hätten somit zur Folge, dass es im Sport auch körperliche Gewalt unter Frauen und Mädchen gebe. Dazu trage auch die Tatsache bei, dass Sportarten mit einem hohen Gewalt- und Risikopotenzial bei den Olympischen Spielen und Weltmeisterschaften auch für Frauen geöffnet wurden.

Immer diese Eltern …

Ein anderes Kapitel sind die Eltern, siehe das Ereignis in Kassel. Studenten der Sportwissenschaften haben mal mit verstecktem Mikrofon aufgenommen, was es da so an »aufmunternden Zurufen« am Spielfeldrand zu hören gibt: »Geh an ihn ran, der kann doch gar nichts«, »tritt ihn um«, »Bewegungslegastheniker«, »Idiot« oder »Spiel endlich richtig, du Kackarschmongole«, um nur eine kleine Auswahl der Nettigkeiten der Eltern zu zitieren. Im Übrigen seien es, so Gunter Pilz, vor allem die Mütter, die derart unsportlich auffallen.

Daher habe der DFB für den Bereich des Kinderfußballs Regeln erlassen, die zum Beispiel Eltern dazu auffordern, Abstand vom Spielfeld zu halten (Fairplay-Liga). In Hessen gibt es darüber hinaus das Projekt »Fair Play am Spielfeldrand – Kinder spielen lassen«. Mit Hilfe von Fragebögen werden die Kinder gefragt, wie sie das Spiel erlebt haben, und nicht wenige kritisieren die Eltern, wenn die sich zum Beispiel über Fehler der gegnerischen Mannschaft freuten oder sich allzu lautstark ins Spielgeschehen einmischten. Bei Elternabenden werden diese Fragebögen dann ausgewertet, und viele Eltern seien schockiert, wie ihre Kinder sie wahrnehmen. »Ach, die Eltern!«, stöhnen die Kinder, die seien das eigentliche Problem auf dem Fußballplatz, aber gerade die Eltern, so Kumpert, »sind von allen Beteiligten am schwierigsten zu greifen«.

Der Berliner Fußballverband hat daher zu einer besonderen Maßnahme gegriffen und einen Film unter dem Motto »Nein zu aggressiven Eltern« gedreht, bei denen Jungs und Mädchen zu sehen sind, die sich vom Spielfeld aus in Richtung Außenlinie umdrehen und genervt Sätze rufen wie »Mann, Papa! Seid doch einfach mal leise!«, oder »Mann,

Mama! Sei doch nicht so peinlich!«[26] Der Berliner Fußballverband begegnet dem unter anderem mit einem Film auf Youtube,[27] in dem sich Kinder gegen aggressive Eltern aussprechen. »Nicht jedes Kind wird Profi! Lasst uns Kinder Fußball spielen«, heißt es im Abspann.

Noch rigider reagierten Jugendschiedsrichter im Frühjahr 2018 in Hessen: Sie streikten ein Wochenende, um darauf aufmerksam zu machen, dass sie nicht die Prügelknaben des Sports sind, und wehrten sich so gegen ausfällige Eltern und auch Trainer.

… die die Kinder antreiben

Warum verhalten sich viele Eltern so unsportlich und dermaßen daneben? Manche Eltern wollten mit den sportlichen Erfolgen ihrer Kinder ihr eigenes Prestige aufwerten, erklärt Gunter Pilz. Der Grund für den übersteigerten Ehrgeiz von Kindern sei deshalb meistens bei den Eltern zu finden.

Fotos und Filme von Spielen landen immer gleich im Netz. Die Ursache sieht Pilz darin, dass sich in einer Gesellschaft, die zunehmend als anonym empfunden wird, das Bedürfnis wachse, wahrgenommen zu werden. Dies könnten die sozialen Medien erfüllen. »Alle können sich hier darstellen.« Zugleich fallen die Hemmungen, was man daran erkennen könne, wie die Sprache bei Facebook & Co. verrohe. Das alles macht eben auch vor dem Sport nicht halt. Zu beobachten sei auch, wie das Egogehabe der Spieler zunimmt. »Jeder versucht, seinen Marktwert zu steigern, und dafür muss man sich aus der Masse erheben.«

Mama und Papa benehmen sich am Spielfeld oft komplett daneben

»Trotzdem«, sagt Stefanie Schulte«, »im Vergleich zu früheren Zeiten sind wir nun auf einem guten, wenn auch noch nicht zufriedenstellenden Weg. Der Sport hat eine große Verantwortung, und die nimmt er wahr.«

Unterschiede im Profi- und Breitensport

Wichtig sei es, zwischen dem Profi- und Breitensport zu unterscheiden, so Andreas Klages, der beim Deutschen Olympischen Sportbund (DOSB) den Breitensport verantwortet. Mit rund 90 000 Vereinen im DOSB finden jedes Wochenende Zehntausende Wettkämpfe statt. »Was es da an gewalttätigen Ausschreitungen oder Beleidigungen gibt, ist fast unterhalb der messbaren Größe.« Allerdings werden die Vereine für den Sportentwicklungsbericht, der alle zwei Jahre erstellt wird, 2017 erstmals auch zu ihren Erfahrungen mit Beleidigungen und Gewalt befragt: Demnach werden aktive Kampf- und Schiedsrichter (einschließlich Fußball) bei sieben Prozent ihrer Einsätze beleidigt beziehungsweise bei 0,5 Prozent ihrer Einsätze bedroht. Dennoch begännen die Verbände laut Klages, sich nun aktiver mit dem Phänomen auseinanderzusetzen. »Es gibt insgesamt eine höhere Erwartung an die Qualität im Sport, die mediale Aufmerksamkeit ist größer, und daher bleiben solche Ereignisse seltener ohne Reaktion.«

Im Profisport hingegen sind durchaus ein paar kritische Fragenzeichen zu setzen. So äußerte sich im August 2017 der Sportphilosoph Elk Franke im *Sportinformationsdienst* über die gigantische Summe von 222 Millionen Euro, die der Fußballverein Paris St. German für den brasilianischen Spieler Neymar ausgegeben hat – mit Hilfe eines katarischen Investors. »Wenn nicht ein Hedgefond, sondern die begrenzte Fähigkeit eines Menschen für 222 Millionen verlagert wird, kann das nicht mehr rational erklärt werden. Das ist pathologisch«, findet der Sportwissenschaftler. Das sei für die Fans nicht mehr nachvollziehbar, und daher entzögen solche Aktionen dem Sport »mittelfristig das Fundament«, weil den Zuschauern die Identifikation mit den Spielern immer schwerer falle. »Ich sehe die traditionellen moralgeprägten Vorstellungen eines rekordbestimmten Wettkampfsports immer mehr auf dem Rückzug«, sagte Franke.

Beim Geld geht im Sport die Verhältnismäßigkeit verloren: Helmut Schön, von 1964 bis 1978 Trainer der deutschen Fußballnationalelf und der bisher erfolgreichste Bundestrainer überhaupt, erhielt für seine Arbeit einst umgerechnet rund 80 000 Euro im Jahr. Jogi Löw heute bekommt dafür drei Millionen Euro. Offenbar haben vielerorts eiskalte Geschäftemacher, die Spielerberater und Gewinnmaximierer, den Sport erobert. Und die Vereine sind darauf reingefallen. Wenigstens versuchen einige von ihnen, wie Eintracht Frankfurt, oder der FC Freiburg, immer wieder dagegenzuhalten.

Viel zu viel Geld, viel zu hohe Ansprüche

Gigantische Ablösesummen, fragwürdige Verträge über Fernseh-rechte und die Korruption in internationalen Verbänden, das alles seien Dinge »jenseits der Geringfügigkeitsgrenze«, findet auch Andreas Klages. Das bleibe auf die Vereine im Breitensport nicht ohne Wirkung, denn diese orientierten sich auch an den Profis. Daher sollten es die Übungsleiter in den Vereinen ansprechen, wenn sich Sportler zum Beispiel übermäßig tätowierten, nur um sich zu insze-nieren. Dennoch: »Die Sportlerinnen und Sportler sind keine Truppe von Egomanen«, da ist sich Klages sicher. Es gebe in der Fläche viel Positives zu berichten, das aber von den Medien meist nicht aufgegriffen werde. So wie allein die Tatsache, dass im Sport acht Millionen Frei-willige und Ehrenamtliche aktiv sind. Das System Sport funktioniere nur mit diesen und auch nur so lange, wie sie einen Sinn in ihrem Engagement sähen. Wenn Krisen-phänomene, wie oben beschrieben, zunähmen, könnte es problema-tisch werden.

> **Wenn die Profis schlechte Vorbilder sind, wird es auch für den Breitensport problematisch**

Klages verweist aber auch auf die Mitverantwortung der Zu-schauer im Profisport. So seien die Ansprüche in den Stadien stark gestiegen. Erwartet werde heute unter anderem eine »Pregame-show«, hochwertige Stadionzeitschriften, und natürlich Apps und WLAN. Das alles kostet Geld, weshalb sich der Profisport immer mehr kommerzialisiere. »Teile der Gesellschaft kritisieren die Ent-wicklungen im Sport, produzieren sie aber mit ihren hohen Konsum-erwartungen mit«, sagt DOSB-Mitarbeiter Klages.

Hang zu Selbstinszenierung

Ich bin wirklich keine Fußballexpertin, aber mir fällt auf, dass be-sonders bei den Bundesligaspielen Spieler, die ein Tor geschossen haben, zuerst in Richtung Fankurve rennen und sich dort von den Fans feiern lassen. Mit möglichst ausgefallenen Posen, die sich auch gut medial darstellen lassen, zeigen sie: Ich bin es gewesen! Beson-ders der Fußballer Ronaldo ist bekannt für sein Posing. Doch eigent-lich ist jedes Tor doch immer eine Mannschaftleistung. Früher, so meine Beobachtung, hat sich eine Mannschaft gemeinsam über ein Tor gefreut, heute triumphiert vor allem der Schütze erst einmal alleine. Tatsächlich ist es, wenn man sich den Gesichtsausdruck anschaut, eher ein Triumphieren als Freude über den Erfolg. Das sind natürlich ebenfalls eher egozentrische Verhaltensweisen, die für die Spielerinnen und Spieler im Breitensport kein gutes Vorbild sind. »Elf Freunde«, so war mal das Motto der Fußballer. Heute heißt es eher: »Ich und zehn andere.«

»Das alles wird auch von PR-Agenturen hochgepusht«, sagt Alexandra Hildebrandt, die von 2010 bis 2014 beim Deutschen Fußball-Bund Mitglied der DFB-Kommission Nachhaltigkeit war. »Die Fußballer in den Vereinen denken dann, man müsse das so machen.« Der Hang, sich möglichst gut zu inszenieren, um für die Medien unverwechselbare Bilder und Geschichten zu schaffen, greift also auch im Sport um sich. Komplett unsportlich war auch das Verhalten der Mannschaft von Bayern München, als sie im Mai 2018 völlig unerwartet das DFB-Pokalendspiel gegen die Eintracht Frankfurt verlor: Trainer samt Spieler zogen sich sofort nach Spielende in die Kabine zurück, anstatt den Gewinnern Respekt zu zollen. Dazu kommentierte Reinhard Müller in der *Frankfurter Allgemeinen Zeitung*: »Zahllose junge Sportler lernen von klein auf: Jeder bleibt bis zur Siegerehrung und applaudiert dem Gewinner. (…) Für millionenschwere Profis, denen Millionen kleiner Mädchen und Jungs nacheifern, gilt das offenbar nicht mehr. (…) Hier kommt eine grundlegende Missachtung der Regeln zum Ausdruck. (…) Das Nicht-Verlieren-Können geben sogenannte Siegertypen gerne als herausragende Tugend an. Doch eigentlich haben sie sich dadurch schon disqualifiziert.«[28]

Der Profisport, in dem zu viel Geld und zu viel Eitelkeit steckt, beeinflusst den Breitensport negativ. Viele Trainer halten dagegen. Nicht immer erfolgreich.

Zu hohe Ansprüche an die Helfer – Verbraucherberatungen mit überforderten Menschen konfrontiert

Dass Polizisten für manche Bürgerinnen ein rotes Tuch sind, das wissen wir schon länger. Aber selbst solche Einrichtungen, die eigentlich ausschließlich dazu da sind, Menschen Rat zu geben und ihnen in schwierigen Situationen zu helfen, beklagen sich zunehmend, Teile ihrer Klientel gingen mit den Mitarbeitern schlechter um. So zum Beispiel die Verbraucherberatungen. »Viele unserer Klientinnen haben inzwischen eine sehr hohe, ja zu hohe Erwartungshaltung«, berichtet Marle Kopf, Regionalleiterin bei der Verbraucherzentrale in Nordrhein-Westfalen. Zwar sei bei manchen Menschen die Not so groß, dass sie nicht mehr weiterwüssten, zum Beispiel, wenn ihnen die Wohnung gekündigt oder der Strom abgestellt werde wegen Zahlungsrückständen. Oder auch, wenn sie sich auf irgendeinen Vertrag eingelassen haben, den sie nicht richtig verstanden haben und später bitter bereuen. »Diese Personen sind dann verständlicherweise sehr aufgebracht oder sogar verzweifelt, doch sie kommen mit der Haltung, wir könnten und müssten das alles wieder geradebiegen, was aber nicht immer geht«, so Marle Kopf. Der Ansatz der Verbraucherberatungen ist es jedoch, den Ratsuchenden – je nach deren individuellen Kompetenzen – bestmöglich Hilfe zur Selbsthilfe zu geben, sodass sie ihre Probleme selbst lösen oder zumindest bei der Problemlösung mithelfen können. Die Fähigkeit, sich selber zu helfen, fehlt immer häufiger. Selbst wenn man den Menschen sagt, was sie tun sollen. Das fängt bei den Sprachkenntnissen an – wenn es sich um Migranten handelt – oder der Fähigkeit, sich schriftlich auszudrücken. Viele seien auch mangels ausreichender Bildungsniveaus nicht in der Lage, komplexe Sachverhalte zu verstehen. Und leider wird auch die Handhabung eigentlich einfacher Dinge, wie ein Telefonanschluss, immer komplizierter. Zudem hätten die unlauteren Wettbewerbspraktiken zugenommen, so die Verbraucherschützerin. Denn auch die Moral in den Unternehmen ist nicht immer die beste.

Andere sollen es richten

»Das müssen Sie jetzt aber machen!«, ist ein Satz, den die Mitarbeiter der Beratungsstellen öfter mal hören. Neben denen, die sich selber nicht aus der Patsche helfen können, gebe es, sagt Marle Kopf, auch diejenigen, die dazu sehr wohl in der Lage sind, aber keine Lust haben, es einfach nicht selbst tun wollen und der Meinung sind, die Beraterinnen müssten für sie unbedingt die Kohlen aus dem Feuer holen. Dann kann so ein Gespräch schon mal schwierig werden. Besonders wenn die Person partout nicht einsehen mag, dass sie etwas falsch gemacht hat, oder dass bestimmte Dinge nicht so einfach aus der Welt zu schaffen sind. »Deshalb kommt eine Kollegin, ein Kollege und schaut was los ist, wenn es laut wird.« Auch bei den Verbraucherzentralen muss man also Vorkehrungen treffen, um Situationen zu deeskalieren und etwaige körperliche Übergriffe auf Beschäftigte zu vermeiden.

Viele können ihren Alltag nicht mehr ohne Hilfe bewältigen

Das Leben ist in vielen Bereichen nicht mehr so einfach. Selbst mit einem Hochschulabschluss hat man heutzutage oft Probleme zu verstehen, wie bestimmte Dinge funktionieren, oder zu entscheiden, welche die beste Wahl ist, wenn man viele verschiedene und nur schwer vergleichbare Produkte angeboten bekommt. Wie viel schwerer ist es erst für Menschen, die nur einen niedrigen Bildungsgrad haben und/oder die deutsche Sprache nicht gut beherrschen? Zudem würden die Methoden mancher Unternehmen immer perfider, klagt Regionalleiterin Kopf. »Der Druck der Unternehmen auf deren Mitarbeiterinnen, Verträge abzuschließen, wächst. Und es sind dann leider vor allem die – wie wir sie nennen – ›verletzlichen Verbraucher‹, die Opfer von unlauteren Geschäftspraktiken werden.« Diese Leute aus eher bildungsfernen Milieus haben ohnehin schon wenig Geld, ihnen steht das Wasser oft bis zum Hals, und dann kommt noch irgendein Problem obendrauf, das das Fass zum Überlaufen bringen kann. Die individuelle Not mancher Menschen sei sehr groß, und es gibt immer mehr, die finanziell, intellektuell und/oder auch psychisch überfordert sind, so Marle Kopf. Dennoch sei es natürlich nicht hinnehmbar, dass die Kollegen der Beratungsstellen dann schlecht behandelt würden. »Wir müssen uns heute manchmal

Dinge anhören …«. Und das, obwohl die Verbraucherberatungen nach ihrem Selbstverständnis eigentlich auf Seiten der Verbraucherinnen stehen. Die verbalen Übergriffe haben eindeutig zugenommen, sodass die Verbraucherzentralen sogar ab und an Hausverbote aussprechen müssten.

Ansprüche an die Beratungsstellen steigen

Weil die Probleme der Menschen im Verbraucheralltag zunehmen und zugleich die Ansprüche an die Verbraucherzentralen gestiegen seien, wächst der Zeitaufwand, den die Mitarbeiterinnen pro Fall im Durchschnitt haben, berichtet Iris van Eik, die bei der Verbraucherzentrale Nordrhein-Westfalen den gesamten Bereich der dezentralen Verbraucherberatung im Lande leitet. »Doch auch bei uns werden die Spielräume enger, und wir haben oft nicht die Zeit, die Gespräche so zu führen, wie dies viele Ratsuchende angesichts ihrer geringen Potenziale zur Selbsthilfe eigentlich bräuchten.« Denn zunehmend mehr Verbraucher benötigten nicht nur Rat und Hilfe, sondern auch soziale Zuwendung. »Sie hören mir wenigstens zu«, sagten manche den Beratern. »Wir sind aber keine Sozialarbeiterinnen«, stellt Iris van Eik klar, »und können uns daher nicht so viel Zeit für die Einzelnen nehmen und schon gar nicht für die Dinge, die da vielleicht insgesamt im Argen liegen, da das Verbraucheranliegen im Vordergrund steht.« Auch in dieser Hinsicht müsse man die Kollegen schützen und ihnen helfen, sich abzugrenzen, so Marle Kopf. »Sonst werden diese von den Problemen der Menschen regelrecht überrollt.« Gerade jetzt, da auch noch so viele Flüchtlinge mit komplexen Problemlagen in die Beratungsstellen kämen.

Viele Menschen stehen vermehrt unter heftigem Druck und treten daher immer fordernder auf. »Manche sind der Meinung, ihr Anliegen sei das allerwichtigste, und denken, sie bekommen sofort und bevorzugt einen Termin. Entsprechend unverständig zeigen sie sich, wenn das nicht immer so schnell klappt, wie sie sich das vorstellen«, so van Eik. Dann gäbe es auch lautstarke Beschwerden. Immer wieder komme es auch vor, dass jemand eine wichtige Frist verpasst, obwohl vorher mehrfach gemahnt wurde. »Dann kommen sie in letzter Minute, oder wenn das Kind schon in den Brunnen gefallen ist und erwarten, dass wir trotzdem alles in ihrem Sinne regeln können, und das unverzüglich.« Leider gäbe es auch häufiger die Haltung, dass immer die anderen schuld sind. »Das finde ich schon recht ichbezogen.«

Übergriffe der Enttäuschten
Das Risiko tätlicher Übergriffe – die bisher zum Glück noch die große Ausnahme sind – steige besonders dann, wenn wir »qualifiziert enttäuschen müssen«, erklärt die Verbraucherexpertin. Das heißt dann, wenn die Verbraucherin nicht im Recht ist und daher keinerlei Chance hat, ihr Anliegen durchzusetzen. »Wenn wir so jemandem dann sagen müssen, dass wir leider in diesem Fall nichts mehr tun können, weil wir auf Kulanzbasis nichts erreichen konnten, verlieren manche Menschen die Kontrolle.« So hat ein Ratsuchender einer Mitarbeiterin mal den Schreibtisch entgegengeschleudert.

Wie auch bei anderen Ämtern schon praktiziert, üben sich die Verbraucherberater in NRW ebenfalls in Deeskalationstrainings, identifizieren Gefahrenquellen und planen die Installation von Notfallknöpfen, um im Zweifel Hilfe holen zu können.

Es sei vielfach eher das »bildungsfernere Klientel«, das hohen Zeitdruck aufbaue, zum Teil die Bedingungen diktieren wolle und sich durchaus auch mal egoistisch benehme, so Iris van Eik. Allerdings benähmen sich die Verbraucher aus der Mittelschicht auch nicht immer angemessen. Aus diesem Bereich erwarteten paradoxerweise die Leute, die ja nicht arm sind, oft, dass für sie alles kostenlos sei. »Da wird dann unter Umständen auch mal gefeilscht, ob sie das Ganze nicht billiger bekommen könnten. Oft geht es dabei nur um zehn Euro.« Doch gibt es auch den umgekehrten Fall: Personen ohne Einkommen, die eine Rechtshilfe eigentlich kostenfrei erhalten, aber trotzdem unbedingt zahlen wollen und dann spenden. »Hier erleben wir Menschen mit einer so hoch ausgeprägten Moral, die sehr dankbar sind, wenn die Verbraucherzentrale mal wieder erfolgreich helfen konnte. Und das ist zum Glück immer noch die Mehrheit«, freut sich Marle Kopf.

Bestellungen im Internet werden normal, doch die Folgen davon sind es nicht

Die Haltung »Ich zuerst!« macht sich auch im Umgang mit Waren breit. So klagen manche Versandhändler von Kleidung darüber, dass sie immer häufiger ganz offensichtlich getragene, verschmutzte oder beschädigte Ware zurückbekommen. »Die Kunden sind bei den Retouren maßlos geworden«, berichtet André Bachmann, Geschäftsführer bei der Firma New Wave im bayerischen Oberaudorf, die Sportkleidung produziert und im stationären Handel wie im Versand vertreibt. Zum einen werde sehr viel mehr reklamiert als früher: »Da schicken Kundinnen ein Kleidungsstück nach drei, vier Jahren noch zurück, weil eine Naht aufgegangen ist.« Zum anderen sieht André Bachmann den Trend, dass viele Stücke bestellt und dann fast alles wieder zurückgeschickt wird. Offenbar überlegen sich manche Kunden vorher nicht, was ihnen wirklich gefallen und passen könnte, sondern bestellen erst einmal munter drauflos. Die Bestellung bleibt ja risikofrei. Hin und wieder kommt es inzwischen auch vor, dass Kundinnen ein Kleidungsstück tragen und dann wieder zurückschicken, zum Beispiel ein Kleid für einen besonderen Anlass, eine Hochzeit oder Ähnliches. Bei New Wave gibt es keine schicken Kleider zum Ausgehen, dafür aber Sportartikel, und auch hier hat es die Firma mit Leuten zu tun – André Bachmann hat ein unfeines Wort für sie –, »die getragene, verschwitzte und ungewaschene Kleidung zurückschicken«. Nicht sehr appetitlich für die Mitarbeiterinnen, die diese Stücke dann auspacken und in die Hand nehmen müssen.

Sogar getragene und schmutzige Kleidung wird wieder zurückgeschickt

Viel zu viele Retouren

Der Umsatz im Versandhandel wächst zur Freude der Unternehmen. Der Bundesverband E-Commerce und Versandhandel e.V. berichtet von einem Plus von 10,9 Prozent im Jahre 2017, damit generiert die Branche jetzt einen Umsatz von insgesamt rund 58,5 Milliarden Euro. So wird derzeit jeder achte Euro im Einzelhandel im Online-Geschäft ausgegeben. Die Retourenquote sei inzwischen aber auch sehr hoch, berichtet Bachmann, und in den seltensten Fällen liege das daran, dass mit einem Produkt tatsächlich etwas nicht stimme. Oft sind es Reklamationen, die durch falsche Behandlung, wie falsches Waschen, entstehen. »Die Produkte werden eben nicht gepflegt. Wir leben in einer Wegwerfgesellschaft. Wenn was kaputtgeht, kaufe ich was Neues.« Und die besonders Cleveren, oder sagen wir lieber Unverschämten, schicken nicht mehr tragbare Ware einfach an den Händler zurück und haben mit ihrem Verhalten oft auch noch Erfolg. Denn aus Kulanzgründen akzeptieren viele Händler die Rücknahme, auch wenn ganz offensichtlich ist, dass die Ursache für die Reklamation beim Kunden liegt. Bei Retouren direkt nach der Bestellung sind sie ja auch dazu verpflichtet, denn so ist eben das Geschäftsmodell des Versandhandels. Ware, die beschmutzt und beschädigt zurückkommt, wird dann, sofern das möglich ist, wieder aufbereitet.

Das Online-Geschäft befördert ganz offensichtlich ein maß- und auch rücksichtsloses Verhalten von Kunden: Ich bestelle in großen Mengen, denn alles, was ich nicht haben will, kann ich ja problem- und vor allen Dingen kostenlos zurückschicken. Und wie man sieht, kann man sich sogar danebenbenehmen, Kleidung tragen und mit ganz offensichtlichen Gebrauchsspuren wieder zurückschicken, ohne dass dies Konsequenzen für die Kundinnen hätte. »Es gibt keine Hemmschwelle«, erklärt, André Bachmann, »denn der Kontakt zwischen Kunden und Händler bleibt ja weitestgehend anonym. Da gibt es keine Scham.« Man muss niemandem in die Augen schauen und keine Erklärungen abgeben, wenn man getragene Produkte wieder zurückgeben will. So wie das Internet viele Menschen dazu verleitet, in Diskussionen unflätig, ausfallend und beleidigend zu werden – sie können sich ja hinter falschen Namen verstecken –, so befördert es offenbar auch ein egoistisches und unfaires Verhalten beim Einkaufen. Zumindest bei einigen.

Das leichte Bestellen im Internet fördert maßlosen Konsum

Maßlosigkeit auch im stationären Handel

Dieser Trend ist jedoch keineswegs auf den Onlinemarkt beschränkt, sondern zeigt sich auch im stationären Handel. Da wären diejenigen Kunden zu nennen, die sich gerne ausgiebig im Fachhandel beraten lassen, um das Produkt ihrer Wahl dann im Internet günstiger zu bestellen. Aber auch mit oft nicht gerechtfertigten Reklamationen müsse sich der stationäre Handel vermehrt beschäftigen, weiß Bachmann. Dort gebe es aber häufig keine Verkäuferinnen mehr, die eine fundierte Ahnung von Textilien hätten und sich mit den Kunden daher nicht gut auseinandersetzen könnten oder wollten. »Heutzutage wird daher fast alles zurückgenommen. Ein Großteil der Reklamationen ist aber nicht berechtigt.«

Auch die mangelnde Wertschätzung für die Produkte zeigt sich im stationären Handel, wenn man nur mal an einem Samstag in die größeren Geschäfte schaut. Da liegen Waren auf dem Boden, und niemand kümmert sich darum. Was im Gewühle nach Schnäppchen runterfällt, bleibt eben liegen, und andere trampeln darauf herum.

Die Produkte der Firma, bei der André Bachmann arbeitet, sind hochwertig und daher nicht billig. Da aber immer mehr Menschen die superbilligen Textilien bei Primark, H&M oder KiK gewohnt sind, verlieren sie offenbar auch die Wertschätzung für Kleidung insgesamt. Wer ein T-Shirt für drei Euro kauft, macht sich nicht mehr die Mühe, eine kaputte Naht wieder zuzunähen. Das Shirt wird dann weggeworfen. Höherwertige Produkte wirft man dann vielleicht nicht so schnell weg, selber reparieren kommt aber wohl auch nicht in Frage. Also wird ein Kleidungsstück wegen eines kleinen Schadens, bei dem man früher zu Nadel und Faden gegriffen hätte, quer durch die ganze Republik geschickt. »Absurd« findet das New-Wave-Chef Bachmann.

Die Jungen sind sorglos mit Bestellungen

Offenbar hängt es sehr von der Käuferschicht ab, welche Erfahrungen Versandhändler mit ihren Kundinnen machen. Über schlecht verpackt zurückgeschickte, oder gar verschmutzte und getragene Ware mag sich Frank Surholt, Pressesprecher beim Otto-Versand, eigentlich nicht beschweren. 95 Prozent der Retouren seien nicht zu beanstanden. »Das liegt wohl daran, dass wir viele langjährigen Stammkunden haben.« Generell gebe es bei vielen Warengruppen nur wenige Rücksendungen. »Zum Beispiel machen sich die Leute bei der Weißen Ware mehr Gedanken, was sie wirklich haben wollen, als bei Textilien.« Bei Kleidung nehme die Menge der Retouren schon zu. Es seien vor allem die Frauen, die sich gerne ein und dasselbe Produkt in mehreren Farben und Größen bestellen, um dann anschließend fast alles wieder zurückzuschicken. Das Unternehmen versucht dem zu begegnen, indem es die Präsentation der Ware im Internet und im Katalog immer weiter verbessert. Auch der ganz kleine erhobene Zeigefinger wird in aller Vorsicht mal ausgefahren, wenn ein Kunde erkennbar viele gleiche oder ähnliche Produkte bestellt. »Dann erscheint im Internet die Botschaft, dass wir die Kunden bitten mitzuhelfen, Retouren zu vermeiden, weil jede Retoure die Umwelt belastet etc.« Das zeige schon Wirkung, meint Surholt, doch genauere Zahlen gibt das Unternehmen zu dieser Thematik nicht preis.

Beim Modeversender bonprix macht man ganz ähnliche Erfahrungen. Allerdings geht hier Jan Starken, Leiter der Unternehmenskommunikation, davon aus, dass es sich beim Phänomen Retouren vor allem um eine Generationenfrage handelt. »Die Generation Y bestellt schnell und schickt zurück. Sie ist recht sorglos in dieser Hinsicht. Die Generation meiner Mutter gibt sich hingegen oft selbst die Schuld, wenn eine Bestellung nicht so recht den Erwartungen entspricht.« Nun werben einige Händler allerdings auch kräftig mit dem reuelosen Bestellen im warmen und trockenen Wohnzimmer. Zugleich fürchten sie aber wohl, dass – ist die Generation Y in der Kundschaft erst einmal in der überwiegenden Mehrheit – sich die Rücksendungen noch weiter erhöhen, was ja nicht nur schlecht für die Umwelt, sondern auch schlecht fürs Geschäft ist. Bei bonprix ist man nun dazu übergegangen, solche Kundinnen mit Gutscheinen zu belohnen, die nicht retournieren. Zudem bietet der Händler einen algorithmusbasierten Online-Berater für Kleidungsstücke an, bei denen es offenbar schwieriger ist, auf Anhieb die richtige Größe und Passform auszuwählen, wie BHs oder Jeans. Hilfreich wäre sicher auch, wenn das Retournieren nicht mehr grundsätzlich kostenlos wäre.

Fazit: Das Einkaufen im Internet mag sehr bequem sein. Es fördert jedoch eine Haltung zu Waren, die keineswegs nachhaltig ist. Hat das allzu sorglose Konsumieren und Wegwerfen sowieso Hochkonjunktur, so verstärkt das Internet der Dinge diesen Trend weiter. Jedes Produkt, egal wie günstig oder teuer im Preis, verbraucht natürliche Ressourcen und belastet die Umwelt. Jedes Produkt, egal wie günstig oder teuer im Preis, wurde von Menschen, oder zumindest mit Hilfe menschlicher Arbeitskraft hergestellt – teils unter Arbeitsbedingungen, die mehr als zu wünschen übrig lassen. Allein das sollte als Argument reichen, den Waren einen gewissen Respekt entgegenzubringen. In Zeiten, in denen alles zu jederzeit und zu einem immer noch billigeren Preis zu haben ist, geht dieser Respekt flöten.

Bahnbedienstete werden zur Zielscheibe für den Frust der Gesellschaft

Tatort Bahn: Ein Zugbegleiter macht einen Reisenden darauf aufmerksam, dass sein Ticket für diesen Zug ungültig ist. Diesen scheint diese Mitteilung so zu erzürnen, dass er dem Zugbegleiter kurzerhand seinen heißen Kaffee ins Gesicht schüttet. Eine schlimme Ausnahme? Wie man's nimmt. Wiederholt ist das 2017 passiert, berichtet Hans-Hilmar Rischke, Sicherheitschef der Deutschen Bahn und damit für die Sicherheit auch der rund 300 000 Mitarbeiter verantwortlich. Man will es eigentlich nicht glauben. Ein heißer Becher Kaffee verursacht Verbrennungen. Ein schwerwiegender Angriff wegen der Nachricht, dass man wohl selbst einen Fehler gemacht hat!

Über 2 500 Angriffe pro Jahr

Solche Berichte zeigen noch nicht mal das Heftigste an körperlichen Attacken, was Bahnbedienstete erleben müssen. Es gab sogar schon zwei Angriffe, die als Mordversuche gewertet werden mussten. Unterhalb dieser Schwelle aber gibt es tagtäglich Beschwerden von Mitarbeiterinnen und Mitarbeitern der Bahn, die an-

Angepöbelt, beleidigt, geschubst, bespuckt

gepöbelt, beleidigt, geschubst und bespuckt werden. Seit 2010 führt die Deutsche Bahn eine Statistik über solche Vorfälle, die rasant zunehmen. Gab es 2012 »erst« 900 Meldungen, waren es 2013 schon rund 1 200, 2015 schon zirka 1 900, 2016 gar 2 374. 2017 wurden 2 550 Übergriffe gezählt, das waren sieben Prozent mehr als im Vorjahr. Doch erstmals seit fünf Jahren scheint der Anstieg wenigstens gebremst. Hier werden nur die Übergriffe mit Körperverletzungen und nicht auch Beleidigungen erfasst. Über die Hälfte der Vorfälle gehen zu Lasten der 4000 Sicherheitskräfte, die ja auch angehalten sind, Konflikte zu schlichten oder bei Verstößen gegen die Hausordnung in den Bahnhöfen beziehungsweise die Beförderungsbedingungen aktiv zu werden. Zugbegleiter sind in einem Drittel der Fälle betroffen. Die meisten Probleme gibt es im S-Bahn- und Regionalverkehr. Interessant dabei: Während Gewaltdelikte auf Bahnhöfen und in Zügen gegenüber Fahrgästen abgenommen haben, steigen die Angriffe auf Mitarbeiter – trotz regelmäßiger Verhaltens- und Deeskalationstrainings. Dass die Fälle zunehmen, mag auch daran liegen, dass die Mitarbeiterinnen der DB nun, da ihr Arbeitgeber sie kontinuierlich ermutigt, auch Ereignisse melden, die sie früher eher für sich behalten haben.

Konfliktpunkte sind zum Beispiel immer wieder Auseinandersetzungen an der letzten noch geöffneten Tür eines Zuges, in der ein Zugbegleiter steht, um zu schauen, ob vor der Abfahrt des Zuges alles in Ordnung ist. Da kommen dann immer wieder verspätete Reisende angerannt und wollen noch rein. Das geht aber nicht, weil der Lokführer bereits das Abfahrtssignal erhalten hat und ein Aufspringen auf den plötzlich anfahrenden Zug viel zu gefährlich wäre. Das mögen viele Fahrgäste nicht einsehen und entladen ihre Wut auf die Person in der Tür, die sie nicht mehr reinlässt – oft, indem sie sie anspucken. Weil der Zug tatsächlich sofort abfährt, hat die so Attackierte keine Chance, den Angreifer zur Rechenschaft zu ziehen, sprich die Polizei zu alarmieren. »Wenn man so was einmal erlebt, mag das noch zu verarbeiten sein, aber Mitarbeiter, die Spuckattacken wiederholt ausgesetzt sind, fühlen sich persönlich attackiert. Das nagt an ihnen. Und es gibt etliche, die deswegen ihren Dienst quittieren wollen«, so Holger Bajohra, Sicherheitssprecher der Bahn.

Wenig Anzeigen

Generell werden viele Übergriffe nicht angezeigt. Das kann auch daran liegen, dass man Verspätungen vermeiden will, denn der Zug müsste dann im Bahnhof stehen bleiben. Nach Dienstschluss noch zur Polizei zu gehen, ist meist wenig sinnvoll, wenn man sich an einem ganz anderen Ort befindet und zum Täter außer dem Aussehen keine Angaben machen kann. Also beißen die Betroffenen die Zähne zusammen. Oft sind diese auch so perplex, dass sie zu spät reagieren, um die Täterin noch zur Rechenschaft ziehen zu können. »Grundsätzlich halten wir aber die Beschäftigten an, jeden Vorfall den Vorgesetzten zu melden und auch bei der Polizei anzuzeigen«, sagt Sicherheitschef Rischke. »Wenn erforderlich, bleibt ein Zug dann natürlich stehen, bis die Polizei da ist!«

Einige Vorgesetzte waren in der Vergangenheit hier jedoch nicht immer hilfreich. »Es kam schon vor, dass einer sagt: »Ach hab Dich doch nicht so! Ist doch nicht so schlimm«, so Holger Bajohra. Gerade, wenn es Angriffe waren, die »nur« ein unangenehmes Gefühl hinterließen. Deshalb hat die DB Vorgesetzte und Mitarbeiter für jede Art von Angriff sensibilisiert sowie dazu aufgefordert, Hinweise für Reaktionsmöglichkeiten, Selbstschutz und Unterstützung zu geben. Die Sensibilisierung der direkten Führungskräfte ist dabei entscheidend – die sind am nächsten an den Betroffenen dran.

Die Eisenbahngewerkschaft EVG zeigt kein Verständnis für Vorgesetzte, die versuchen, Vorfälle runterzuspielen. »Die Führungskräfte stehen zwar unter großem Druck. Schließlich soll die Bahn pünktlich sein. So versuchen sie alles zu vermeiden, was zu Verzögerungen im Ablauf führen könnte«, sagt Klaus-Dieter Hommel, stellvertretender Vorsitzende der Eisenbahngewerkschaft EVG. »Für uns steht aber die Sicherheit der Beschäftigten und die der Fahrgäste im Vordergrund. Wenn nötig, muss die Polizei geholt werden, auch wenn es dadurch zu Verzögerungen im Betriebsablauf kommt.«

Respektloses Verhalten

Es sind aber nicht nur die Vorkommnisse mit körperlicher Gewalt, die man eigentlich anzeigen müsste, die den Beschäftigten der Bahn zu schaffen machen. Immer häufiger haben sie es auch mit Fahrgästen zu tun, die sie extrem unhöflich, herablassend oder gar abfällig behandeln. Ein Beispiel: Ein Fahrgast der 1. Klasse bestellt Kaffee und Kuchen, als die DB-Mitarbeiterin das Gewünschte bringt, hat er Kopfhörer im Ohr, die Augen geschlossen und Geld auf den Tisch gelegt. Die Zugbegleiterin will das Geld nicht einfach so nehmen und macht auf sich aufmerksam, worauf sie der Fahrgast anherrscht: »Stellen Sie die Sachen einfach hin!«. »Hier zeigt sich ganz offensichtlich mangelnder Respekt der Fahrgäste gegenüber dem Personal. Das müssen die Mitarbeiter immer häufiger erleben«, berichtet Uwe Reitz, Pressesprecher der EVG, und bezieht sich dabei auf die Erfahrungen seiner Kolleginnen und Kollegen. Gerade in der 1. Klasse, verhielten sich Reisende immer wieder so, »als hätten sie mit dem höheren Fahrpreis gleich den ganzen Zug mitgekauft«. Am schwierigsten sei die Situation aber in den Pendlerzügen zwischen 18 und 22 Uhr. »Die Leute wollen nach Hause, sind oft gestresst von der Arbeit. Wenn dann auch noch ein Zug verspätet ist, bekommt das Personal den Frust ab«, so Reitz.

Reisende entladen ihren Frust bei den Bahnmitarbeiterinnen

»Diese Angriffe auf unsere Mitarbeiterinnen sind für uns ein großes Thema. Es beschäftigt uns, wenn wir neue Mitarbeiter gewinnen wollen und ihnen erklären müssen, worauf sie sich gegebenenfalls einstellen müssen, wenn sie in Zügen unterwegs sind. Es beschäftigt uns im Kontakt mit der Polizei, den Betriebsräten und mit den Gewerkschaften, mit denen wir hier ein gemeinsames Interesse haben«, erklärt Hans-Hilmar Rischke und spitzt zu: »Jeder Angriff auf einen Mitarbeiter ist ein Angriff auf die Deutsche Bahn.«

Wer sind die Angreifer?

2017 gab es acht Situationen, in denen Fahrgäste das Personal mit Messern bedroht haben. Das sind dann Täter, die stark alkoholisiert oder auch psychisch krank sind, berichtet DB-Sprecher Holger Bajohra. Insgesamt aber fällt das Soziogramm der Angreifer sehr unterschiedlich aus. Auch der 73-jährige Rentner gehört dazu, der gerade aus der Oper kommt und einem Kontrolleur mit der Faust ins Gesicht schlägt, weil der ihn darauf hinweist, dass er seine Fahrkarte nicht entwertet hat. Bei Älteren sei generell zu beobachten, dass sie wenig Bereitschaft zeigten, sich auf einen Dialog einzulassen. »Gehen Sie mir aus dem Weg!« »Stehlen Sie mir nicht meine Zeit!«, müssen sich die Bahnmitarbeiter anhören. Der 16-Jährige gehört dazu, der alkoholisiert in der S-Bahn raucht, die Füße auf den Sitzen, wild um sich schlägt und dabei drei Personen verletzt, als das Sicherheitspersonal ihn anspricht. Sogar junge Mütter gehören dazu, wie die, die einem Kontrolleur mit voller Wucht den Kinderwagen samt Kind in die Beine rammt, weil sie keine Fahrkarte hat. Und selbst Schulkinder können in einer größeren Gruppe höchst unangenehm für das Personal werden. »Die Angriffe kommen meist unerwartet«, so Bajohra, die Täter seien vorher nicht zu erkennen. »Es ist ein Querschnitt durch die Gesellschaft.«

Die DB reagiert – zunächst noch defensiv

2016 hat sich die DB am runden Tisch mit den Gewerkschaften, dem Konzernbetriebsrat, der Polizei und auch mit anderen privaten Eisenbahnverkehrsunternehmen ausgetauscht. Ergebnis war ein Fünf-Punkte-Programm, das seit Sommer 2016 umgesetzt wird: Vorgesehen sind 500 zusätzliche konzerneigene Sicherheitskräfte, mehr Deeskalations- und Selbstverteidigungstrainings für die Mitarbeiter. Von den rund 20 000 Mitarbeitern mit Kundenkontakt werden aktuell Jahr für Jahr um die 5 000 trainiert. An Brennpunkten wird das Personal verstärkt, die Sicherheitskräfte bekommen zum Teil Schutzhunde, auch Video- oder Bodycams werden verstärkt eingesetzt, und im Notfall dürfen die Zugbegleiterinnen Abwehrspray benutzen. Rund 170 Millionen Euro investiert die DB jährlich in die Sicherheit. Rund 80 Prozent der Zugbegleiter geben an, sich mit dem Spray in der Tasche sicherer zu fühlen. Ein Versuch mit Bodycams zeigte, dass Mitarbeiterinnen, die eine tragen, nur in Einzelfällen angegriffen werden. Eine weitere Maßnahme ist, dass es in neu bestellten Zügen weniger oder keine Abteile mehr geben soll. Damit wolle man dem Vandalismus in Nahverkehrszügen und Diebstählen vorbeugen, denn im Großraumbereich sei die soziale Kontrolle größer.

Um ihre Mitarbeiter in schwierigen Situationen zu unterstützen, hat die Bahn das »Mitarbeiterunterstützungsteam« MUT ins Leben gerufen. Hier können sich Beschäftigte Rat und Unterstützung in privaten und beruflichen Krisen holen, auch psychologische Hilfe, eben auch wenn sie zur Zielscheibe von Aggressionen der Fahrgäste geworden sind. Ihre Vorgesetzten und der Arbeitgeber werden hierüber nicht informiert. Die Gewerkschaft EVG hat ebenfalls ein Helfertelefon eingerichtet, »Ruf Robin« heißt es.

Gewerkschaft pocht auf mehr Personal

Die EVG, die die Problematik immer mal wieder auch an die Öffentlichkeit bringt, findet alle diese Maßnahmen sinnvoll, doch am wichtigsten ist ihr, dass in den Zügen genügend Sicherheitspersonal mitfährt. In einem Spätzug von Frankfurt nach Hamburg zum Beispiel, kam es zum Beispiel immer wieder zu Problemen, sogar zu einer Messerattacke. Hier und auf anderen Strecken werden nun regelmäßig zwei Sicherheitskräfte zusätzlich zum Zugpersonal eingesetzt. Bisher sei dies aber der einzige Zug, in dem das der Fall ist. Die Gewerkschaft rät den Zugbegleiterinnen in Fällen, in denen sie die Sicherheit nicht gewährleisten können, den Zug nicht weiterfahren zu lassen, und gibt ihnen dafür die Rückendeckung.

Insgesamt ist die Gewerkschaft mit dem Arbeitgeber DB noch nicht zufrieden: »Bei den vielen Geschäftsfeldern des Konzerns macht jetzt jeder ein bisschen was. Die Maßnahmen greifen nicht wirklich ineinander und sind damit auch nicht sehr effizient«, bemängelt EVG-Vize Klaus-Dieter Hommel.

Was die Personalsituation in den Zügen angeht, verweist die Bahn darauf, dass im Fernverkehr grundsätzlich mindestens drei Mitarbeiter an Bord sind und es hier eher selten zu Konflikten kommt. Trotzdem habe sich bewährt, in ausgewählten Zügen, die über Nacht unterwegs sind, zusätzliche Sicherheitskräfte im Zug mitfahren zu lassen. Konflikte und Kriminalität sind zurückgegangen. Für ein Allheilmittel hält DB-Sicherheitschef Rischke die Präsenz von Sicherheitskräften in Zügen dennoch nicht. Im Nah- und Regionalverkehr definieren Ausschreibungen, für die die DB und andere Unternehmen Angebote abgeben müssen, auch die Besetzung mit Service- und Sicherheitspersonal. Die Verantwortung läge also bei der öffentlichen Hand, die die Ausschreibungen formuliert. Hier müssten zusätzlich Anforderungen an die Zahl von Sicherheitskräften aufgenommen werden, die sich natürlich auf den Preis auswirkten. Dann haben alle Wettbewerber die gleichen Ausgangsbedingungen. »Die Sicherheit von Fahrgästen und Mitarbeitern ist kein Extra, sondern Pflicht«, sagt Bajohra.

Wo bleibt die Zivilcourage?

Es gibt auch noch ein anderes, nicht triviales Problem: »Leider kann man sich nicht darauf verlassen, dass ein anderer Fahrgast eingreift, wenn Bahnmitarbeiterinnen oder Reisende beschimpft, beleidigt und geschubst werden«, berichtet Holger Bajohra. »Im Gegenteil: Hat zum Beispiel jemand keine gültige Fahrkarte und zeigt sich uneinsichtig, solidarisieren sich Fahrgäste teilweise gegen die Mitarbeiter und fordern sie auf, den Betroffenen doch in Ruhe zu lassen. Niemand aber sagt zum Fahrgast: »Schwarzfahren schadet uns allen.« Überhaupt mangele es an Zivilcourage an der richtigen Stelle. Beispielsweise könnten Jugendliche oder junge Erwachsene die Bahn verschmutzen, und niemand schreitet ein. »Warum verhalten sich Menschen so mies?«, fragt Bajohra und gibt die Antwort selbst: »Weil man sie lässt. Viele haben offenbar schon von zu Hause nicht die Werte vermittelt bekommen, die für ein respektvolles und konfliktfreies Miteinander in der Gesellschaft erforderlich sind.«

Frustrationstoleranz sinkt

Offenbar entlädt sich in öffentlichen Verkehrsmitteln Frust, der sonst kein anderes Ventil findet. Die zunehmenden Übergriffe auf das Personal hätten nicht vorrangig damit zu tun, dass Züge verspätet oder Bedienstete nicht immer freundlich seien, da ist sich Hans-Hilmar Rischke sicher. Vielmehr sei generell die Frustrationstoleranz in der Gesellschaft gesunken. Armin Nassehi, Soziologieprofessor an der Münchener Ludwig-Maximilians-Universität, meint dazu, öffentliche Verkehrsmittel seien ein Indikator dafür, wie tolerant man in den Städten mit unterschiedlichen Kulturen und Lebensweisen umgehe. »Je aggressiver eine gesellschaftliche Grundstimmung ist, je niedriger die Schwelle für Übergriffe, desto weniger gelingt soziale Kontrolle.« Er empfiehlt, geschlossene Areale mit wenigen Personen zu vermeiden zugunsten größerer Räume und mehrerer Personen. Also Großraumwagen contra Abteil. Dann gäbe es mehr »Kontrolle zur Selbstkontrolle«. Auch das scheinen mir doch eher defensive Strategien zu sein, die eher weiteren Schaden begrenzen als sich grundsätzlich mit der Problematik auseinanderzusetzen.

In der Tat sind Bahn und auch die Sicherheitsbehörden noch relativ ratlos, wie man dem Problem wirklich beikommen könnte. Zuerst einmal braucht es Öffentlichkeit, das Thema muss in die gesellschaftliche Debatte, findet Uwe Reitz, Pressesprecher der EVG. Weil es sich für eine reißerische Überschrift eignet, berichteten Journalistinnen zwar gerne, vor allem über besonders gravierende Fälle. Allerdings mache sich kaum jemand die Mühe, nach den Ursachen zu fragen, es seien meist nur »schöne Storys«. Eine gesellschaftliche Ächtung des aggressiven und gewalttätigen Verhaltens gegenüber dem Bahnpersonal würde bereits helfen, denkt Holger Bajohra.

Thema noch nicht auf der politischen Agenda

»Alleine können wir das Problem nicht lösen«, da ist sich Hans-Hilmar Rischke sicher. Da müsste sich die Politik stärker als bisher einschalten. Wie viele andere meiner Interviewpartnerinnen verweist auch er auf die Rolle der Schulen und der Berufsausbildung, wo die Vermittlung der Werte im Umgang untereinander viel mehr Raum finden müsse. Die Grundlagen müssten nach Rischkes Auffassung allerdings die Eltern schaffen, die sich heute allzu oft auf die Bildungseinrichtungen verließen und ihre Verantwortung leichtfertig abgeben oder auch teilweise selbst überfordert seien.

»Das Thema berührt die ganze Gesellschaft«, meint Rischke, zumal es – wie dieses Buch zeigt – durchaus nicht nur ein Problem der Bahn ist. Bisher aber gibt es noch wenig Anzeichen, dass die Politik das Thema der Verrohung des gesellschaftlichen Verhaltens wirklich schon auf dem Schirm hat.

Ein wichtiger Ansatz wären konsequent umgesetzte Präventions- und Förderprogramme als Grundbaustein für Schulen, die sich zum Ziel gesetzt haben, einerseits Wissen um die Bedeutung sozialen Handelns zu vermitteln, andererseits aber auch unmittelbar soziale Kompetenzen von Schülern zu fördern. Soziales Lernen ist eine wichtige Basis für die Entwicklung moralischer Kompetenzen. Die ganze Welt steht unter Stress, Bahnfahren ist zum Symbol für die ganze Gesellschaft geworden. Das Leben ist verdichtet, schnell, eng, der Zeit- und Leistungsdruck hoch. Und weil das bei

Die ganze Welt steht unter Stress

so manchen über die Belastungsgrenze geht, wächst die Aggressivität. Die Bahn sei ein offenes System und Teil des öffentlichen Raumes, so Holger Bajohra, deshalb würden hier auch viele Konflikte ausgetragen.

III. Neoliberale Konkurrenzmühle und (un)soziale Medien

Warum die Ichlinge auf dem Vormarsch sind

Die Ideologie des Neoliberalismus ist inzwischen in unseren Alltag und unsere Herzen eingesickert: Jeder muss sich zuerst um sich selbst kümmern, um im Wettbewerb zu bestehen. Empathie für Schwächere ist in diesem Umfeld seltener.

Die Menschen stehen, ebenfalls aufgrund des Wirtschaftsliberalismus, stark unter individuellem Leistungs- und Zeitdruck. Viele, besonders in der Mittelschicht, haben Angst vor gesellschaftlichem Abstieg, die in der Unterschicht fühlen sich bereits abgehängt. Die Oberschicht fühlt sich nicht zuständig. Da bleibt oft wenig Raum und Interesse, um sich um mehr als das eigene Umfeld zu kümmern. Wer unter Druck leidet und Zukunftsängste hegt, hat eine geringere Frustrationstoleranz, wird schneller aggressiv.

Die neuen Medien wirken wie ein starker Sog und ziehen die ganze Aufmerksamkeit der Menschen auf sich. Das macht extrem unachtsam für das, was um sie herum geschieht. Vor allem im öffentlichen Raum. Auch die persönlichen Beziehungen leiden darunter.

Zu sagen, es gebe viel mehr Egoisten, wäre zu einfach. Der Bruch geht vielmehr durch uns hindurch: Wir können mitfühlend, hilfsbereit und solidarisch sein – wir können aber auch mit Scheuklappen und ausgefahrenen Ellenbogen durch die Gegend laufen.

Die vielen Beispiele, die ich in diesem Buch beschreibe, geben einen Eindruck davon, wo überall und wie stark sich in unserer Gesellschaft bereits das Verhalten, aber auch unsere Beziehung zueinander geändert hat. Wenn Sie sich, liebe Leserin, lieber Leser in Ihrem Alltag umschauen, können Sie sicher noch ganz viele andere Erfahrungen hinzufügen. Nun aber ist es an der Zeit, genauer nach den Ursachen für alle diese – oft unangenehmen – Alltagserscheinungen zu forschen.

Mein zentraler Gedanke dazu lautet:
Bisher dachte ich, das Schlimmste am Neoliberalismus ist eine Wirtschaftspolitik, die immer nur die Starken im Fokus hat und die Fürsorge des Staates zurückdrängt. Das Schlimmste sei, dass im Glauben an die Selbstgestaltungskräfte des freien Marktes viele politische Entscheidungen getroffen werden, die nur den Starken und ohnehin schon Privilegierten in Wirtschaft und Gesellschaft nutzen. So hat sich in den letzten Jahrzehnten die soziale Ungleichheit verstärkt, und die Ausbeutung der natürlichen Ressourcen schreitet voran. Das ist in der Tat ziemlich schlimm, eigentlich schon schlimm genug. Doch noch schlimmer – und hoffentlich nicht irreversibel – ist das, was die wirtschaftsliberalen Ideen und die daraus resultierenden veränderten Lebens- und Arbeitsbedingungen bei den Menschen selbst anrichten, bei ihren Stimmungen, ihren Grundhaltungen, bei ihren Werten, bei den ganz alltäglichen zwischenmenschlichen Beziehungen. Diese Veränderungen waren mir bisher kaum bewusst und werden bisher auch selten reflektiert. Hinzu kommt: Die sogenannten sozialen Medien und ihre dazugehörige Hardware sind allgegenwärtig. Sie können hilfreich sein, sie können aber auch das Zusammenleben in einer äußerst fatalen Weise verändern.

Der Kollateralschaden des Wirtschaftsliberalismus

Drei Jahrzehnte Wirtschaftsliberalismus haben inzwischen auch jene Lebensbereiche ökonomisiert, die bisher nicht auf entgeltliche Leistungen, sondern vorwiegend auf Vertrauen und Hilfe, auf Gegenseitigkeit und Engagement, auf Solidarität und Mitgefühl aufbauten. Nehmen wir zum Beispiel die erfolgreichen Unternehmen der Sharing Economy, Air B&B und Uber. Hat man früher, zum Beispiel während der Buchmesse, mal Gäste bei sich übernachten lassen, so wird das heimische Sofa heute professionell gewinnbringend vermarktet. Hat man früher sein Auto an Freunde und Bekannte verliehen, so läuft das heute über Uber viel effizienter und vor allem einträglicher.

Die Liebe fürs Leben sucht man heute mit Hilfe von Plattformen, die einem den perfekten Partner versprechen. Stellt man am Wochenende fest, dass eine Zutat für das Essen fehlt, fragt man nicht die Nachbarn, denn die kennt man ja nicht, sondern fährt lieber noch mal zum Supermarkt, der auch Samstag bis spät in die Nacht geöffnet hat. Jetzt wird alles danach gemessen, ob es sich auszahlt, ob meine Investition aus Geld, Engagement oder Zeit mir zumindest auf mittlere Sicht einen »Return on Investment« einbringt. Das führt zu solch komplett absurden Situationen, dass sich nun sogar Krankenhäuser zueinander im Wettbewerb befinden. Das wäre völlig in Ordnung, wenn das ein Wettstreit um die Gesunderhaltung der Bevölkerung wäre. Doch letztlich geht es um Einnahmen. So klagten in der Grippewelle im Winter 2018 Krankenhäuser darüber, wegen der vielen akut Erkrankten, müssten sie Patienten mit verschiebbaren Operationen abweisen. Wo ist das Problem, fragt man sich, wenn schwerere Fälle vorgezogen werden? Nun, das Problem der betriebswirtschaftlich denkenden und rechnenden Krankenhausleitungen besteht darin, dass eine Grippepatientin nicht viel einbringt, aber viel kostet, weil sie vor allem Pflege braucht. Für einen Patienten aber, der ein neues Hüftgelenk bekommen soll, kann sie dagegen eine teure Operation und die im Vergleich zum Pflegepersonal höheren Arztkosten abrechnen. Deshalb hatten die Betreiber mancher Krankenhäuser Angst, ihre Patienten könnten in eine andere Klink, wenn ihr Termin verschoben werden muss. Wettbewerb eben. Tja, so simpel ist das. Verrückte Welt! Und das ist nur eines von ganz vielen Beispielen, was die profitgetriebene Rechnerei alles anrichten kann.

Mit dem Vordringen des Wirtschaftsliberalismus wird nun für das Individuum die Frage zur ständigen Begleiterin: Wie kann ich mir einen Vorteil gegenüber anderen verschaffen? Wie schaffe ich es, im Wettbewerb um Ausbildungsplätze, Studienplätze, Arbeitsplätze, ja sogar im Wettbewerb um die tollsten und schönsten Lebenspartner besser, schneller, cleverer zu sein als andere? Das verstärkt und legitimiert bei der Einzelnen berechnendes, egozentrisches und unsolidarisches Verhalten, und zwar auch dort, wo es gar nicht willentlich »abgerufen« wird, sondern wo es affektiv ist. Die Ichbezogenheit wächst in die Alltagskultur hinein, ohne dass wir das richtig bemerken, wie eine Art »Kollateralschaden« des Neoliberalismus. Zu dumm nur, dass dieser Begleitschaden möglicherweise sogar der eigentliche Hauptschaden ist.

Die Ichbezogenheit wächst in die Alltagskultur hinein, ohne dass wir es merken

Ich mach mein Ding, und alle sind mit allen im Wettbewerb

Wir erleben nun also, dass sich unser Zusammenleben in der Gesellschaft erheblich verändert hat, und zwar keineswegs zum Guten. Wie ist das möglich geworden? Und warum merken wir es so spät? »Ich mach mein Ding«, singt Udo Lindenberg. Das klingt selbstbewusst und unabhängig. Im Prinzip ist auch nichts dagegen einzuwenden. Doch auf die Spitze getrieben, wenn also »mein Ding« über allem steht, verkommt so ein Verhalten zur Gleichgültigkeit gegenüber dem gesellschaftlichen Umfeld. »Lass die Leute reden«, singen die Die Ärzte. Auch dies ist ein vermeintlich emanzipatorischer Text gegen engstirnige, übergriffige und muffige Zeitgenossen. Doch auch hier wird das Ego überhöht. Die Meinung anderer zählt nicht (mehr). Auch viele Ratgeber empfehlen uns, nicht nach rechts und links zu schauen, sondern uns auf uns und unsere Interessen zu konzentrieren. Was in gewissen Dosen ja durchaus sinnvoll und gesund ist, gerät, wenn es eine dominierende Haltung wird, inzwischen vielfach zu einer egoistischen Borniertheit.

Harald Welzer, Soziologe und Sozialpsychologe aus Potsdam, sieht die Ursache für diese Haltung bei der »radikalen Individualisierung«, die mit dem Neoliberalismus um sich gegriffen habe. Wer nicht unter die Räder eines unerbittlichen Wettbewerbssystems kommen wolle, der müsse eine Haltung kultivieren, die besagt: »Es kommt vor allem auf mich an«. »Alle stehen plötzlich miteinander im Wettbewerb, und Leistung wird ganz groß geschrieben«, sagt

Welzer. So trimmten Eltern schon ihre Kleinstkinder in der Kita zur Höchstleistung, wenn sie darauf drängten, dass diese bereits hier möglichst viel lernen sollten. Es gibt ja Kitas, in denen die armen Kleinen sogar Englisch lernen (müssen). »Die Eltern sollen ihre Kinder doch gefälligst mal in Ruhe lassen. Sie sollen sie weder wie kleine Prinzen und Prinzessinnen behandeln, denen man alles durchgehen lässt, noch sie zu den künftigen Leistungsträgern hochstilisieren«, schimpft Welzer. Diese Kinder fallen dann mitunter in der Öffentlichkeit unangenehm auf, haben sie es doch zu Hause nicht gelernt, auf andere Rücksicht zu nehmen. »Ich habe mal einen Vater, dessen Kind im Flugzeug Randale machte, darauf hingewiesen, dass er es doch mal zur Ordnung rufen könnte. Worauf dieser mich verärgert anblaffte, ich hätte ihm über Erziehung gar nix zu sagen«, erzählt Harald Welzer. Das ist der Widerspruch, wie wir ihn in diesem Buch im Kapitel über die Schulen und Kitas gesehen haben: Einerseits setzen Eltern ihren Kindern kaum noch Grenzen, andererseits werden die Kinder mit Ansprüchen überfordert und emotional häufig vernachlässigt.

Die Orientierung auf Wettbewerb und ökonomische Effizienz verändere die Persönlichkeiten stark, meint der Professor für Sozialpsychologie Dieter Frey. »Es geht damit letztlich um das Knappheitsprinzip, um attraktive Positionen, entweder nach dem Leistungsprinzip oder nach dem Prinzip des besten Netzwerkes. Das heißt, nicht nur Firmen sind im Wettbewerb in einer Marktwirtschaft, sondern auch Personen, die um knappe Güter ›kämpfen‹. Und das verändert die Persönlichkeit, weil man zunächst versucht, als Homo oeconomicus seine eigenen Vorteile zu sehen, sich in jeder Situation sofort überlegt: Was bedeutet das für mich? Wo kann ich Verluste minimieren? und so weiter.« Das bewirke auch, dass man eher im Mainstream denkt und arbeitet, weil man glaubt, außerhalb des Mainstreams weniger Chancen zu haben, so Frey. Das hat natürlich viel mit Globalisierung, Digitalisierung zu tun und damit, dass im internationalen Wettbewerb die Firmen und die Produkte überleben, die die größten Marktchancen haben. »Und da geht es um Innovation durch Wettbewerb und Schnelligkeit und ökonomische Effizienz. Die Menschen fühlen sich dadurch gehetzt, und es ist ja kein Zufall, dass psychosomatische Störungen, auch Depressionen, zunehmen und mehr Menschen das Gefühl haben, abgehängt zu werden und Verlierer dieses Trends zu sein.«[1]

Weil mit der Globalisierung die Unsicherheit und Unübersichtlichkeit wächst, fühlen sich viele Menschen zunehmend ohnmächtig, desorientiert, machtlos und alleingelassen. So schaffen sich viele ihre eigenen Gewissheiten, ihre eigenen Wirklichkeiten. Sie wissen genau, was richtig und was falsch ist, es gibt nur noch schwarz-weiß, mit Grautönen, Ambivalenzen und Unsicherheiten können sie nicht umgehen. Sie verschließen sich gegen Neues und Ungewohntes, sind unfähig, sich mit anderen auseinanderzusetzen. Daher kommt auch der oft kategorische Ton im Internet. Wer jetzt aber nur die AfD-Anhänger im Kopf hat, irrt. Ichfixiertes, ausgrenzendes Verhalten finden wir durchaus auch bei radikalen Tierschützern, den fitnessfixierten Selbstoptimierern oder Veganern.[2]

Wettbewerb fördert den Mainstream

Konkurrenz beginnt schon früh im Leben

Diese Konkurrenz erleben wir auch als Wettbewerb um die besten Startbedingungen ins Leben, also bei den Kindern. Das gilt sowohl für Kinder aus bildungsfernen und prekären Schichten, als auch für die der Wohlhabenden. Es gibt eine Reichtums- und Armutsverwahrlosung. In beiden Fällen bekommen die Kinder zu wenig Aufmerksamkeit und Unterstützung, weil die Eltern zu sehr mit sich selbst oder mit anderen Dingen beschäftigt sind. Die einen, weil sie existenziell bedrängt, daher von ihrem Alltag überfordert sind und Ablenkung im Medienkonsum suchen, die anderen, weil sie im ständigen Versuch, ihr Leben zu optimieren, die Tage mit Arbeit und Freizeitaktivitäten so vollstopfen, dass für ihre Kinder nur noch wenig Raum bleibt. Und dann gibt es noch die »Helikoptereltern«, die aus Sorge um den Nachwuchs, diesen kaum noch einen Schritt alleine gehen lassen. Diese Helikoptereltern sind es oft auch, die großen Druck aufbauen und von ihren Kindern in der Schule Bestleistungen abverlangen, um sie dann später auf eine renommierte Uni schicken zu können. Fähigkeiten und Neigungen spielen dabei oft nur eine untergeordnete Rolle. In einem spannenden Dossier in der

Zeit berichten eine Schulleiterin und ein Schulleiter von ihren sehr unterschiedlichen Erfahrungen in zwei Städten: Cloppenburg und Braunschweig. In Cloppenburg machen 18,4 Prozent der Schülerinnen und Schüler Abitur, in Braunschweig sind es 48 Prozent, der Bundesdurchschnitt liegt bei rund 35 Prozent. Beide Städte liegen in Niedersachsen, die Lehrpläne sind also identisch, sogar die wirtschaftlichen Bedingungen der beiden Städte beziehungsweise Landkreise ähneln sich. Die soziokulturellen Gegebenheiten in den beiden Städten sind jedoch sehr verschieden. Viele Braunschweiger Eltern wollen unbedingt, dass ihr Nachwuchs Abitur macht – ob er dafür geeignet ist oder nicht –, und das Gymnasium soll das beste von allen sein. In Cloppenburg hören die Eltern meist noch auf den Rat der Lehrerinnen. Hier kann man auch ohne Abitur gut leben, weil das Handwerk in der ländlichen Region noch etwas zählt. In Braunschweig aber ist »das Exzellenzstreben so weit verbreitet, dass es fast schon an Unterlassung grenzt, ein Kind hier nicht zum Abitur zu drängen«.[3]

So kann es passieren, dass im städtischen Umfeld junge Menschen Abitur machen und dann auf den Universitäten landen, wo sie sich eigentlich kaum zurechtfinden. In Cloppenburg hingegen haben ehrgeizige Jugendliche nicht immer jemanden, der sie unterstützt und fördert. Die einen sollen, wollen oder können aber im Grunde gar nicht, die anderen wollen gerne und dürfen es nicht. Auch solch paradoxe und im Einzelfall sicher auch traurige Auswirkungen kann das kapitalistische Hamsterrad der Konkurrenz haben.

Beziehungen im Kosten-Nutzen-Rahmen

Um im neoliberalen Wettbewerb bestehen zu können, müssen sich alle zuerst um sich selbst kümmern. So ist auch zu erklären, warum im Sommer 2017 in der Essener Bankfiliale vier Menschen über einen kollabierten Rentner hinwegsteigen, um an den Automaten zu kommen, anstatt sich um ihn zu kümmern. Die eigenen Belange waren wichtiger, als einem Fremden zu helfen. Und für Hilfe sind ja sowieso andere zuständig. So wird heute bei einem Unfall ganz schnell die 112 gewählt, anstatt erst einmal zu schauen, ob überhaupt jemand verletzt ist, und wenn ja, ob es sich vielleicht um kleinere Verletzungen handelt, die man mit dem Verbandskasten lösen könnte. Mit anderen Worten, ob ich als Unfallbeobachterin selber etwas tun kann.

Die Wettbewerbsorientierung beeinflusst auch die Haltung, die wir zu unserer Umwelt einnehmen. »Viele haben sich ein rational-ökonomisches Weltbild zu eigen gemacht, in der sie streng nach Kosten-Nutzen-Relationen entscheiden und handeln«, erklärt der Konflikt- und Gewaltforscher Andreas Zick, Professor an der Uni Bielefeld. Große Bereiche sind zu einem bloßen Kunden-Dienstleister-Verhältnis verkommen, und so brauche man sich nicht wundern, wenn viele die Dienstleister gar nicht mehr als Menschen betrachteten. Wie oft habe ich beobachtet, wie Reisende Bahnbedienstete am Bahnhof mit einer Frage ansprechen, ohne einen »Guten Tag« zu wünschen, ohne ein »Danke«, ohne ein »Auf Wiedersehen«. Wie selten ist es, dass die Schaffnerin im Zug auf ihr freundliches »Guten Tag, den Fahrschein bitte« noch eine andere Reaktion bekommt als wortlos und muffig entgegengestreckte Fahrausweise. Als sei das alles ganz normal, ganz selbstverständlich, denn das Gegenüber ist ja nur eine namenlose Dienstleisterin.

Baldo Blinkert, Gründer und ehemaliger Leiter des Freiburger Instituts für angewandte Sozialwissenschaft (FIFAS), sieht eine Ursache für die Dominanz des Kosten-Nutzen-Verhaltens auch darin, dass sich im Verlauf der industriewirtschaftlichen Modernisierung in zunehmendem Maße diese »utilitaristisch-kalkulative Perspektive«, wie er es nennt, gegenüber sozialen Normen durchgesetzt habe. Der Grund: Die Menschen hätten sich aus Traditionen, sozialmoralischen Milieus und institutionellen Bindungen herausgelöst. Das wird in vielen Fällen als befreiend und emanzipativ empfunden: Frauen können ein selbstbestimmtes Leben ohne Eheschließung leben, man muss sich nicht mehr traditionellen Gepflogenheiten unterwerfen, wenn sie einem nicht gefallen, in die Kirche gehen nur noch die, die das wirklich wollen, Liebespaare – ob hetero- oder homosexuell – können ohne Trauschein zusammenleben und vieles andere mehr. Damit, so Blinkert, sei auch der Abbau der Bedeutung von »fixierten und vorentworfenen Handlungen« verbunden. Das Individuum kann und muss nun zwischen Alternativen abwägen und entscheiden. Kriterien dabei sind die Wahrscheinlichkeiten von Kosten und Belohnungen, von Erfolg und Misserfolg. »Konformität oder Abweichung wird in zunehmendem Maße von dem Ergebnis eines Risiko-Nutzen-Kalküls abhängig.« Damit würden laut Blinkert auch die Bedürfnisse des Individuums »zum einzig maßgeblichen Bezugsrahmen für das Handeln. Es entstehe eine hedonistische Orientierung, die Befriedigung individueller Bedürfnisse wird vorrangig. »Die geringe Verankerung des Individuums in Institutionen und sozialen Bezügen hat dabei zur Folge, dass bei der Entscheidung zwischen Alternativen die externen Kosten eigenen Handelns kaum noch eine Rolle spielen.« Mit anderen Worten: Es wird den Menschen zunehmend egal, was andere von ihren Entscheidungen denken, beziehungsweise, ob andere vielleicht sogar einen Nachteil von der eigenen Entscheidung haben könnten.

Was Baldo Blinkert hier beschreibt, ist letzlich das Dilemma einer stark auf das freiheitliche Individuum ausgerichteten Gesellschaft: Einerseits können wir heute selbst entscheiden, wie wir leben wollen. und müssen uns nicht mehr dem Druck von Familie, Nachbarschaft, und anderen sozialen Gemeinschaften aussetzen und gar unterwerfen. Die Lebenswege sind weitgehend frei wählbar, nur weniges ist noch vorgezeichnet. Oder besser: Vieles erscheint frei wählbar. Andererseits ist die Gesellschaft gar nicht so durchlässig, wie sie vorgibt zu sein. Wer nicht den richtigen »Stallgeruch« hat, schafft es auch heute noch nicht in die oberen Führungsriegen. Die Eliten sorgen schon dafür, dass sie **Freier, aber** möglichst unter sich bleiben, das heißt, dass sie sich **auch einsamer** möglichst aus sich selbst rekrutieren.[4] Der Fall eines Gerhard Schröder, der es aus sehr armen Verhältnissen zum Bundeskanzler geschafft hat, ist äußerst selten. Wir wissen, dass Kinder, die in arme, bildungsferne und an ihrer Entwicklung wenig interessierte Familien geboren werden, es ungleich schwerer haben, eine gute Ausbildung zu machen und beruflich einen erfolgreichen Weg einzuschlagen. Was uns jedoch alle eint, ist die Eigenverantwortung für das eigene Leben. Wir müssen selbst entscheiden, was wir tun und lassen wollen. Da die sozialen Milieus nur noch eine geringe Rolle spielen, sind wir zwar freier, aber eben auch einsamer, sind wir selbstbestimmter, aber eben auch oft zu stark auf uns selbst, zu stark auf das Ich, zu wenig auf das Wir bezogen.

Konkurrenzdruck verunsichert, macht rücksichtslos ...

Im globalisierten Kapitalismus verändert sich alles immer schneller, und es gibt weniger Arbeitsplätze für Menschen, die dem immensen Konkurrenzdruck nicht so gut standhalten können. Das verunsichert viele im hohen Maße. Übrigens nicht nur die Arbeitnehmer der niedrigeren Chargen. Auch viele hochbezahlte Führungskräfte und selbst Unternehmer klagen hinter vorgehaltener Hand über den immensen Druck, den sie in der wachstumsbasierten und wachstumsorientierten Wirtschaft verspüren, wo alles immer schneller gehen muss. Irgendwann aber, so Wolfgang Schmidbauer, Psychoanalytiker und Schriftsteller aus München, »erleben fast alle Menschen, die in einem Karriere- und Konkurrenzsystem funktionieren, dass jemand sie überholt. Das ist eine Situation, auf die unser Narzissmus nicht vorbereitet ist. Er hat uns angekündigt, dass es immer aufwärts geht.« Und die »Medien prägen und festigen die Erwartungshaltung, dass wir doch ein Recht darauf haben, genau die Welt zu finden, die wir uns wünschen.«[5]

»Das große Paradox unserer Zeit: Wir werden immer schneller, weil wir sehr erfolgreich im Einsparen von Zeitressourcen sind – und trotzdem haben wir nicht mehr Zeit«, sagt Hartmut Rosa, Professor für Soziologie an der Friedrich-Schiller-Universität in Jena. »Das liegt daran, dass sich unsere To-do-Listen schneller anfüllen als die Zeitkontingente, die wir einsparen. Das Hauptproblem ist nicht, dass wir Zeit vertrödeln, sondern die Steigerungslogik der Moderne. Ohne Wachstum können unsere Wirtschaft, unser Sozialstaat und unsere Demokratie nicht existieren. Auch jeder einzelne muss jedes Jahr etwas schneller laufen, um seinen Platz in der Gesellschaft zu erhalten. Darüber hinaus lassen wir uns durch ein Dauerbombardement an Informationen und Kommunikation ablenken.« Und weiter sagt der Direktor des Max-Weber-Kollegs an der Universität Erfurt, Hartmut Rosa, im Interview mit der *Frankfurter Rundschau*: »Dass wir an allen Ecken auf eine Krise zusteuern, liegt auf der Hand, denn wir sind nicht unendlich steigerungsfähig. Und wir haben nur einen Planeten. Demzufolge gibt es eine materielle und ökologische Grenze ... Auch die Psyche ist davon betroffen. Burn-out-Erkrankungen nehmen weltweit zu. Die Welt wird zunehmend freudloser. Sie ist von einer kollektiven Angst-Epidemie befallen.«[6]

Angst ist in der Tat inzwischen ein relativ weit verbreitetes Grundgefühl in den Industriestaaten. Die Angst, mit dem Tempo der Veränderungen nicht mehr mithalten zu können, die Angst vor gesellschaftlichem Abstieg, oder – bei jungen Menschen – den Aufstieg erst gar nicht zu schaffen. Dabei geht es nicht nur um die Sorge, den Arbeitsplatz zu verlieren, oder erst gar keinen zu finden. Laut einer Studie des Bildungsministeriums hegten 2013 in Westdeutschland rund 21 Prozent der Menschen und 15 Prozent in Ostdeutschland solche Ängste.[7] Es gibt auch die Angst vor Armut und Einsamkeit im Alter, vor Krankheit, dem Klimawandel oder eben die Angst, mit der Geschwindigkeit der Veränderungen nicht mehr mithalten zu können. Das neoliberale Denk- und Wertegebäude, das bereits an allen Ecken und Enden unserer Gesellschaft seine Spuren hinterlassen hat, heizt das Konkurrenzdenken und damit den Egoismus in uns an, die weit verbreiteten Ängste tun das Ihre dazu.

... und verursacht Angst

Die Angst vor dem individuellen Scheitern im Kapitalismus ist zum einen verbunden mit der gesellschaftlichen Angst vor Nullwachstum oder gar wirtschaftlicher Schrumpfung und zum anderen mit der Tatsache, dass der moderne Mensch seine physische Endlichkeit nicht akzeptieren kann und will. Wir ergeben uns nicht mehr gottesfürchtig unserem Schicksal, sondern wollen die »Macher« des eigenen Lebensweges sein. Das ist gut so. Aber wir überhöhen unsere Existenz zum anderen so sehr, dass natürliche Prozesse wie Altern und Sterben als größte narzisstische Kränkung empfunden werden. Das wiederum spiegelt sich auch in der Nicht-Akzeptanz wider, dass es im Leben Höhen und Tiefen gibt. Auch hierin liegt eine Quelle der Angst. Das völlig irrationale Festhalten am Wachstumsparadigma ist ebenso Ausdruck davon, wie die irrationale Vorstellung, dass es auch im eigenen Leben immer aufwärts gehen muss. Wachstum ist konnotiert mit Fortschritt. Fortschritt verspricht Zukunft und Leben. Inzwischen stehen viele unter einem derart gewaltigen Druck, ihr Arbeitspensum zu schaffen und auch den anderen Verpflichtungen gerecht zu werden, dass sie nur wenig bis keine Rücksicht mehr auf andere nehmen können oder wollen. Wer hingegen nicht wachsen kann oder will, gilt als nicht erfolgreich, rückständig, uninteressant. Und wer will das schon sein? Aus alledem resultiert die Angst, nicht mithalten zu können, auf der Strecke zu bleiben, während alle anderen an einem vorbeiziehen.[8] Viele stehen inzwischen unter einem derart gewaltigen Druck, ihr Arbeitspensum zu schaffen und auch den anderen Verpflichtungen gerecht zu werden, dass sie nur wenig bis keine Rücksicht mehr auf andere nehmen können oder wollen.

Die Schwachen sind selbst schuld an ihrer Lage

Der Egoismus macht sich breit, im Kleinen wie im Großen. Im Großen predigen Nationalpopulisten Abschottung und das Gegeneinander der Völker und Volksgruppen. Wer im Wohlstand lebt, will ihn verteidigen, gegen andere, die davon was abhaben wollen. Solidarität mit Flüchtlingen aus Krisengebieten? Alles andere als selbstverständlich. Was haben wir damit zu tun, dass sie sich in Syrien die Köpfe einhauen, fragen sich so manche – nicht nur hinter vorgehaltener Hand. Nun, selbstverständlich war die Solidarität mit Flüchtlingen wohl noch nie, erinnere man sich nur daran, wie viele Juden während der Nazizeit große Schwierigkeiten hatten, im Ausland Asyl zu bekommen. Oder denke man an die Schlesier, die nach dem Zweiten Weltkrieg vergeblich hofften, sich in Sachsen niederlassen zu können. Und doch hatten wir in puncto Solidarität in den letzten Jahrzehnten einen Standard erreicht, der zur Hoffnung Anlass gab, man könne ihn weiter ausbauen, national wie international, das heißt gegenüber den eigenen Mitbürgerinnen wie gegenüber Ausländern. Nun aber sind wir mit der Situation konfrontiert, dass das bereits Erreichte verspielt wird. Was dabei besonders bedenklich und gefährlich ist: Die Schwachen unter uns geraten zunehmend ins Abseits, denn die Haltung macht sich breit, sie seien selber schuld an ihrer Lage. Wer keinen Job findet, ist eben nicht gut genug ausgebildet, oder bemüht sich nicht genug. Wer arm ist, hat nicht vermocht, mehr aus seinem Leben zu machen. Wer krank wird, hat nicht genug auf sich geachtet, sich nicht fit gehalten, und so weiter und sofort. Nun bin ich zwar sehr wohl der Meinung, dass auch die Schwachen eine Mitverantwortung übernehmen müssen. Keiner kann sich locker zurücklehnen und meinen, die anderen werden es schon richten. Die großen positiven Eigenschaften einer humanen Gesellschaft – Solidarität und Mitgefühl, die warmherzige Grundhaltung gegenüber allen, die nicht auf der Sonnenseite des Lebens geboren wurden oder irgendwann in den Schatten gefallen sind – müssen auch ein Pendant haben. Das Pendant lautet, von den Schwachen auch etwas verlangen zu dürfen. Man darf von ihnen verlangen, dass sie mithelfen, ihre Situation zu verbessern, dass sie sich bemühen, dass sie sich an Regeln halten. Das entspricht dem, was man von einer guten und liebevollen Erziehung erwartet: Fürsorge, Unterstützung, Ermutigung, aber auch klare Regeln, Konsequenz und ein gutes Vorbild. Das ist alles richtig und wichtig. Doch wenn jetzt mal wieder – wie im März 2018 durch den neuen Gesundheitsminister Jens Spahn – **Die Schwachen geraten zunehmend ins Abseits** eine Debatte losgetreten wird, dass die Regelsätze für Hartz IV völlig für alles ausreichten, was man so zum Leben brauche, und dass es gar Hartz-IV-Bezieher gäbe, die mehr Geld zur Verfügung hätten als Leute, die einem geregelten Job nachgingen, dann zeigt dies, dass viele nicht die Armut bekämpfen, sondern die Betroffenen mit populistischen Argumenten marginalisieren wollen, die bei vielen durchaus gut ankommen. So spaltet man erfolgreich und spielt »unten« gegen »unten« aus. »Klassenkampf von oben« nennt das Stefan Sell, Professor für Volkswirtschaftslehre und Sozialpolitik an der Hochschule Koblenz, in der Wochenzeitung *der Freitag*.[9]

»Hartz IV ist ein Angstmache-Instrument«, meint Klaus Barthel, der die Arbeitsgemeinschaft für Arbeitnehmerfragen (AfA) der SPD leitet. »Und diese Angst betrifft nicht nur die Leistungsempfänger. Die Angst vor dem totalen Abstieg reicht bis weit in die Mitte der Gesellschaft. Das muss man beseitigen, wenn man will, dass die Gesellschaft wieder zusammenwächst.«[10] 16,5 Millionen Menschen leben in Deutschland an oder unterhalb der Armutsgrenze. Trotzdem wenden sich viele nicht gegen die Reichen, sondern schimpfen auf die Armen. Das ist gut, denn für die kapitalistische Wirtschaft sind Armut und Langzeitarbeitslose in einem gewissen Umfang durchaus willkommen. Sie kann man nicht nur sehr gut für mies bezahlte Jobs gebrauchen, sie geben auch »die Drohkulisse ab, vor der die Wirtschaftsmächtigen arbeitspolitische Entscheidungen erzwingen können, die ihren eigenen Reichtum mehren und die Mittelschicht aus Angst vor Abstieg bei der Stange halten. Die Verarmung der Arbeitslosen und ihre Diffamierung und Kriminalisierung sind politisch erwünscht. Sie halten die Löhne niedrig, die Deutschland einen Exportvorteil verschaffen.« So die Journalistin Kathrin Hartmann.[11]

Aus dem Weg, euer Elend kotzt uns an!

Auch die Bessergestellten fühlen sich zunehmend von denen belästigt und bedroht, die durch alle Netze dieser Gesellschaft hindurchgefallen sind. Nehmen wir zum Beispiel die Drogenabhängigen im Frankfurter Bahnhofsviertel. Solange dieses Viertel noch ein Schmuddelimage hatte, störte sich kaum jemand an den Junkies, die dort an manchen Stellen schon sehr lange zum Straßenbild gehören, so wie auch das Rotlichtmilieu. In dem Maße aber, in dem sich große Unternehmen und Organisationen hier niederlassen und auch Besserverdienende im Bahnhofsviertel wohnen wollen, weil das Viertel nun als »hip« gilt, beschweren sich immer mehr Leute über die Junkies und verlangen von Politik und Polizei ein härteres Durchgreifen. Was aber soll das konkret bedeuten? Sollen sie von dort vertrieben werden? Das wäre sicher den meisten Beschwerdeführern das Liebste. Und wenn ja, wohin sollen sie dann? Mal abgesehen davon, dass sich viele in dieser Gegend aufhalten, weil sie ihre Drogen unter Aufsicht in einem der sogenannten Druckräume konsumieren, die die Stadt Frankfurt im Rahmen ihrer fortschrittlichen Drogenpolitik eingerichtet hat, so stellt sich doch die Frage, ob es überhaupt einen Ort gibt, an dem sich nicht irgendwer von den Junkies gestört fühlt. Ich möchte nicht behaupten, dass es einfach und konfliktfrei ist, sich mit Drogenabhängigen den öffentlichen Raum zu teilen. Aber solange sie keinen belästigen, haben auch sie meines Erachtens ein Anrecht darauf, diesen öffentlichen Raum zu nutzen. Leider scheint es zunehmend mehr Menschen zu geben, die sich an ihrem bloßen Anblick stören und sie, genauso wie die Obdachlosen und die Bettlerinnen, gerne aus dem Straßenbild verjagen würden. Leider gibt es vor allem in den Großstädten aber auch immer mehr Junkies, mehr Obdachlose, mehr

Menschen, die Passantinnen nach etwas Geld fragen. Das ist sehr auffällig und nicht weiter verwunderlich. Unsere Gesellschaft »produziert« diese Menschen. Früher wurde ich alle paar Tage mal angebettelt, heute passiert es mehrmals täglich. Die Großstadt zieht diese Menschen an, aber ganz genaue Zahlen gibt es dazu nicht, da sie in keiner Bundesstatistik erfasst sind, was von Sozialverbänden immer wieder kritisiert wird. Die Bundesarbeitsgemeinschaft Wohnungslosenhilfe schätzte die Zahl der dauerhaft Obdachlosen 2009 auf bundesweit rund 18 000. Sehr viel höher sei die Zahl der Wohnungslosen, die von 235 000 im Jahr 2009 auf 335 000 im Jahr 2014 gestiegen ist. Diese Menschen sind vorübergehend ohne Wohnung und leben bei Freunden, in Notunterkünften oder eben auch auf der Straße. Auffällig sei auch, dass immer mehr Minderjährige auf der Straße lebten.[12]

Manche begegnen den Bettlerinnen, Junkies und Obdachlosen in ihrer Überheblichkeit mit großer Verachtung. Andere, die vielleicht eine Ahnung davon haben, wie leicht man in solche Situationen geraten kann, sehen sich mit eigenen existenziellen Ängsten konfrontiert und wollen aus diesem Grund nichts mit diesen Menschen zu tun haben und ignorieren sie, so gut sie können, drehen sich weg, wenn eine von ihnen auf sie zukommt. Eine Kollegin berichtete mir von einer sehr guten Freundin, die sich heftig über die Junkies in Frankfurt beschwert hatte, weil es ihr unangenehm sei, an ihnen vorbeilaufen zu müssen, wenn sie zur Arbeit geht. Die Freundin hat einen guten Job und ein gutes Einkommen. Die Kollegin versuchte, ihr deutlich zu machen, dass sie doch dankbar sein könnte, weil es ihr so gut gehe, und sie daher diese Menschen, bei denen das nicht so ist, mit Milde und auch etwas eigener Demut betrachten könnte. Letztlich sei es doch auch die Aufgabe der Starken, den Schwachen etwas zurückzugeben. Bei der Freundin stieß sie da aber auf taube Ohren.

Eine zunehmende Zahl der Obdachlosen werden auch Opfer von Gewalttaten, wie das Bundeskriminalamt berichtet. 2012 wurden 258 Angriffe registriert, 2017 waren es schon 592. Das ist ein Zuwachs von 130 Prozent in nur fünf Jahren. Die Dunkelziffer, so vermuten Experten, sei aber noch höher.[13]

Auch bei den Ärmsten der Armen nimmt die Konkurrenz zu, bei denen, die ganz unten stehen. So habe ich schon beobachtet, wie sich Bettler gegenseitig anfeinden, weil sie sich in die Quere kommen und ihre Reviere verteidigen. Oder denken wir nur an die Auseinandersetzungen Anfang 2018 um die Essener Tafel, deren Verantwortliche meinten, den großen Andrang von Menschen, die sich hier Essen holen, nur noch bewältigen zu können, wenn sie die Zahl der Flüchtlinge unter den Klienten begrenzen. So werden Bedürftige gegen Bedürftige ausgespielt. Sicher eine falsche Maßnahme der Tafel, aber letztlich sitzen die Verantwortlichen dieser Entwicklungen ganz woanders – gleichen Hilfseinrichtungen wie diese doch nur mühselig und unvollständig aus, was Politik und Wirtschaft in den letzten Jahrzehnten in der Gesellschaft angerichtet haben, beziehungsweise übernehmen Aufgaben für Versäumnisse des Staates.

Die Armen und Ärmsten geraten in Konkurrenz zueinander

Denn diese sich mehrenden traurigen Erscheinungen gehen meines Erachtens auf das Konto eines entfesselten Wirtschaftsliberalismus. In dessen Kern hatte die Ideologie des Neoliberalismus nun schon 30 Jahre Zeit, ihre Wirkung zu entfalten. Der neoliberale Siegeszug war vor allem geprägt von der Dominanz deregulierter Finanzmärkte, dem Rückzug des Staates aus der Daseinsvorsorge (Privatisierungen), dem Rückbau sozialstaatlicher Strukturen, einer dauerhaften Massenarbeitslosigkeit sowie von einem fortwährenden Druck in den Unternehmen und staatlichen Einrichtungen zur Kostensenkung, in dem Arbeitsplätze vernichtet, beziehungsweise verlagert werden. Nun, während ich dieses Buch schreibe, sind die Arbeitslosenzahlen in Deutschland wesentlich niedriger als früher, zumindest, wenn man den Statistiken glaubt. Es gibt sogar Bereiche, in denen händeringend Fachkräfte oder Auszubildende gesucht werden. Doch ändert das nichts am Grundtatbestand einer viel zu hohen Sockelarbeitslosigkeit und dass wir außerdem viel zu viele Menschen haben, die in prekären, viel zu schlecht bezahlten Beschäftigungsverhältnissen arbeiten müssen. Auch muss einschränkend hinzugefügt werden, dass es den Wirtschaftsliberalismus in seiner Reinforum so nicht mehr gibt. Nach der Finanzkrise 2008 hat die Politik wieder mehr Geschmack an der Regulierung gefunden, wenn sie auch in vielen Fällen und besonders beim Finanzmarkt und in der

Steuerpolitik nur halbherzig vorgeht. Selbst Teile der Wirtschaft fordern inzwischen mehr staatliche Vorgaben, zum Beispiel in der Klimapolitik. Insofern ist der Neoliberalismus gar nicht mehr die alles bestimmende Ideologie der Wirtschaftspolitik. Doch das, was er über lange Zeit in den Köpfen und Herzen der Menschen angerichtet hat, wirkt noch nach und entfaltet – wie mir scheint – seine volle Wirkung jetzt erst richtig.

Mehr oder weniger arm …

Auch wenn viele so tun, als machten sich die Arbeitslosen auf Kosten des hart arbeitenden und steuerzahlenden Teils der Bevölkerung einen schönen Lenz: Die Realität sieht für das Gros dieser Menschen völlig anders aus. Arbeitslosigkeit, vor allem wenn sie länger dauert, belastet und verändert die Menschen zutiefst. Viele Betroffene schämen sich, werden von Selbstzweifeln zerfressen, hegen Schuldgefühle und Ängste, und im schlimmsten Fall rutschen sie in eine Depression. Dann sinken die Chancen, wieder einen Arbeitsplatz zu finden, rapide. Selbst wenn es ihnen gelingt, weiterhin ein einigermaßen geregeltes Leben zu führen, so verändert sich im Laufe der Zeit ihre Persönlichkeit, und ihre Fähigkeiten schwinden, auch weil sie sich immer weniger zutrauen. Das macht es ja so schwer, Langzeitarbeitslose wieder in den Arbeitsmarkt zu integrieren. Das alles bliebe aber nicht auf die Individuen alleine beschränkt, meint der Freiburger Psychoanalytiker Reinhold Bianchi und spricht von einer »sozialen Traumatisierung«, denn die Gesellschaft als Ganzes werde durch dieses Phänomen tief beeinflusst. Es sei ein Symptom dafür, dass die Eliten nicht mehr für die sozioökonomische Partizipation aller Menschen zu sorgen bereit sind. Im Umgang der Eliten, der vorrangig neoliberalen ausgerichteten Parteien und auch der Medien mit dieser sozialen und humanen Katastrophe der Massenarbeitslosigkeit zeige sich eine grundlegende Auffassung, »die ich für psychologisch und mentalitätsdynamisch äußerst bedrohlich halte: Es geht um die Ideologie der freiwilligen Arbeitslosigkeit. Wer arbeitslos ist, so die Neoliberalen, sei selber schuld, er oder sie sei einfach zu passiv, zu faul.« »In dieser diskreditierenden Prägung der Opfer von Ausgrenzung in unserer Gesellschaft«, so Bianchi weiter, »liegt ein bösartiger und wahnhafter Kernbestand. Diese wahnhafte Ideologie macht auch die schreckliche Verdrehung möglich, den Angriff auf die psychische und soziale Lebenssituation der Arbeitslosen als Kampf gegen die Arbeitslosigkeit auszugeben.«[14]

Diese Grundhaltung, die der Psychologe hier beschreibt, dass es nicht die äußeren politischen und wirtschaftlichen Bedingungen seien, die Arbeitslosigkeit erzeugen, sondern der Fehler bei den Menschen selber zu suchen sei, und zwar nahezu ausschließlich bei ihnen selber, war der Nährboden, auf dem die Agenda 2010 der SPD und den Grünen geführten Regierung Anfang des Jahrtausends entstehen konnte. Mit den Hartz-IV-Gesetzen wurde zum Angriff auf die Arbeitslosen geblasen. »Armut per Gesetz« und »psychologisch gesehen auch Diskreditierung per Gesetz«, nennt das Reinhold Bianchi. Auch hier sollte ich wohl ein kleines Fragezeichen setzen, wenn ich mir die Zahlen anschaue: Laut Statistischem Bundesamt galten im Jahr 2015 10,7 Prozent der Bevölkerung in Deutschland als materiell depriviert, 4,4 Prozent waren von erheblicher materieller Entbehrung betroffen. Ein leichter Rückgang im Vergleich zu 2010 (11,1 Prozent beziehungsweise 4,5 Prozent). Allerdings sagt die Behörde, die gemessenen Veränderungen seien so gering, dass sie noch nicht sicher zu interpretieren sind. Ich weiß aber auch, dass die Forscher in absolute und relative Armut unterteilen und dass die Zahlen unterschiedlich interpretiert werden. Die Bundesregierung spricht in ihrem letzten Armuts- und Reichtumsbericht davon, dass das Risiko, arm zu werden, gestiegen sei: 2006 lebten 12,7 Prozent der Bevölkerung in relativer Armut, 2014 waren es hingegen bereits 16,7 Prozent.[15] Die Armut wird auch nach meinem persönlichen Augenschein auf den Straßen immer mehr sichtbar: Ich sehe so viele Menschen in den Mülleimern nach Pfandflaschen suchen, ich sehe so viele Menschen, die die Passanten um ein wenig Geld anbetteln. Es sind viel, viel mehr geworden. Das kann keine optische Täuschung sein.

... und der Irrglaube der Alternativlosigkeit

Ich erinnere mich gut an diese Zeit und an die Diskussionen im Freundeskreis über die Agenda 2010 und Hartz IV. Und ich muss beschämt eingestehen: Auch ich verfing mich damals im Argumentationsgestrüpp, dass uns die Globalisierung und der daraus resultierende Strukturwandel keine andere Chance lasse, als soziale Errungenschaften wieder zurückzufahren. »Wir können uns das doch nicht mehr leisten«, war so ein häufig gehörter Satz. Und auch der demographische Wandel musste – und muss es ja noch immer – herhalten, um zu begründen, warum es Einschnitte bei der Rentenerhöhung geben muss und die Rentnerinnen länger arbeiten müssen. Wenn eine rot-grüne Regierung das alles durchzieht, dann muss doch etwas dran sein, so versuchte ich mich selbst zu beruhigen. Zudem gab es nur noch wenige Journalistinnen und Intellektuelle, die sich trauten, eine dezidiert konträre Position zu vertreten, beziehungsweise viele waren eben, wie ich auch, der neoliberalen Propaganda auf den Leim gegangen. »In Deutschland vollzog sich ein neoliberaler Uniformierungsprozess der Leitmedien und ihr Bündnis mit der neoliberalen Politik nach 1998 im großen Tempo. (…) Viele konnten es lange nicht glauben, dass die SPD unter der Schröder-Müntefering-Führung diese Politik gegen die Schwachen wirklich so rücksichtslos durchsetzen würde. Dieser Schwenk von Rot-Grün wurde wesentlich getragen von dem seit damals zu Tage getretenen, schier lückenlosen Monolithismus der neoliberalen Meinungsfront, der sich an sich schon als schwerwiegende Desorientierung der Bevölkerung und hier vor allem der medienorientierten Mittelschichten auswirkte.«[16] Angela Merkel nannte das alles später »alternativlos«. Ich gestehe: Auch ich gehörte zu den Desorientierten und bezog nur noch zaghaft Position gegen die Agenda 2010 und Hartz IV, viel zu zaghaft.

Die Überheblichkeit derer, denen es (noch) gut geht

Wie bereits gesagt: Es wäre zu einfach, die Opfer des Wirtschaftsliberalismus von jeglicher Verantwortung freizusprechen. Auch wenn die politischen und wirtschaftlichen Rahmenbedingungen ganz sicher nicht so gestaltet sind, dass alle die besten Voraussetzungen für ein gutes Leben vorfinden, so sollte man sich dennoch nicht selbst auf die Opferrolle reduzieren, oder reduzieren lassen, sondern Hilfsangebote – die es ja zum Glück an vielen Stellen gibt – auch nutzen, um die eigene Lage substanziell zu verbessern. Und dennoch: Es gibt eben auch Menschen, die, aus welchen Gründen auch immer, einfach nicht (mehr) in der Lage sind, sich aus dem Sumpf zu befreien, auch nicht mit fremder Unterstützung. In ihrem Leben ist zu viel schiefgegangen. Diese Menschen erleben wir dann als Drogen- oder Alkoholabhängige oder als Obdachlose und Bettler, die ganz offensichtlich schon ganz weit nach unten gerutscht sind. Ich habe Mitgefühl mit diesen Menschen und gebe ihnen, wenn sie mich fragen, gerne und oft einen Euro, manchmal auch mehr. Wohlwissend, dass das an ihrer Situation nicht grundlegend etwas ändert. Doch für mich ist es ein Akt der Mitmenschlichkeit, sie nicht zu übersehen und abzuschütteln, wie eine lästige Fliege, sie als Menschen zu behandeln, mögen sie auch noch so runtergekommen und schmutzig aussehen, ihnen ein kleines Lächeln zu schenken. Auch dann, wenn ich merke, dass die Geschichte, die sie mir erzählen, nicht stimmen kann. Ich kann, oder will, nicht allen etwas geben, die mich fragen, es sind einfach zu viele geworden. Manchmal will ich auch nur schnell von A nach B kommen und schüttele daher mit dem Kopf, wenn ich mal wieder angesprochen werde. Dann habe ich ein schlechtes Gewissen. Denn letztlich tut es mir überhaupt nicht weh, jeden Tag einen Euro zu verschenken. Ich tue es auch, weil ich dankbar bin, dass es mir gut geht, und weil ich weiß, dass das alles ganz anders hätte kommen können. Wie schnell kann man auf die schiefe Bahn geraten. Wir kennen die Biographien von Obdachlosen: Arbeitsplatzverlust, Trennung von der Partnerin, Alkohol, Krankheit, die Wohnung wird gekündigt, keine Kraft mehr, die Probleme zu lösen, die einem über den Kopf wachsen, und schon steht man auf der Straße. Oder irgendein anderer schwerer Schicksalsschlag, von dem man sich nicht wieder erholt, und schon gerät das Leben komplett ins Rutschen. Wenn man dann keine, oder die falschen Freundinnen und Freunde hat, gibt es keinen Halt gegen den gesellschaftlichen Abstieg. Es ist selbstgefällig, überheblich und vermessen zu meinen, das könne einem selbst nie und nimmer passieren.

Kürzlich stand ich mit einer Freundin im Gespräch in der Frankfurter Innenstadt auf der Straße, als uns eine Frau ansprach. Sie war so um die 40 Jahre alt und weinte, wir verstanden sie kaum. Ihrem Äußeren nach zu urteilen, war sie noch nicht so lange auf der Straße, die

Frisur sah aus, wie erst vor wenigen Wochen beim Friseur geschnitten, doch die Kleidung zeigte schon deutliche Spuren eines nicht mehr geordneten Lebens. Sie rührte uns, meine Freundin fragte sie, ob sie Hunger habe, und gab ihr mehrere Euro. Ein anderer Freund sagte, er glaube nicht, dass die Frau sich von dem Geld etwas zu essen kaufen werde, worauf meine Freundin erwiderte: »Das ist mir egal, wenn sie sich davon Alkohol kauft und es ihr dadurch zumindest kurzzeitig etwas besser geht, dann soll mir das auch recht sein.« Das ist auch meine Einstellung. Ich habe nicht darüber zu richten, was Menschen mit dem erbettelten Geld machen. Sie werden tun, was sie in ihrer Situation meinen, tun zu müssen. Ich kann ihnen nicht grundlegend helfen, aber ich kann ein kleines bisschen Menschlichkeit in ihr Leben bringen und ansonsten – wo es mir möglich ist – Stellung beziehen gegen eine Politik, die diese Menschen verachtet und vergisst.

Die Wohlstandsbürgerinnen aber bilden sich ein, ihnen könne das alles nie passieren, denn sie halten sich für (leistungs-)stark, was sie ja in der Regel auch sind. Sie vergessen nur, dass nicht alles im Leben von der eigenen Intelligenz und Leistung, dem eigenen Engagement und der eigenen Motivation abhängt. Es braucht auch das berühmte Quäntchen Glück. »Eine stabile Identität und ein gutes Selbstwertgefühl können wir nur haben und bewahren, wenn wir auch im erwachsenen Leben in tragende und fördernde makrostrukturelle Strukturen eingebettet sind«, so der Psychoanalytiker Reinhold Bianchi.[17] Meine Lebenserfahrung sagt mir, es sind vor allem die sozialen Beziehungen, die Familie, der Freundeskreis, die einen stärken und tragen, wenn einem das Leben mal besonders viel abverlangt. Diese tragenden Strukturen zu haben, das ist leider nicht allen vergönnt.

Ellenbogenmentalität, Verrohung und Narzissmus

Die Ellenbogenmentalität, die der Konkurrenzdruck des Wirtschaftsliberalismus hervorgebracht hat, zeigt sich auch im alltäglichen Umgang miteinander, der sehr viel ruppiger geworden ist. Schlimmer noch, die Gewalt nimmt zu, wie die polizeiliche Kriminalstatistik vom April 2017 zeigt. Delikte mit Mord, Totschlag, Vergewaltigung, Nötigung und Körperverletzung haben um über 14 Prozent zugenommen. Die Zunahme geht auch auf Straftaten von Geflüchteten zurück, allerdings ist das nur ein kleiner Teil der Wahrheit. Der damalige Bundesinnenminister Thomas de Maizière sprach von einer zunehmenden »Verrohung« der Gesellschaft: »Da ist etwas ins Rutschen geraten.« Einen Zusammenhang mit einer Politik, die mit einer neoliberalen Agenda seit rund 30 Jahren Solidarität klein und Egoismus groß schreibt, sah der Minister allerdings nicht.

»Es macht offenbar vielen Menschen keine Freude mehr, sich für die Gesellschaft mitverantwortlich zu fühlen«, meint der Frankfurter Psychiater Manfred Fröhlich.[18] Kein Wunder, hat man ihnen doch seit Jahrzehnten eingehämmert, sie müssten sich vor allem um sich selbst kümmern, um im Konkurrenzkampf bestehen zu können. Doch wer vor allem um sich selber kreist, verliert auf die Dauer die Empathie, das Vermögen, sich in andere einzufühlen. So nehmen viele die Interessen und Bedürfnisse ihrer Mitmenschen gar nicht mehr wahr. Zum Beispiel erlebe ich es immer mal wieder im Zug, dass Mitreisende – vornehmlich in Gruppen – Musik hören, als seien sie allein im Abteil, mit Kopfhörer oder sogar Lautsprecher. Spreche ich sie darauf an, reagieren sie in aller Regel verständnisvoll und stellen die Musik leiser. Ebenso verhält es sich mit den Superlauttelefonierern oder den Damen- und Herrengrüppchen, die mit Sekt und Bier bewaffnet ins Wochenende aufbrechen. Auf das Problem hingewiesen zeigen sich die meisten einsichtig. Die Frage ist jedoch, warum sie nicht von alleine darauf kommen, dass ihr Verhalten für andere störend sein könnte? Dies liegt wahrscheinlich in der Tat daran, dass sie sich über die Wirkungen ihres Tuns überhaupt keine Gedanken machen. Das sei wie bei Kleinkindern, sagt der Psychiater Fröhlich, die Gesellschaft werde infantiler, unmittelbare und individuelle Bedürfnisbefriedigung stehe im Mittelpunkt, und das werde durch die Werbung stark gefördert. Werbebotschaften wie »Ich und mein Magnum« oder »Hier zähle ich« seien Belege dafür.

Zur Frage, warum die Menschen so sehr mit sich selbst beschäftigt sind, sagt Professor Thomas Kliche, Politologe und Psychologe am Fachbereich Angewandte Humanwissenschaften an der Hochschule Magdeburg:

»Wir haben einen inneren Personalchef, der uns antreibt, die ganze Existenz zu planen. Man muss sich gegen alle anderen durchsetzen, die ganze Biographie danach ausrichten. Wir leben in einer Erfolgskultur, Niederlagen und Misserfolge werden verdrängt, wir sehen auch nur die eigenen Erfolge. Da die Zahl der Arbeitsplätze abnimmt, die noch Sicherheit versprechen, verschärft sich die Konkurrenz. Ein Großteil des Leistungsdrucks ist selbsterzeugt. Gleichzeitig haben wir eine Dominanzgesellschaft, das heißt, es gibt dominante Modelle, an die wir uns angleichen. Nehmen wir das Beispiel VW: Hier scheint es keine ethische Bremse zu geben. In den Medien ist viel von Leuten die Rede, die sich über das Recht hinwegsetzen. Das gilt zunehmend als normal. Die Globalisierung fördert die Desintegration, die Gesellschaft zerbröckelt. Wir halten nicht mehr zusammen. Der Egoismus wendet sich gegen Einzelne, es ist okay, wenn die Schwachen durchfallen. Die traditionellen verbindenden Organisationen wie Gewerkschaften, Arbeitersportgemeinschaften, kirchliche Gruppen, haben keine integrierende Kraft mehr. Und in den sozialen Medien ist nur was wert, wer ›Likes‹ bekommt. Das fördert den Konformismus.« [19]

Der innere Personalchef treibt uns an

»Tauschverhältnis kennt keine Empathie«

»Wenn alles durchökonomisiert wird, bekommen wir zu allem ein Kundenverhältnis«, sagt Hejo Manderscheid, ehemaliger Direktor des Caritasverbandes in der Diözese Limburg in Hessen. Am meisten fällt ihm das im Gesundheitswesen auf. Die Krankenkassen hätten kein Interesse an den Menschen. Mit denen legte sich Manderscheid immer wieder an. Wir seien schon so weit, dass deren Mitarbeiterinnen und Mitarbeiter Boni dafür bekommen, wenn sie möglichst wenige Leistungen genehmigten. Ganz ähnlich sei es bei Ämtern und Institutionen. Hier spiegelt sich wider, was in diesem Buch auf der individuellen Ebene beschrieben wird. Die »Institutionen treten den Menschen nur noch in Form von Tauschbeziehungen gegenüber. Es gibt keine Bürgerinnen und Bürger mehr, sondern nur noch Kunden. Dann müssen wir uns nicht wundern, wenn die Einzelnen sich ganz ähnlich verhalten. Warum soll ich mich ums Gemeinwohl sorgen, fragen sie, dafür zahle ich doch Steuern. Das Tauschverhältnis aber kennt keine Empathie«, so der Ex-Caritaschef. Und wo die Empathie nachlässt oder gar ganz fehlt, verändern sich die Persönlichkeit und damit das Verhalten der Menschen. Der Professor für Sozialpsychologie Dieter Frey sagt dazu: »Die Menschheit scheint heutzutage deutlich stärker zu manipulativem, aggressivem, egoistischem und antisozialem Verhalten zu neigen.« Das »korreliert mit geringer Empathie«. Aufgrund des Konkurrenzdrucks stellt Frey eine Tendenz zur Verrohung fest. »Eine völlige Abwesenheit von Empathie ist mit dem Dasein als Mensch aber nicht vereinbar.«[20]

Keine Bürger mehr, nur noch Kunden

Selbstliebe vor Zuneigung

Woran liegt es, dass Empathie, das Sich-Einfühlen-Können in die Situation anderer Menschen, eine wesentliche soziale Fähigkeit, ohne die ein humanes, solidarisches Gemeinwesen nicht funktionieren kann, offenbar zu einer Fähigkeit wird, die nicht mehr allen gegeben ist, beziehungsweise oft nur schwach ausgeprägt ist? Oder, anders formuliert, die immer mehr Menschen verlieren? Die Antwort könnte heißen: weil der Narzissmus, also die Selbstbezüglichkeit, auf dem Vormarsch ist. Von einer »Narcissism Epidemic« sprechen die amerikanischen Forscher Jean Twenge von der San Diego State University und Keith Campbell von der University of Georgia. Die beiden haben 2009 eine Studie mit rund 37 000 Studierenden durchgeführt. Das Ergebnis: Während 1985 jede siebte Studentin erhöhte Narzissmuswerte aufwies, waren diese 2009 schon bei jedem vierten Studenten zu beobachten. Die Ursachen dafür sehen die Forscher darin, dass sich die amerikanische Gesellschaft stark auf Selbstbewusstsein, Selbstdarstellung und Selbstbewunderung fokussiere. Das ganze Land sei auf dem Ego-Trip, denn gleichzeitig sei der Glaube der Amerikaner an die Gestaltungskraft und die Macht von Gemeinschaft oder Regierung geschwunden.[21]

Nicht völlig anders sieht es in Deutschland aus, das ja – wie Europa generell – dazu neigt, die kulturellen Entwicklungen Amerikas zeitverzögert nachzuvollziehen: Hier werden rund ein bis zwei Prozent der Bevölkerung eine »narzisstische Persönlichkeitsstörung«

(NPS) attestiert, eine abgeschwächte Form sei aber immerhin bei rund sechs Prozent erkennbar – damit sprechen wir insgesamt von rund fünf bis sieben Millionen Menschen. Nach Angaben des Psychologen Hans-Werner Bierhoff sind bei den deutschen Studierenden rund 20 Prozent betroffen. Er spricht von einer »Ich-Inflation« in der westlichen Welt, es gebe eine übersteigerte Kultur der Selbstdarstellung, die sich ja am offensichtlichsten darin äußert, dass so viele ständig und überall Selfies machen, zu erkennen aber auch an Buttons und T-Shirts mit Aufschriften wie »I love myself«, die man neuerdings selbstbewusst trägt, an Ratgebern mit den Titeln »Liebe Dich selbst« oder »Die Kunst der Selbstdarstellung«, an Popbands mit Namen wie »Ich + Ich«. »Die jüngere Generation«, so Bierhoff, Professor an der Ruhr-Uni Bochum, »ist regelrecht von einem gesellschaftlichen Virus infiziert.« Sie konsumieren im hohen Maße Medien, die der Selbstinszenierung dienen, wie Casting-, Talk- und Realityshows. Die Bindungskraft gesellschaftlicher Normen hingegen nimmt ab.[22]

Allerdings muss man mit solchen Befunden auch vorsichtig umgehen. Andere Forscher nämlich meinen, dass der Narzissmus in der jüngeren Generation zwar stärker ausgeprägt sei als bei den Älteren, dies sei aber ganz normal, weil man in der Jugend immer mehr auf sich selbst konzentriert sei. So argumentiert zum Beispiel Eunike Wetzel, Psychologin an der Universität Konstanz, die mit Kollegen 60 000 Persönlichkeitstest aus 30 Jahren ausgewertet hat. Darüber berichtet auch der Journalist Sebastian Herrmann und schreibt: »Smartphone, Facebook, Instagram, Snapchat und so weiter – Egobolzen haben heute mehr Möglichkeiten, wahrgenommen, bewundert und gehasst zu werden. Eigenliebe findet heute öffentlich statt. Das alles verleitet dazu, jede Selfie-Szene und jeden peinlichen Promi-Gockel im Vorabendprogramm als Beleg für die Ausbreitung einer hochinfektiösen Ich-Ich-Icheritis zu interpretieren. Bestätigungsfehler nennen Psychologen die Art der Wahrnehmung, die nur das sieht, was zu sehen sie erwartet, Narzissmus ist heute nicht häufiger, sondern vor allem leichter sichtbar geworden.«[23]

Nun habe ich diese Argumentation bei meinen Recherchen mehrfach gehört, zum Beispiel auch beim Thema Sport, wo gesagt wird, dass die öffentliche Aufmerksamkeit für Negativereignisse größer geworden sei, nicht so sehr die Anzahl der Fälle selbst (siehe Seite 99). Doch scheint mir dieser Befund keineswegs Entwarnung zu geben, denn der öffentlich zur Schau getragene Ichlingskult hat ja auch eine Werbe- beziehungsweise Sogwirkung: Wer dafür im Prinzip anfällig ist, lässt sich gerne anstecken, die öffentlich gemachten Beispiele animieren, es denen gleichzutun. Das kennen wir auch aus vielen anderen Bereichen.

Was aber ist genau Narzissmus und woher kommt er? Laut Wikipedia dienen »die Diagnose ›Narzissmus‹ und das Prädikat ›narzisstisch‹ im allgemeinen Sprachgebrauch der kritisch-polemischen Kennzeichnung einer Person, die sich den Ansprüchen der Gemeinschaft auf spezifische Weise zugunsten eines überhöhten Ich-Anspruchs entzieht«. Die Ursachen liegen oft in einem geringen und fragilen Selbstwertgefühl, das ständig durch das Bedürfnis nach übertriebener Anerkennung und Bewunderung kompensiert werden muss.[24] Früher, so die Psychologin Gabi Wardetzki, sei Narzissmus, jedenfalls in seiner stark übertriebenen Form, eine Krankheit gewesen, heute sei es – auch – eine Haltung. Narzissten litten unter starken Selbstzweifeln und versuchten, diese durch ein besonders auffälliges Auftreten zu kompensieren, berichtete Wardetzki in einer Scobel-Sendung auf 3sat.[25] Interessant sei, dass die Narzissmuswerte in der ehemaligen DDR, einer stärker gemeinschaftlich orientierten Gesellschaft, geringer ausgeprägt gewesen seien. Nach der Wende habe sich das aber rasch angeglichen. Unterschiede seien auch zwischen den Kulturen zu beobachten. So lebten viele Asiaten oder auch Menschen auf dem afrikanischen Kontinent gemeinschaftlicher. Die westliche Lebensweise fördere offenbar den Egoismus.[26] Nun sind Aussagen, andernorts seien die Menschen hilfsbereiter oder sogar glücklicher, immer mit größter Vorsicht zu genießen, denn es kann schlicht soziale Not sein, die die Menschen zwingt, enger zusammenzurücken. Und was Asien angeht, so wissen wir zumindest, dass in der chinesischen Gesellschaft untereinander mitunter ausgesprochen unsolidarisches empathieloses Verhalten vorherrscht.

Narzissten zeigten wenig Empathiefähigkeit und Fairnessempfinden, hätten aber ein großes Schamgefühl, so die Psychologin Aline

Vater, die an der FU Berlin zu diesem Thema forscht. Das Phänomen nehme zu, da der Erfolgsdruck in den Familien steige. Lebten Kinder in einem eher kühlen, an Leistung orientierten Elternhaus und erlebten einen Mangel an echtem Einfühlungsvermögen der Erziehenden, dann wecke das im Kind »den unstillbaren Hunger nach Wertschätzung«. Das Kind könne mit seinen wahren Gefühlen nicht bei seinen Bezugspersonen landen. »Es hat keinen Resonanzboden, keinen Sparringspartner für Emotionen und erfährt dadurch eine Art Ur-Einsamkeit.« Kämen dann noch kleine Entwertungen und Demütigungen hinzu – das wirst du nie lernen! –, oder sei der Erziehungsstil von Spott bestimmt, dann sprächen Experten von sich häufenden »Mikrotraumen«. Wenn echtes Interesse am Wesen des Kindes fehle, wenn es unausgesprochene Aufträge erfüllen müsse – zum Beispiel die Mutter beschützen, die Ehe der Eltern kitten, Leistungsansprüche des Vaters oder Erfolgsträume der Familie einlösen –, dann wird es zum »verlängerten Selbst« der Eltern, so Aline Vater. »Sie vermitteln ihm die Botschaft: Sei nicht, wer Du bist, sondern der, den ich brauche.« Solche Menschen entwickelten dann ein unersättliches Bedürfnis nach Lob und Anerkennung, seien geradezu süchtig danach. »Kein Lob bleibt lange bestehen, es fehlt am inneren Gefäß, es aufzufangen.« Die Dosis müsse ständig gesteigert werden. Narzissmus wird zur Überlebensstrategie. Das Futter der Narzissten, um ihren Herzschmerz nicht zu spüren: Status, Besitz, Konsum, Markensucht. Das ende oft in Schulden und im sozialen Desaster. Die Psychologin sieht kaum Strategien, wie mit dieser Problematik umzugehen sei, weder für narzisstische Persönlichkeiten, noch für eine narzisstische Gesellschaft.

Armutsverwahrlosung, Wohlstandverwahrlosung

Und warum gibt es immer mehr von dieser Spezies? Jenen Menschen, die es nur schlecht ertragen können, wenn sich nicht alles um sie dreht und die sich wenig für andere interessieren? Die Ursachen dafür sind unter anderem in frühkindlichen Erfahrungen zu suchen. In der Regel handelt es sich um Menschen, deren Eltern – möglicherweise weil sie sich in der neoliberalen Konkurrenzmühle nicht oder nicht mehr zurechtfinden – überfordert mit ihrem Leben sind und sich zu wenig um ihre Kinder kümmern. Sie versorgen ihre Kinder zwar materiell, vernachlässigen sie aber auf emotionaler und sozialer Ebene. Der Münchner Psychoanalytiker Wolfgang Schmidbauer sagt dazu: »Überforderte Eltern ziehen sich von ihren Kindern zurück, setzen sich nicht mit ihnen auseinander, stehen ihnen nicht bei, helfen ihnen nicht, Kränkungen zu verarbeiten, und überlassen sie den Bildschirmwelten. Sie beharren nicht auf Empathie in unterschiedlichen Positionen, etwa in ihrer Angst, dass das Kind unselbstständig bleibt und durch seine Anspruchshaltung keine Freunde findet.« So werden solche Kinder den Lehrerinnen überlassen, die es richten sollen. »Es entstehen Vorwurfszyklen«, sagt Schmidbauer, »überlastete Lehrer geben dem Versagen der Eltern die Schuld an schlechten Leistungen und mangelnder sozialer Kompetenz der Schüler; überlastete Eltern schmähen die Lehrer. So kann sich vielfach die Fähigkeit nicht mehr entwickeln, Kränkungen zu verarbeiten, sie als Teil des Lebens zu nehmen, sich nach ihnen wieder zu versöhnen.«[27]

Dieses Phänomen ist sowohl in den Unter- als auch Mittel- und Oberschichten zu beobachten. Auch die Kinder aus ärmeren Familien leiden nicht nur aufgrund materieller Not, wie die Debatte um Kinderarmut vermuten lassen könnte. Die Kinderarmut ist ein Skandal – ebenso schlimm ist aus meiner Sicht jedoch die emotionale Vernachlässigung. In meiner direkten Nachbarschaft gibt es einen großen Häuserblock, in dem viele Familien wohnen, die man wohl eher der Unterschicht zurechnen würde. Oft höre ich, wie Kinder draußen beim Spielen verzweifelt nach ihrer Mutter rufen – minutenlang, ohne, dass sich jemand am Fenster zeigt. Oder ich beobachte junge Mütter, ihren Kinderwagen schiebend, tief in ihr Smartphone vertieft. Das Kind möchte Kontakt zur Mutter aufnehmen, hat aber keine Chance.

In vielen wohlhabenderen Familien sieht es ganz ähnlich aus. Diese Eltern behandeln ihre Kinder oft wie kleine Erwachsene, überfordern sie damit und sind selbst überfordert durch den fortwährenden Versuch, Beruf und Freizeit, Haushalt und Familie unter einen Hut zu bringen. Sie nehmen sich vielfach nicht mehr die Zeit, intensiv auf ihre Kinder einzugehen, ihre Fragen, Sorgen und Ängste mit ihnen zu besprechen. Diese Kinder haben alles, oft zu viel, und sind dennoch vernachlässigt. Das sind Momentaufnahmen, die natürlich immer nur einen Teil der Wahrheit widerspiegeln, und doch sind es besorgniserregende Anzeichen, dass hier eine Generation heranwächst, die erhebliche seelische Defizite mit sich herumträgt.

Narzissten haben weniger Empathie

Besonders schwierig wird es für diejenigen Kinder, die in einer Familie aufwachsen, in der sich die Eltern nicht mehr verstehen. Oft werden sie von einem Elternteil gegen den anderen ausgespielt, viele Eltern tragen ihre Konflikte ohne Rücksicht auf die Kinder aus, oder sie sollen helfen, die Ehe zu kitten. Solche Kinder fühlen sich dann sehr früh verantwortlich für das Glück der Eltern, übernehmen eine Rolle, der sie mitnichten gewachsen sind. In einigen Fällen kann das dazu führen, dass sich die Kinder in ihrem Bemühen um die Mutter (meist ist es die Mutter) oder den Vater ein ganz besonderes Sensorium für deren Stimmungen ausbilden. Sie versuchen alles, um das Gemüt der Eltern aufzuhellen, die Mutter zu beschützen. Dabei geraten ihre eigenen Gefühle und Bedürfnisse in den Hintergrund. So entwickeln sie eine besonders starke Fähigkeit zur Empathie. Später aber, als Erwachsene leiden sie unter einem starken Bedürfnis nach Beachtung und Anerkennung – was sie in frühen Jahren nicht erfahren haben. Oft hat das allerdings auch zur Folge, dass Menschen, die es als Kinder nicht erlebt haben, dass sich die Eltern in ihre Gefühls- und Erlebenswelt einfühlen, diese Fähigkeit selbst auch nicht, oder nur schlecht entwickeln können.

Nach einer neueren Studie des Instituts für Sozialwissenschaften der Uni Michigan hat die Empathiefähigkeit von Collegestudenten in den letzten 20 Jahren um rund 40 Prozent abgenommen. Sie zeigen weniger Mitgefühl für Schwächere, geben sich weniger Mühe, Sichtweisen anderer einzunehmen. Grund sei der **Nimmt die Fähigkeit zur Empathie ab?** steigende Konsum von Videospielen und sozialer Medien. »Wer mit einem Mausklick Freunde gewinnt und diese bei Problemen einfach löschen kann, hat keinen Anlass, seine Sozialkompetenz zu entwickeln!« Es werde immer mehr getextet, immer weniger gesprochen.

»Medial stellt man sich so dar, wie man sein möchte, statt zu zeigen, wie man ist.«[28]

Ich habe eingangs eine Reihe von Beispielen genannt, bei denen Menschen Empathie, ja sogar ein Mindestmaß an Mitmenschlichkeit vermissen lassen. Eines davon war der Fall im November 2017 in Berlin, als ein junger Mann Rettungskräfte attackierte, die dabei waren, ein einjähriges Kind zu reanimieren – weil er zur Arbeit fahren wollte und nicht durchkam. Die Journalistin Ariane Bemmer, die den Vorfall, der hohe Wellen schlug, im *Tagesspiegel* klug kommentierte, schrieb, dass der Verlust an Empathie »eine Gefährdungslage« sei, »in der sich nahezu alle Menschen in der westlichen Hemisphäre befinden. Geplagt von zu hohen Erwartungen fallen sie (die Egomanen, eigene Ergänzung) einer egomanischen Erbarmungslosigkeit anheim, in der alles zur Zumutung ihnen gegenüber umgedeutet wird. Manchem reicht schon eine rote Ampel, um in Rage zu geraten. Antisoziale Empathielosigkeit lässt sich im Alltag in vielen Formen besichtigen. Wo immer sich die Starken gegenüber den Schwachen körperlich durchsetzen, wenn sie beispielsweise die alte Frau wegdrängeln, die auch in die U-Bahn einsteigen möchte. Wenn sie vom Auto aus den Menschen auf dem Zebrastreifen förmlich die Absätze runterfahren oder wild hupen, um ihrer Empörtheit über irgendeine Situation Ausdruck zu verleihen, ohne daran zu denken, dass sie damit lauter Unbeteiligte erschrecken. Vieles davon ist dabei, normal zu werden. Ist halt so. Ist aber schlecht. Die verschobene Grenze für akzeptierte Empathielosigkeit verschiebt auch die Grenze für diejenigen weiter nach hinten, die auffallen (wollen) und zum Nachrichtenstoff und damit auch Reflexionsanlass werden. Es gilt also, die Empathiefähigkeit zu stärken, sonst schafft man eine Welt, in der man nicht mehr gern lebt. Dazu muss man sie aber als etwas verstehen, was nicht sowieso da ist. Empathie kann (und muss) man lernen und trainieren. Das wusste schon Charles Darwin. (…) Vom Alter passt er übrigens in das Erklärungsmuster der Psychologen: als einer aus der Digital-Natives-Generation, deren ausuferndes Beschäftigen mit lediglich computeranimierten Figuren und Schicksalen die Empathiefähigkeit im echten Leben Studien zufolge tatsächlich beeinträchtigt. Wie viel netter wäre es doch, wenn jede und jeder ab sofort ein bisschen mehr statt weniger die Belange der anderen mitdenken würde? Niemand müsste sich im Dauerkampf um Beachtung wähnen, denn alle wüssten: Ich bin nicht allein. Da sind auch noch andere, denen ich nicht egal bin, die mir umgekehrt aber auch nicht egal sein dürfen.« [29]

Bedürfnis nach Beachtung

Ein übersteigertes Bedürfnis nach Beachtung ist auch bei jenen zu registrieren, die sich mit Argumenten nicht so gut ausdrücken könnten, oder meinen, zu wenig Gehör zu finden, sagt Rolf Haubl, Psychoanalytiker und ehemaliger Direktor des Frankfurter Sigmund-Freud-Instituts. Diese gäben sich dann besonders aggressiv. Zu beobachten ist das vor allem im Pegida- und AfD-Milieu. »Viele haben hier nur ein diffuses Gefühl, das sie nicht gut in Worte fassen können. Dann ersetzt die Aggression das Argument.« Letztlich handele es sich bei Menschen, die sich egoistisch verhielten, um »Bedürftige, meist nicht im materiellen Sinne, sondern um Menschen, die sich nicht genug beachtet fühlen, die meinen, man kümmere sich zu wenig um ihre Belange«, erläutert Haubl. [30]

Dieses Sich-nicht-beachtet-Fühlen hat aber meines Erachtens einen durchaus realen und ernst zu nehmenden Kern. In den neuen Bundesländern zum Beispiel sind es vor allem diejenigen Menschen, die nach der »Wende« plötzlich und in der Regel ohne eigene Schuld vor den Trümmern ihres Lebens standen. Tausende verloren ihren Arbeitsplatz, weil selbst produktive Unternehmen geschlossen wurden, weil sie in Konkurrenz zu Firmen in Westdeutschland standen, weil Organisationen und Institute »abgewickelt« wurden, die nicht mehr ins politische und wirtschaftliche Schema passten, weil ihre Fähigkeiten von einem Tag auf den anderen nicht mehr gefragt waren. Das ist auch das Schicksal vieler Menschen in den alten Bundesländern, wenn der ökonomische Strukturwandel seine Opfer verlangt. In Ostdeutschland mussten sich die Betroffenen aber obendrein auch noch sagen lassen, dass sie ihre Energie 40 Jahre für eine Gesellschaftsordnung vergeudet hätten, von der nun niemand mehr etwas wissen wollte. An der DDR wurde kein gutes Haar gelassen, alles war schlecht und landete auf dem Müllhaufen der Geschichte. Dabei hatten viele in der Wendezeit durchaus im Sinn, das System zu reformieren und eine bessere Gesellschaft zu errichten, auch Besseres, als es der Westen zu bieten hat. Doch sie wurden förmlich überrollt, als der Ruf nach der Deutschen Mark immer lauter wurde. Überrollt wurden damit auch ganze Lebensbiographien. Diese Kränkung haben viele nicht verwunden, vor allem nicht die Männer. Sie fühlen sich auch heute noch missachtet und beiseitegeschoben, daher ihre Wut auf die politischen Eliten. Das ist das Sammelbecken, aus dem Pegida, AfD & Co. schöpfen können, und erklärt, meines Erachtens, warum die Populisten vor allem in Ostdeutschland so stark sind.

Ganze Biographien wurden nach der Wende entwertet. Viele fühlen sich nun missachtet und vom Leben betrogen

Und in den westlichen Bundesländern? Hier gibt es natürlich ebenfalls Menschen, die sich vom Leben betrogen fühlen – auch hier, beobachte ich, sind es vor allem Männer der schon etwas höheren Altersgruppe. Sie meinen, während sich der Staat um die Belange vieler Minderheiten kümmere, wozu sie manchmal auch die Frauen zählen, würden sie und ihre Leistung vergessen. Sie sind gut ausgebildet, haben oft sogar einen akademischen Hintergrund, mussten aber mitunter die Erfahrung machen, in ihren 50ern den Arbeitsplatz zu verlieren, manchmal wurden sie sogar aus dem Unternehmen gemobbt. Oder ihre Ehen scheiterten, und sie geben den Frauen die Schuld daran. Oder sie haben Probleme mit ihren Kindern und geben ihnen die Schuld am Zerwürfnis. Oder, oder. Es sind, so erlebe ich das, kluge und durchaus sympathische Menschen – solange man nicht über Politik mit ihnen spricht.

Zurück zum Aufmerksamkeitsdefizit, wie es Rolf Haubl beschreibt. Auf anderen Ebenen könne man beobachten, wie solche Menschen für sich eine »eigene Währung« suchen, um Aufmerksamkeit zu bekommen. Ein Beispiel sind die Fernsehsendungen, in denen die privatesten und oft auch peinlichsten Dinge zur Sprache kommen, oder besser, zur Schau gestellt werden, nur um sich einem großen Publikum präsentieren zu können. Selbst Demütigungen werden dafür in Kauf genommen. Anscheinend gibt erst das vielen ein Gefühl von Bedeutung im Sinne von »ich werde gesehen, also bin ich.« So wie die beiden Mädchen, von denen der Psychoanalytiker erzählt, die am Wochenende ihr ganzes Geld zusammenkratzen, um sich in der Stretchlimousine zur Disko chauffieren zu lassen. »Wir sind nichts, wenn wir auf der Bühne des Bewusstseins der anderen keine Rolle spielen. Deshalb ist Aufmerksamkeit die unwiderstehlichste aller Drogen.«[31]

Rolf Haubl gibt jedoch zu bedenken, dass man zwar mehr über aggressives oder egozentrisches Verhalten erfahren könne, doch gebe es keine belastbaren Daten, die beweisen würden, dass das alles wirklich stark zugenommen habe. »Vielleicht hat es zugenommen, ich vermute aber auch, dass die Medien mehr darüber berichten und viele auch sensibler auf solche Zeitgenossen reagieren«, so Haubl. Dennoch ließe sich beobachten, dass eine »Ich zuerst«-Haltung in vielen Bereichen anzutreffen sei. So wie der US-Präsident Donald Trump einen radikalen Nationalegoismus propagiere, so finde sich dieses Phänomen auch auf der individuellen Ebene wieder.

Und trotzdem: Es gibt auch das genaue Gegenteil. Die intergenerationelle Solidarität, so Haubl, sei nach wie vor stark ausgeprägt, und die Deutschen seien generell bereit zu helfen (siehe Kapitel 4, S. 185 ff.).

Kollektiver Kapitalismus braucht individuellen Egoismus

Das narzisstische Defizit, von dem oben die Rede war, wird kompensiert durch die Ablenkungen der Konsum-, Unterhaltungs- und Tourismusindustrie. So sieht es der ehemalige Chefarzt der Psychotherapeutischen und Psychosomatischen Klinik im Evangelischen Diakoniewerk Halle, Hans-Joachim Maaz. Das Den-Hals-nicht-voll-kriegen-Können,, die unaufhörliche Suche nach dem Kick sei auch die tiefere Ursache der anhaltenden Krisen in den Finanz-, Wirtschafts- und Sozialsystemen der modernen Gesellschaften; diese ließen sich letztlich nur beheben, wenn Mittel und Wege gefunden würden, das Problem des Narzissmus in den Griff zu bekommen. Zwar sei der Narzissmus bei den prominenten Politikern, Managern und Stars besonders stark ausgeprägt, doch die Gier nach Anerkennung betreffe die gesamte Gesellschaft, der Maaz einen Mangel an

Orientierung und Moral bescheinigt.[32] Zum Glück gibt es jedoch große Unterschiede. Während viele russische Oligarchen und Ölscheichs sowie etliche deutsche Spitzenmanager den viel zitierten Hals nicht vollkriegen, gibt es eben auch die vielen ganz soliden, bescheidenen Chefs und Chefinnen von Unternehmen, darunter viele Mittelständler, die durchaus noch wissen, was es bedeutet, ein gesundes Maß zu halten.

Mangel an Orientierung und Moral

Der heutige Narzissmus ist bei weitem nicht nur ein individual-psychologisches Phänomen und Problem, sondern hat eine große gesellschaftliche Tragweite. Um das Problem in den Griff zu bekommen, muss man also bei den gesellschaftlichen Rahmenbedingungen, unter denen wir leben und die uns beeinflussen und die wir mit unserem Konsum auch wiederum beeinflussen, ansetzen. Nur so kann ein wirklicher Wandel auch auf individueller Ebene gelingen. Allerdings ist dies durchaus ein dialektischer Prozess: Je mehr Menschen Veränderungen wollen und auch bereit sind, sie in ihrem Leben zu praktizieren, desto eher und konsequenter agieren Politiker. Schafft die Politik neue Regeln, beeinflusst dies wiederum die Individuen. Dazu später mehr (siehe Kapitel 5, S. 219ff.).

In ihrem Beitrag »Die Liebe zum Ich« im *Geo-Magazin* 9/2012 schreibt Hania Luczak, dass im Unterschied zum Egoismus der Narzissmus in seiner Wirkung tiefer und weiter reiche, »mitunter über Generationen hinweg. Als gewaltige Kraft, als psychischer Motor, der die Menschheit antreibt, aber gleichzeitig entsolidarisiert, vereinzelt und in Krisen treibt. Manche Forscher sehen ihn gar auf einem Siegeszug um die Welt.« Wenn man sich das Treiben von Donald Trump, Recep Tayyip Erdogan & Co. anschaut, mag man das gerne glauben. Doch auch europäische Politikerinnen gebärden sich zunehmend national-egoistisch, und letztlich, so Hans-Joachim Maaz, sei die Ursache für diese Phänomene, im »rücksichtslosen Profitstreben« eines »verschärften Kapitalismus« zu suchen, der sich am Egoismus als Triebkraft der Menschen orientiere. Doch der Kapitalismus braucht nicht nur den Egoismus, er braucht auch den regulierenden Staat und die Kooperation (siehe Kapitel 5, S. 222).

Eine »unerträgliche Überbewertung des eigenen Ichs«, registriert auch Claus Leggewie, Politikwissenschaftler und Direktor des Kultursoziologischen Instituts in Essen, wenn er von Menschen spricht, die mit keiner Partei einverstanden sein können, weil sie »ihr individuelles Befinden von der Politik nicht eins zu eins repräsentiert sehen«.[33]

Wer profitiert vom Egoismus?

Der Kapitalismus heutiger Prägung in den Industrienationen mit seinem Wachstums- und Gewinnstreben befördert den Individualismus und damit auch den Egoismus. Doch wer genau profitiert davon? Vor allem die Kapitalisten in solchen Branchen, die auf den schnelllebigen Massenkonsum setzen, wie zum Beispiel in der Textilindustrie, der nur deswegen funktioniert, weil über Marken und Moden immer neue und zusätzliche »Bedürfnisse« geschaffen werden. Die Ichlinge definieren sich über ihr Bild in der Öffentlichkeit und wollen sich möglichst »stylish« präsentieren – mit der schicksten Klamotte, dem neuesten Schlau-Fon und den passenden Accessoires dazu. »Kauf Dich glücklich« heißt ein Laden in Frankfurt und bringt es auf den Punkt: Nicht nachdenken, was man braucht, was einem im Leben wirklich fehlt, um glücklich beziehungsweise zufrieden zu sein, sondern einkaufen lautet die Devise. Ich kaufe, also bin ich.

2014 wurden weltweit erstmals mehr als 100 Milliarden Kleidungsstücke gefertigt, weit mehr, als überhaupt benötigt wurden. Die Modezyklen drehen sich extrem schnell. Die Läden sind vollgestopft mit Kleidung, längst nicht alles lässt sich bis zum Ende der Saison verkaufen. Was passiert dann damit? Ein dänischer Sender hatte dem schwedischen Modekonzern H&M vorgeworfen, tonnenweise Textilien zu verbrennen, was dieser bestritt. Der Konzern lenkte dann aber ein und lieferte die fragwürdige Erklärung, es handele sich dabei um verschimmelte Ware. Erwiesen ist, dass bei Amazon jeden Tag neuwertige Ware vernichtet wird. Es ist für das Unternehmen offenbar billiger, Produkte – hier handelt es nicht nur um Textilien – einfach zu vernichten, statt sie neu verpacken und zu vertreiben. Waren im Wert von bis zu 23 000 Euro landen somit täglich im Schredder. So scheinen viele Online-Händler zu verfahren: Laut einer Studie des Kölner EHI Retail Institutes entsorgen 55 Prozent der Online-Händler Ware, die sie glauben, nicht wieder verkaufen zu können. Das sind rund 30 Prozent der georderten und retournierten Produkte.[34] Und trotzdem lohnt sich dieser Wahnsinn unterm Strich für die Hersteller und Händler von Billigwaren. Gerade das Online-Geschäft, in dem sich viele Konsumenten tummeln, die über ihr Tun nicht viel nachdenken, sondern nur den Vorteil eines bequemen und in der Regel günstigen Einkaufs sehen, floriert. Die wahren Kosten müssen andere tragen. Aber natürlich profitieren auch alle anderen Unternehmen in Branchen, die uns Produkte anbieten, die eigentlich viel teurer sein müssten, wenn die ökologischen Folgekosten richtig eingerechnet wären und/oder wenn die Beschäftigten, die sie herstellen, anständig bezahlt und behandelt würden. Solche Zusammenhänge zu kennen, daraus aber keine praktischen Schlüsse zu ziehen, ist letztlich egoistisch und nutzt denjenigen Unternehmen, die sich verantwortungslos zeigen.

Auch die Medien profitieren, gleich welcher Couleur, wenn sie mit ihren Angeboten und Programmen ein Zielpublikum ansprechen, das sich gerne selbst bespiegelt. Sie alle machen sich den vorhandenen Egoismus zunutze und verstärken ihn zugleich. Nicht zuletzt profitieren verantwortungslose Politikerinnen, die auf allzu einfache Lösungen setzen, die den Leuten weismachen wollen, es sei nicht mehr genug für alle da, weshalb man sich gegen Fremde abschotten müsse. Doch wie hatte einst so schön der indische Revolutionär Mahatma Gandhi gesagt: »Die Welt hat genug für jedermanns Bedürfnisse, aber nicht für jedermanns Gier.« (»The world has enough for everyone's need, but not enough for everyone's greed.«)

Erosion des Gemeinwohls – vom Wir zum Ich

Die Bevölkerung hat die falschen Vorbilder. Die politischen und wirtschaftlichen Eliten, die Reichen und Mächtigen verhalten sich immer häufiger unverschämt und skrupellos, wenn es um ihre Interessen geht. Alleine die Veröffentlichung der Paradise Papers zeigte: Konzerne rechnen sich arm, Staaten helfen ihnen dabei. Auch viele Privatpersonen nutzen jedes legale, halblegale oder auch mal illegale Schlupfloch, um noch ein paar Millionen mehr auf ihr Konto zu scheffeln.

Ich hatte dazu im ersten Kapitel schon ausführlich berichtet. An dieser Stelle nur noch eines aus dem Umfeld von US-Präsident Donald Trump: Sein oberster sogenannter Umweltschützer – denn mit Umwelt- und Klimaschutz hat er eigentlich nicht viel am Hut – heißt Scott Pruitt. Zumindest zu der Zeit, als ich dieses Buch schrieb, leitete er die Umweltbehörde EPA der USA. (Das Personalkarussell dreht sich ja in der US-Regierung unter Trump sehr schnell.) Scott Pruitt nimmt sich, was er kriegen kann, und wenn man ihm das verweigern will, feuert er seine Mitarbeiter. Bei Amtsantritt ließ er erst mal sein Büro auf Wanzen absuchen, Kostenpunkt 3 000 Dollar, biometrische Türschlösser anbringen (5 800 Dollar), und eine abhörsichere Telefonzelle – der Mann scheint sich verfolgt zu fühlen – kostete die Steuerzahlerinnen 43 000 Dollar. Dazu kamen zwei schusssichere Schreibtische für 70 000 Dollar. Außerdem waren ihm Flüge erster Klasse für Dienstreisen noch nicht gut genug, und er beantragte, für 100 000 Dollar im Monat (!) unbegrenzt Charterflüge in Anspruch nehmen zu können. Vieles davon verweigerten ihm anständige Beamte, doch, wie gesagt, die sind jetzt nicht mehr im Amt.[35]

An welchen Vorbildern können wir uns noch orientieren, wenn sich Politikerinnen und Konzernlenker aufführen, wie Feudalfürsten? Wer will sich noch an Regeln halten, wenn die Regeln nicht für alle gelten? Gibt es noch eine gemeinsame Moral? Gibt es noch ein Wir? Oder nur noch das Ich?

Dazu schreibt der Blogger und Buchautor Sascha Lobo: »Die Krise des Wir hat viele Ursachen und bahnt sich seit Jahrzehnten an, schwindende Solidarität, Generationenkonflikte, fehlende Konzepte des Ausgleichs der Globalisierungseffekte von Migration und Wohlstandsverteilung. Die Paradise Papers in ihrer schmerzhaften Unüberraschendheit zeigen zuallererst, wie die dunkle Seite der Globalisierung dabei hilft, Gemein-

Die Krise des Wir bahnt sich seit langem an

wohl auszuhöhlen. Wenn Angela Merkel ›wir‹ sagt, dann fühlen sich enorm viele Menschen in diesem Land nicht gemeint. Nicht zuletzt, weil sie faktisch oft nicht mitgemeint sind.«[36]

Lieber unter seinesgleichen bleiben

In der Tat haben die Regierenden viele Menschen nicht mehr auf dem Radar. Sicher gibt es solche, die nichts für die »kleinen Leute« übrighaben oder sie sogar verachten. Aber es liegt auch daran, dass sich die Lebensverhältnisse so weit voneinander entfernt haben, dass viele fast ausschließlich nur noch mit Menschen aus dem eigenen Milieu zu tun haben. Vor vielen Jahren war ich mal einen Tag im Regierungsviertel – es waren noch die Bonner Zeiten – und beobachtete das Treiben der Abgeordneten und ihrer Mitarbeiterinnen und Mitarbeiter. Schon damals kam mir der Gedanke: Die bewegen sich doch die meiste Zeit in ihrer politischen Blase, heute würde man »Echokammer« sagen, in der sie nur wenig Kontakt zu denjenigen haben, für die sie Politik machen. Stimmt nicht ganz: Die Lobbyisten sorgen fleißig dafür, sich zu zeigen und sich Gehör zu verschaffen. Die ganz normalen Bürgerinnen und Bürger aber – ist diesen Berufspolitikern noch bewusst, wie sie leben, was sie hoffen, wovor sie sich fürchten? Nun werden die Damen und Herren Abgeordneten empört sagen: Aber ich bin doch auch in meinem Wahlkreis, ich rede dort mit den Menschen! Ja, bestimmt. Aber auch das sind doch meist immer dieselben, die nämlich, die noch bereit sind, zu Veranstaltungen zu kommen oder während des Wahlkampfes mal an einem Infostand haltmachen – also eine Minderheit. Und so geht es uns doch allen, uns, die wir uns zur Mittelschicht zählen dürfen. Wir wohnen in unseren Stadtvierteln, gehen in unsere Kneipen, in unsere Geschäfte, in unsere Kinos und Theater. Wo treffen wir noch Menschen aus ganz anderen Milieus zu einem Plausch? Wenn es hoch kommt, erfährt man mal von einer Taxifahrerin etwas aus einer anderen Welt. Doch wer unterhält sich noch mit Taxifahrern, wenn man stattdessen mit seinesgleichen telefonieren oder Mails checken kann? Wer noch in Kneipen, wo man nicht nur ihresgleichen trifft, und plaudert am Tresen mit Handwerkern, Postbotinnen, Bauarbeitern und Friseurinnen? Die gesellschaftlichen Milieus leben inzwischen sehr voneinander getrennt. Und sie tun das oft sehr bewusst. Man mag sich lieber mit Leuten umgeben, die so ähnlich aussehen wie man selbst, sich so ähnlich kleiden, ähnliche Interessen haben, und vor allem ähnliche Meinungen vertreten. Alles andere ist offenbar zu anstrengend geworden. Einerseits. Andererseits haben die eigenen Peer-Groups, die Gruppen mit gleichen oder zumindest ähnlichen Interessen in Zeiten der großen Verunsicherung und Desorientierung, in Zeiten, da die individuellen Ängste verschiedener Art zunehmen, eine große Bedeutung gewonnen. Relativ homogene Gruppen bieten eben das, was uns in dieser Welt immer mehr fehlt: Sicherheit, Vertrautheit, das Gefühl von Zugehörigkeit und vielleicht sogar ein bisschen Nestwärme.

Doch weil wir uns mehr und mehr in unseren Bezugsgruppen aufhalten, ist es schwer geworden, noch ein gesellschaftliches Wir zu identifizieren. Dieser Rückzug auf das Bekannte und Vertraute steht natürlich im Widerspruch dazu, dass die Menschen, wie nie zuvor, global unterwegs sind. Man sollte meinen, sie suchen die Auseinandersetzung mit dem Neuen, mit dem Fremden, dem Ungewohnten, sie wollten sich erstaunen, auch mal irritieren und vielleicht sogar hinterfragen lassen. Doch das stimmt leider nur zum Teil. Denn auch beim Reisen in ferne Länder stellen die meisten sicher, dass sie nicht allzu sehr von allzu Neuem und Ungewohnten überrascht werden. Die internationalen Hotelketten sehen überall ähnlich aus und bieten vertrautes Essen, wenn man sich nicht auf lokale Küche einlassen mag.

Die ehemalige Bundestagspräsidentin und Bundesministerin für Jugend, Familie und Gesundheit, Rita Süssmuth, sagte mir im Gespräch[37] über die aktuelle Schwäche des Wir: Es sei gut, dass wir heutzutage den Individualismus hochhielten, wenn man an die schlimmen Erfahrungen in der Nazizeit denke. Allerdings werde nun übertrieben. »Die Menschen achten sehr darauf, dass es ihnen gut geht, und vergessen dabei oft die anderen. Mitunter beschädigen sie die anderen gar bei ihrem Versuch, ihre eigenen Interessen auszuleben.« Es sei natürlich gut – wieder mit Blick auf frühere Zeiten, an die sich die 80-Jährige gut erinnern kann –,

Zusammenhalt braucht Rücksichtnahme

dass Gewalt in der Erziehung verboten sei und die meisten Familien ohne Gewalt auskommen. Doch müsse es in den Familien ebenso Regeln geben, wie in der Gesellschaft und diese müssten auch eingehalten werden. »Das Ich muss in das Wir eingebunden sein, denn der

Zusammenhalt in der Gesellschaft funktioniert nur, wenn es nicht rücksichtslos zugeht. Da ist aber etwas aus dem Ruder gelaufen.« Schwierig, so Süssmuth sei diesbezüglich auch die Frage nach den Vorbildern. Natürlich gebe es viele Arbeitgeber, die nicht nur auf Profit aus seien, die anständig und verantwortungsvoll wirtschafteten, aber die öffentliche Wahrnehmung werde leider viel zu oft von Firmen wie Amazon, Google oder Facebook geprägt, die sich nur wenig um das Gemeinwohl kümmerten.

Leider führt das aber bisher nicht dazu, dass sich die Nutzerinnen und Nutzer dieser Plattformen von diesen Unternehmen abwenden. Die meisten haben ihr Leben wohl schon zu sehr mit den sogenannten sozialen Medien verwoben, als dass sie diesbezüglich noch eine autonome Entscheidung treffen können oder wollen. Allerdings gilt das ja nicht nur für die sozialen Medien: Auch dem Autobauer VW scheint der Dieselskandal nur kurzfristig geschadet zu haben, aktuell kann er wieder prächtige Umsatzzahlen schreiben. Oder denken wir an Firmen wie Apple oder auch IKEA, die sehr geschickt darin sind, Steuerzahlungen zu umgehen. Oder das Beispiel Nike: Der Sportartikelhersteller stellt sich über Tochterfirmen selbst Rechnungen aus, um sich »arm« zu rechnen, und täuscht Lizenzgeschäfte vor. »Nike zahlt an Nike, damit Nike-Schuhe so aussehen dürfen wie Nike-Schuhe«, berichtet die *Süddeutsche Zeitung*.[38] Keine Aktion scheint zu absurd und zu anrüchig zu sein, wenn es darum geht, die Gewinne zu erhöhen. Auch wenn solche Praktiken vielleicht legal sein mögen, legitim und moralisch gerechtfertigt sind sie sicher nicht.

Jens-Uwe Heuser schreibt dazu in der *Zeit*: »Globale Konzerne schauen ganz kühl auf den Supermarkt der Steueroasen – und nehmen das Billigste, das eine der sich andienenden Regierungen hervorzaubert. (…) Ja, es gibt eine Parallelwelt, und sie gilt nicht für die schlecht oder auch gut Verdienenden, die also für das Allgemeinwohl jeden Tag mit ihren Steuern sorgen: Sie gilt ausschließlich für den wachsenden Klub der Konzerne und Milliardäre – in der Welt der organisierten Verantwortungslosigkeit, wo es kaum ein lästiges Gesetz oder eine lästige Pflicht gibt, die man nicht vermeiden könnte.«[39] Das ist ein Problem für die Demokratie. Warum sollte sich irgendwer noch an die Regeln halten, wenn die Regeln nicht für alle gelten? Die Menschen verlieren den Glauben an die Moral, so Heuser. Der Journalist empfiehlt den Kundinnen und Kunden, solche Firmen zu meiden. Das ist eine gute Idee und wäre, wenn es en gros getan würde, ganz sicher wirkungsvoll.

Wenn die Regeln nicht für alle gelten

Doch leider funktioniert das bisher nicht. Wir lesen das dann in den Zeitungen, regen uns darüber auf, immer und immer wieder, aber nur wenige entschließen sich daraufhin, die Produkte dieser Unternehmen zu meiden. Egal, wie unverschämt sich Konzerne bereichern, egal, wie rücksichtslos sie Beschäftigte und Umwelt ausbeuten. Es ist eine kollektive Schizophrenie, die uns da wohl befallen hat.

Auch im Bereich der Wirtschaft, sagt die CDU-Politikerin Rita Süssmuth, ginge es also darum, Regeln einzuhalten, und ähnlich wie einst Bundespräsident Roman Herzog – der hatte das damals allerdings auf die allgemeine Veränderungsbereitschaft bezogen – formuliert sie: »Es muss ein Ruck, ein Umdenken durch die Gesellschaft gehen.« Klare Regeln zu setzen, die für alle gültig sind, und peinlich genau auf deren Einhaltung zu achten, das scheint mir einer der Schlüssel zu sein, wie der Egoismus einzudämmen ist (siehe Kapitel 5, S. 213).

In eine ähnliche Richtung argumentiert Meinhard Miegel, Sozialwissenschaftler und Weggefährte des CDU-Politikers Kurt Biedenkopf. Er gründete vor einigen Jahren die »Stiftung kulturelle Erneuerung«. Hier begibt er sich mit vielen anderen Interessierten auf die Spurensuche nach den Ansätzen für eine Gesellschaft, die sich nicht mehr dem Wachstumszwang unterwirft. Zur Erosion des Gemeinwesens schreibt er im Rückblick auf die langwierige Regierungsbildung 2017/2018 einen Zwischenruf:

»(...) alle sind von einem Spaltpilz befallen, der sie (die Gesellschaft, d. Autorin) nicht nur in Teile zerlegt, sondern geradezu pulverisiert. Belege hierfür finden sich in allen Bereichen, von den Parlamenten bis hin zu den Familien. (...) Da kann man oft nicht miteinander. Zu unterschiedlich sind die Interessen und zu groß die

Verlockungen, diese Unterschiede auszuleben. Wozu auf die Belange anderer Rücksicht nehmen? Die tun das doch auch nicht.« (…) Da mag von Kanzeln und Tribünen noch so lautstark an Gemeinsinn appelliert werden. In der Stunde der Wahrheit zerfällt diese Gesellschaft mitsamt ihren Institutionen und Organisationen in kleinste Einheiten, die mit Kralle und Zahn ihre Vorteile gegenüber anderen zu wahren und zu mehren suchen: Dabei fordern alle ganz selbstverständlich nur, was ihnen zusteht. (…). Nimm was Dir zusteht und wenn es Dir nicht zusteht, nimm es trotzdem. So zu denken und zu handeln entspricht der generationenlangen Konditionierung der jetzt Aktiven. Suche Deinen Vorteil, mehre Dein Individualwohl! Das Ganze wird schon für sich selber sorgen. Doch so eingängig dieser Satz vielen erscheinen mag – er ist nicht nur falsch, er ist auch zerstörerisch. Das Gemeinwohl ist nämlich nicht nur die Summe allen Individualwohls. Es ist etwas qualitativ anderes und ungleich Größeres. Das Gemeinwohl muss gewollt sein, von jedem einzelnen und dem Gemeinwesen als Ganzes. Erlischt dieses Wollen, hört das Gemeinwesen auf zu sein. Zwar gibt es noch die historischen Wegmarken, in denen Gemeinsinn hell auflodert. Die deutsche Wiedervereinigung war eine solche Marke und auch die Bereitschaft, binnen eines Jahres fast eine Million Kriegsflüchtlinge aufzunehmen. Aber die lodernden Feuer werden schnell zu Asche. Die Gesellschaft zerfällt wieder in ihre antagonistischen Gruppen und Grüppchen. Dieser Zerfall könnte weiter vorangeschritten sein als viele meinen. Wofür stehen wir denn noch gemeinsam – in unserer unmittelbaren Nachbarschaft, unserer Gemeinde, von Deutschland, Europa und der Welt ganz zu schweigen? Stehen wir für eine digitale Zukunft? Das wäre doch wohl allzu ärmlich. Wofür stehen wir aber dann, alle gemeinsam? In einer von Partikularinteressen zersplitterten Gesellschaft fällt die Antwort schwer. Menschenrechte? Demokratie? Welche Opfer sind wir bereit, für sie zu erbringen? Sehr eindrucksvoll ist der Einsatz nicht. Jeder kocht sein eigenes Süppchen. Trotz allen politischen Haders – ohne Gemeinsinn geht es nicht.«[40]

Ich teile den Befund von Meinhard Miegel, doch stelle ich durchaus auch gegenläufige Tendenzen fest. Viele Menschen sehnen sich nach einem Wir, es behagt ihnen nicht wirklich, sich von der Gesellschaft abzukoppeln und in kleinen Grüppchen ihren Weg zu gehen. Viele sind auf der Suche nach dem, was sie mit den anderen verbinden könnte (siehe Kapitel 4, S. 185 ff.).

Die Klassen stehen sich fremd gegenüber

Warum die Gesellschaft in Gruppen und Grüppchen zerfällt, erklärt Andreas Reckwitz, Professor für Kultursoziologie an der Europa-Universität Viadrina in Frankfurt/Oder, damit, wie sich die Klassen und Schichten heutzutage begegnen, nämlich eigentlich nicht mehr. Er unterscheidet in die drei Klassen: Unterklasse, alte Mittelklasse und neue Mittelklasse.

Die *neue Mittelklasse* umfasse etwa ein Drittel der Bevölkerung, die in urbanen Zentren lebe, meist einen Hochschulabschluss habe, in der »Wissensökonomie und kreativen Ökonomie« arbeite, über ein höheres Einkommen verfüge, das aber auch schwankend sein kann, und für die ihre Work-Life-Balance eine große Rolle spiele. Die Menschen, die zu dieser Klasse zählen, hätten eine hohe intrinsische Motivation für herausfordernde Tätigkeiten, und sie legten großen Wert auf die Bildung und Ausbildung ihrer Kinder. Sie seien sehr mobil, reisten viel und gerne und achteten sehr auf ihre Ernährung und Gesundheit. Dieses Milieu »kombiniere kulturellen und ökonomischen Globalismus mit Postmaterialismus«, sie koppelten ihren Status an Leistung und Bildung und ließen sich »von den Werten der Einzigartigkeit und Besonderheit, des Authentischen und Außergewöhnlichen leiten«.

Der *Unterklasse* hingegen fehle es an einer Zukunftsperspektive, sie fühle sich sozial abgehängt, und »fährt auf Sicht«. »Der Lebensstil ist zum Gegenstand einer umfassenden gesellschaftlichen Entwertung geworden«: Die Berufe der Unterklasse seien meist unattraktiv, die Ernährung erscheine ungesund, sie seien oft übergewichtig und »für Krankheiten anfällig«; die Erziehung der Kinder sei zu anregungsarm, die Wohnviertel unsicher, die traditionellen Vorstellungen von Männlichkeit, Weiblichkeit und körperlicher Arbeit überholt und die politischen Vorstellungen unreflektiert.

Die *alte Mittelklasse* schrumpfe, sie sei immer weniger öffentlich sichtbar, gerate mehr und mehr in die Defensive und «trauert dem Verlust der industriellen Moderne hinterher». Ihre Angehörigen haben meist mittlere Bildungsabschlüsse, sind Angestellte mit Berufsausbildung, Handwerkerinnen, Facharbeiter, und sie lebten in Kleinstädten. Der Strukturwandel dränge diese Menschen allmählich an den Rand der Gesellschaft. Die Akademisierung entwerte die mittleren Ausbildungen, die bisherigen Tätigkeiten der Angestellten, und Arbeiter könnten nicht mehr mit der postindustriellen Wissensökonomie mithalten. Die Menschen dieser Klasse haben somit Angst vor dem gesellschaftlichen Abstieg. Ihre Wertestruktur sei konservativer und konventioneller, sie seien stärker ortsgebunden und orientierten sich am materiellen Lebensstandard. Die alte Mittelklasse habe ein starkes politisches Sicherheitsbedürfnis.

Diese drei Klassen haben laut Reckwitz nur noch wenig Berührungspunkte: »Während die nivellierte Mittelstandsgesellschaft eine große gesellschaftliche Mischungsmaschine war, stehen sich die drei Klassen der postindustriellen Gesellschaft einander fremd gegenüber.« Und der Soziologe diagnostiziert einen gesellschaftlichen »Paternostereffekt«: Die neue Mittelklasse fahre nach oben, die beiden anderen nach unten. »Hier findet eine Entwertung von Lebensstilen, Werten und Qualifikationen statt: In der neuen Unterklasse der drastische Wertverlust der ›Niedrigqualifizierten‹, in der alten Mittelklasse die subtile Entwertung des Sesshaften, Mittelmäßigen und Durchschnittlichen.« Die Menschen der Unterklasse nähmen ihre Lebensperspektive als Sackgasse wahr. Somit seien politische Konflikte nicht verwunderlich. Andreas Reckwitz sieht darin die »Spitze des Eisbergs einer grundsätzlichen Transformation der Sozial- und Wertestruktur«.

Die neue Mittelklasse hingegen habe eine starke Stellung in der Gesellschaft, sie könne ihre Werte gut durchsetzen, zum Beispiel beim Essen oder Rauchen oder bei der Liberalisierung von Lebensstilen (Ehe für alle). Der Rechtpopulismus, so Reckwitz, sei daher auch eine Reaktion auf die kulturelle Defensive, in der sich die alte Mittelklasse befinde. »Das Politische in der Spätmoderne kreist nicht mehr um Verteilungsfragen, sondern stark um kulturelle Fragen.«[41]

Wenn ich auch den letzten Satz des Soziologen in seiner Entschiedenheit so nicht teile, da ich der Meinung bin, dass auch die Verteilungsfrage nach wie vor eine große Rolle spielt, so ist sein Befund doch für unser Thema höchst bedeutsam. Wenn sich die Klassen der Gesellschaft kulturell fremd werden, hat dies natürlich Auswirkungen auf die Art, wie sich Menschen im öffentlichen Raum begegnen. Es ist wohl der Grund, warum wir, wie oben beschrieben, am liebsten unter uns bleiben, also mit den Leuten verkehren, deren Haltung und Lebensstil uns vertraut ist. Dann fühlen wir uns wohl und sicher. Damit aber werden wir einander noch fremder. Wissen immer weniger über das Leben, über die Sorgen, Nöte und Freuden von Mitbürgerinnen, die ein ganz anderes Leben führen als wir. Das wiederum erklärt sicher zum Teil die kalte Schulter, die sich die Menschen zeigen. Sie interessieren sich nicht füreinander, weil sie das Andersein zu sehr irritiert. Nicht nur Deutsche und Migranten stehen sich oft fremd und ratlos gegenüber, sondern eben auch die Angehörigen der unterschiedlichen Klassen. »Der empörte Blick auf die Superreichen verschleiert die zumindest viel entscheidendere Differenz: die zwischen der neuen und alten Mittelklasse sowie der unteren Klasse«, findet Andreas Reckwitz.

Die Menschen haben jahrtausendelang in kleinen Gemeinschaften gelebt, die ihnen Sicherheit gaben. Doch nun driftet die Gesellschaft auseinander. Das können wir in Deutschland, aber auch in Großbritannien oder den USA beobachten. Denken wir nur an die »Rust Belts« im nun deindustrialisierten Nordosten der USA, wo die Menschen nicht verstehen, warum ihre Fähigkeiten nichts mehr zählen, und sie ihr gewohntes Leben nicht mehr führen können.

Die digitale Armseligkeit

Meinhard Miegel beklagt, dass es kein sinnstiftendes, positiv verbindendes Ziel, oder wenigstens uns gemeinsam tragende Werte mehr gibt. Er fragt, wofür wir als Gesellschaft überhaupt noch gemeinsam stehen, wenn es keine großen gesellschaftlichen Visionen mehr gibt, die uns begeistern und für die wir brennen könnten. Nun, eine sozialistische Gesellschaft ist nur noch für wenige eine attraktive Vision. Eine nachhaltige Gesellschaft hingegen, in der wir nicht über unsere

Verhältnisse leben und in der es weder Ausbeutung noch krasse Ungleichheit gibt, das heißt, in der wir die natürlichen Ressourcen nicht überstrapazieren, uns mit dem begnügen, was uns die Natur geben kann, und alle Menschen ein bescheidenes, aber gutes Leben führen können, ist eine große Vision. Bisher gibt es aber, vielleicht abgesehen vom kleinen Königreich Bhutan, keine Regierung, die diese Vision vertritt. Es ist wirklich ein Armutszeugnis, dass fast ausschließlich von »Digitalisierung« die Rede ist, wenn es um Zukunftsbilder geht. »Intelligente« Häuser und Wohnungen, vollgestopft mit »mitdenken-den« und ferngesteuerten Apparaten, werden das Zusammenleben der Menschen nicht verbessern und auch nicht den gesellschaftlichen Zerfall stoppen. Wenn von Hightech-Robotern in Fabriken die Rede ist, von künstlicher Intelligenz, die dem Menschen bereits auf vielen Feldern überlegen ist, oder von Robotern, die gar für die Pflege alter Menschen eingesetzt werden sollen, kann es einem schwindelig werden. Selbst die Vorsitzende der Grünen, Annalena Baerbock, möchte Roboter in Altenheimen – wenn auch nur zum Saubermachen – nicht ganz ausschließen, wie sie bei einer Veranstaltung zur Diskussion über ein neues Grundsatzprogramm der Partei sagte.

Für mich sind das absolut dystopische Vorstellungen. Doch daran wird an vielen Stellen ganz mit Hochdruck und großem finanziellen Aufwand gearbeitet. Doch ist es wirklich notwendig, dass alle Schulen mit einem flächendeckenden WLAN ausgestattet werden? Es wird so getan, als hinge die Herzens- und Geistesbildung unserer Kinder davon ab, wie intensiv sie sich mit Computern beschäftigen können. Dabei ist doch eigentlich sogar das Gegenteil der Fall! Die omnipräsenten Kommunikationsgeräte machen uns bei übermäßigem Gebrauch – zugespitzt ausgedrückt – asozial und einsam. Dass wir aufgrund der ständigen Verfügbarkeit von Informationen auch nicht wirklich schlauer werden, darauf hat zum Beispiel der Hirnforscher Manfred Spitzer hingewiesen, der von einer

Droht die digitale Demenz?

»digitalen Demenz« spricht.[42] Kinder brauchen für einen guten Start ins Leben sicher ganz vieles, digital hochgerüstete Kinder- und Klassenzimmer sind da eher nachrangig. Sie brauchen liebevolle Eltern, die viel Zeit mit ihnen verbringen, die mit ihnen reden, die auf ihre Fragen, Sorgen und Nöte eingehen und nicht selbst dauernd auf ihr Schlau-Fon glotzen. Sie brauchen eine Schule, in der sich Lehrerinnen und Lehrer Zeit nehmen können, auch mal ein persönliches Wort mit ihnen zu sprechen, Lehrpläne, die eigenständiges Denken und kreatives Handeln fördern. Sie brauchen insgesamt ein Umfeld, das ihnen zeigt, dass es vor allem auf ein respektvolles, solidarisches Miteinander ankommt und dass der Sinn des Lebens nicht darin besteht, möglichst viel Geld zu verdienen. Alle sollten in der Lage sein und auch ein Interesse daran haben, eine Gesellschaft der Humanität und Nachhaltigkeit mitzugestalten – auch wenn es zunächst »nur« in der kleinsten Einheit ist, der Familie.

Das Versagen der Eliten

Doch zurück zur Frage, warum das Ich gegenüber dem Wir so sehr gewonnen hat. Es ist der traurige Befund aus meiner Recherche und Gesprächen mit Betroffenen: An vielen Stellen droht die Gemeinschaft unserer Gesellschaft zu zerbröseln. Eine Mitverantwortung dafür, diesen Trend zu stoppen, sehe ich bei jeder, jedem Einzelnen von uns. Allerdings handelt es sich, im Ganzen betrachtet, um eine differenzierte Verantwortung. Diejenigen, die aufgrund von politischer und/oder ökonomischer Macht sehr viel bessere Möglichkeiten haben, sich gesellschaftlich zu engagieren, beziehungsweise politische und ökonomische Prozesse zu beeinflussen, die tragen auch eine sehr viel größere Verantwortung. Deshalb ist es so tragisch, dass wir – wohin wir auch schauen – kaum noch Mitglieder der Elite entdecken, die als Vorbilder für den Rest der Gesellschaft dienen könnten. Damit meine ich nicht nur diejenigen, die sich gerne auf Kosten anderer, auf Kosten ihrer Unternehmen und auf Kosten des Gemeinwesens bereichern, beziehungsweise sich Vorteile aller Art verschaffen. Das ist »nur« die Spitze des Eisberges, wenn auch eine weithin sichtbare, mit schlimmen Auswirkungen auf die Moral der Bürgerinnen und Bürger insgesamt. Noch schwerer wiegt jedoch, dass ein Gutteil der politischen und gesellschaftlichen Eliten komplett versagt und den Blick auf die zentralen Themen der Zukunft verloren hat, die im Vordergrund jeder Politik und auch jeder Konzernstrategie stehen müssten: die schlimmsten Auswirkungen des Klimawandels abzuwenden, die Schere zwischen Arm und Reich wieder zu schließen, auch im Rahmen der Globalisierung, die Reichen an der Finanzierung des Gemeinwesens stärker zu beteiligen, den für unser aller Leben bedrohlichen Verlust der Arten zu stoppen, sowie auf der internationalen Bühne alles dafür zu tun, dass der Multilateralismus, also die Zusammenarbeit der Staaten, wieder gestärkt und jede Art militärischer Auseinandersetzungen geächtet wird. Letzteres bedeutet natürlich auch den Export von Waffen in Krisenregionen zu stoppen. Mindestens das.

Das sind die großen Fragen, die, ganz ohne jede Übertreibung, für das Überleben der Menschheit in einer lebenswerten Umwelt und unter demokratischen und freiheitlichen Bedingungen maßgeblich sind. Ich kann beim besten Willen nicht erkennen, dass dies unsere politische und wirtschaftliche Elite, und ich reduziere sie bewusst nicht nur auf die Regierung, tatsächlich mit aller gebotenen Konsequenz auf dem Radarschirm hat. Sonst würden wir nicht ständig und ausdauernd hitzige Debatten auf allen möglichen Nebenschauplätzen führen. Solange die Eliten in Deutschland angesichts der großen Herausforderungen nicht mehr zu bieten haben als eine Politik der allerkleinsten Schritte, solange sie den Menschen keine stimmigen und überzeugenden, aber auch schonungslosen Antworten geben. Die Populisten verbuchen vor allem deswegen so viel Zulauf, weil es die Eliten verpasst haben, schlüssige Konzepte anzubieten und diese auch konsequent zu vertreten. Die Antworten müssen und können wahrscheinlich nicht leicht verdaulich sein, denn die Wahrheit, dass wir uns einschränken müssen, wenn wir in Frieden überleben wollen, mag vielen nicht so recht

Nur schlüssige Konzepte und Konsequenz helfen gegen die AfD

schmecken. Doch wenn die Reichen genug abgeben und die Mittelschicht ihre Ansprüche herunterschraubt, wird es für alle genügen, sogar für ein gutes Leben. Da bin ich sicher. Das klingt sehr einfach und ist es auch. Die richtige Idee ist meistens relativ einfach. Alle, die uns die Welt als schrecklich kompliziert verkaufen wollen, tun das nur, weil sie im Grunde nichts ändern wollen. Schwierig ist natürlich die Umsetzung. Aufgrund des

Widerstandes. Regierungen müssen keine Konzepte anbieten, bei denen alle Hurra schreien, wenn es Konzepte sein sollen, mit denen sich tatsächlich substanziell etwas verändern soll, geht das auch gar nicht. Aber sie sollten den Willen und das Rückgrat haben, den Menschen klare Antworten anzubieten. Denn die meisten Menschen wissen doch eigentlich selbst, dass das ständige »Höher, Schneller, Weiter, Mehr« seine natürlichen Grenzen hat. Solange aber von der Regierung keine klaren Ansagen kommen, solange werden wir kollektiv so tun, als ginge uns das nichts an und als bräuchten wir in unserem Leben nichts zu ändern.

Politik ohne Konzept und Ideen

Und warum versagen unsere Eliten angesichts der großen Menschheitsthemen? Weil sie keine echte Idee haben. Idee meine ich jetzt nicht im Sinne eines Geistesblitzes, sondern im Sinne einer positiven Vision. Kaum jemand wagt noch, öffentlich von einer Vision zu sprechen. Im Gegenteil, es gibt zu viele politisch und wirtschaftlich Verantwortliche, die das sogar explizit ablehnen. Ihr Argument: Es bräuchte keine Traumbilder, sondern machbare Lösungskonzepte für den Einzelfall. Natürlich braucht es die realistisch umsetzbaren vielen kleinen Schritte. Doch ich möchte an dieser Stelle mal den russischen Revolutionär Lenin zitieren, der 1902 schrieb: »Wenn der Mensch die Kraft zum guten Träumen eingebüßt hätte, wenn er nicht immer wieder vorauseilen und mit seiner Einbildungskraft das Ganze seines Tuns überschauen würde, das sich mühselig unter seinen Händen herauszubilden beginnt – wie könnte er überhaupt das Umfassende seiner Anstrengungen durchhalten? Träumen wir also! Aber unter der Bedingung, ernsthaft an unseren Traum zu glauben, das wirkliche Leben auf das genaueste zu beobachten, unsere Beobachtungen mit unserem Traum zu verbinden, unsere Phantasie gewissenhaft zu verwirklichen! Träumen ist notwendig.«[43] Auch wenn die russische Revolution in Gewalt, Terror und Willkür mündete und Lenin dafür mitverantwortlich war, so hat mich dieses Zitat dennoch schon als junge Studentin sehr beeindruckt und berührt. Genauso, wie mich die berühmte Rede des schwarzen Bürgerrechtlers Martin Luther King noch heute berührt, über die man dieses Jahr, da sich sein Todestag zum 50. Mal jährt, wieder häufig lesen kann. Auch er sprach vom Träumen: »I have a dream«, sagte er am 28. August 1963 beim »Marsch auf Washington« und hielt eine Rede, die unter die Haut ging und geht, mehrfach wiederholte er die magischen Worte »I have a dream« und ließ vor den Augen der vielen zehntausend Zuhörerinnen und Zuhörer das attraktive Bild einer Gesellschaft entstehen, in der Schwarze und Weiße gleichberechtigt, friedlich und respektvoll miteinander leben. Mit dieser Rede spendete er allen, die für das Ende der Rassendiskriminierung in den USA eintraten, Kraft und Mut. Seine Worte hatten großen Einfluss und sind ein hervorragendes Beispiel dafür, welche Wirkung von charismatischen Menschen ausgehen kann, die in ihrem Inneren ein Bild einer besseren Zukunft haben und verstehen, dieses lebendig werden zu lassen. Aber wo, bitte schön, liebe Leserin, lieber Leser, sehen Sie heute noch politische Führungspersönlichkeiten, die auch nur annähernd willens und in der Lage sind, den Menschen Kraft und Mut zu geben, angesichts der großen Herausforderungen, vor denen wir alle stehen? Angela Merkel regiert das Land unaufgeregt, pragmatisch, moderierend – fast ohne Emotionen, ohne Charisma, nahezu ohne Herzblut möchte man meinen. Damit ist sie bisher gut gefahren, weil sie in einem Umfeld agiert, in dem sich zwar etliche große Egos tummeln, von denen die meisten aber ebenso ohne politisches Charisma und ohne Visionen auskommen. Doch so kann man eigentlich höchstens, wenn überhaupt, einen Kegelverein führen, nicht aber ein Land. Und schon gar nicht in einer Zeit, da sich die Menschen stark verunsichert und desorientiert fühlen – was absolut verständlich ist. Nicht jede, nicht jeder wird mit den Gaben eines Martin Luther King geboren, das ist auch gar nicht nötig. Aber ich erwarte von unseren Eliten, dass sie zumindest den Versuch unternehmen, dem Volk eine Idee anzubieten, die uns begreifen lässt, dass es um mehr geht als kleines Karo. Eine Idee, die das Potenzial hat, uns in unserem egozentrierten täglichen Ringen um unsere persönlichen Vorteile ein kleines Stückchen den Blick zu weiten für ein gemeinsames Ganzes als Gesellschaft. Einen hohen Anspruch formuliere ich da, aber die Geschichte zeigt doch, dass dies möglich ist: im Guten, wenn wir an Martin Luther King denken, wie im Schlechten, wenn wir an Adolf Hitler denken.

Eine Gesellschaft, deren einflussreiche Akteure nicht mehr willens oder in der Lage sind, ihre kleinen Schritte, in einen großen Traum einzubetten, bleibt letztlich nur bei blutleeren Konzepten hängen, wie aktuell bei dem der Digitalisierung. Politik ohne Visionen endet wie eine Pflanze, der man dauerhaft zu wenig Wasser und Nährstoffe gibt: Sie verkümmert. Kümmerlich ist der richtige Ausdruck für das, was wir seit vielen Jahren auf dem politischen Parkett beobachten können.

Auch der Magdeburger Politikprofessor Thomas Kliche nimmt die Politik in die Pflicht und meint: »Sie soll den Menschen eine lebenswerte Zukunft bieten, ist aber zunehmend hilflos, hat keinen Plan. Es wird nur beschwichtigt: Wir kriegen das schon geregelt. Die CDU sagt ›Weiter so, wir reparieren ein bisschen‹, die AfD sagt ›Fremde raus‹. SPD, Grüne und Linke wollen den Kapitalismus zähmen. Doch die Apparate laufen routiniert weiter. Die Parteien verzichten auf visionäre Ideen. Niemand hat eine Ahnung, was zukunftsfähig ist, beziehungsweise, keiner traut sich zu sagen, dass wir einen viel bescheideneren Lebensstil brauchen. Wir haben viele Politiker, die fleißig, aber zu routiniert arbeiten, und es ist auch viel Zynismus und Eitelkeit im Spiel.«[44]

Überfordert und verängstigt

Ich habe eingangs etliche Beispiele aus dem Alltag geschildert, die zeigen, dass sich Menschen mitunter extrem egozentrisch oder zumindest extrem gedanken- und empathielos benehmen, ob im Straßenverkehr, in der Bahn, beim Einkaufen et cetera. Nun denke ich aber, dass die wenigsten derer, die sich oft wie die Axt im Walde benehmen, tatsächlich auch egoistische Persönlichkeiten sind. Wir erleben sehr viel egozentrisches Verhalten, deshalb aber darauf zu schließen, es gäbe auch viel mehr Komplettegoisten, ist sicher nicht richtig. Viele sind sehr wahrscheinlich schlicht vollkommen absorbiert und oft auch überfordert von den Aufgaben, Pflichten und Problemen, die ihnen ihr alltägliches Leben so stellt. Wenn man sieht, wie die Leute aussehen, die da durch die Straßen hetzen, im Zug oder im Auto sitzen, an der Kasse im Supermarkt stehen, wird einem klar: Die wenigsten sind entspannt, die meisten schauen ganz schön verkniffen aus der Wäsche. Sie stehen unter Zeitdruck, unter Arbeitsdruck, sie haben vielleicht auch Ärger in der Familie, im Unternehmen, sie fühlen sich überfordert, sie fühlen sich zerrissen zwischen den Anforderungen der Arbeit, der Familie, ihren Freizeitinteressen. Wenn wir uns allein die Arbeitswege anschauen, die viele Menschen heute zurücklegen müssen, wird deutlich, dass das nicht nur Zeit kostet, sondern auch ganz schön an den Nerven zerren kann. Rund die Hälfte aller Arbeitnehmerinnen pendelt täglich bis zu 30 Minuten, knapp ein Drittel bis zu einer Stunde, Tendenz steigend.[45] Die Gründe: Wer einen ordentlichen Job haben will, muss immer flexibler sein, die Mieten erlauben es oft nicht, in den Städten zu wohnen, in denen man arbeitet. Das lange Unterwegssein – das ja weder auf der Straße noch im Zug immer reibungslos funktioniert – geht auf die Gesundheit, macht die Menschen nervös, müde, verursacht Nacken- und Rückenschmerzen. Wer lange pendeln muss, ist unzufriedener, denn die Zeit mit der Familie und Freunden schrumpft.[46] Das ist sicher ein Grund, warum die Aggressivität in den Zügen zunimmt (siehe Seite 108 ff.), aber auch auf den Straßen.

»In der heutigen Konsumgesellschaft wachsen mit der Bequemlichkeit auch die Ansprüche«, schreibt der Münchener Psychoanalytiker Wolfgang Schmidbauer in seinem aktuellen Buch.[47] Es sei ein Teufelskreis, »denn je mehr Bequemlichkeit und Komfort, desto weniger Toleranz für Ängste und Schmerzen« gebe es. Es mangelt auch an Frustrationstoleranz, würde ich hinzufügen. So kann man sich wohl erklären, warum so viele Menschen so schnell die Fassung verlieren, wenn mal was nicht so läuft, wie sie sich das vorgestellt haben: Wenn sie einen Zug verpassen, wenn die Schlange im Supermarkt so lang ist, wenn man mit dem Auto nicht mehr über die Ampel kommt, bevor sie auf Rot umspringt, wenn man schnell vorankommen will, und da stehen einem Leute im Weg, oder wenn man so gerne in einen bestimmten Film will, der aber leider an diesem Tag schon ausverkauft ist. Der Soziologe Norbert Elias hat einmal gesagt, Zivilisation sei die Zunahme von Affektkontrolle. Gibt es dazu jetzt womöglich einen Gegentrend? Die Frustrationstoleranz sinkt, und damit bewegen wir uns auch wieder ein Stück weg aus der Zivilisation?

Dazu trägt auch das Internet bei: So schreibt der Journalist Martin Hecht: »Wir leben in einer Zeit, in der noch nie so viele Menschen so hohe Erwartungen an das Leben hatten. Das Internet befeuert diese Erwartungen. Hier kursieren die Glücksbilder, hier sind sie auf Abruf verfügbar. Nur der Download will nicht recht funktionieren. Und so fühlen viele, dass sie ihr hoch gestecktes Lebensziel verfehlt haben. Ihre vergebliche Suche nach dem Glück macht sie unglücklich. Aber man lässt nicht ab von diesem Ziel. Das Eingeständnis, die Kränkung, der Schmerz wäre zu groß. Lieber protestiert man gegen das System, gegen das Ganze.«[48] Auch eine gute Begründung für die Attraktion der AfD.

Nun kann man sagen, das oben Beschriebene ist erstens kein Grund, sich den Mitbürgerinnen und Mitbürgern gegenüber ignorant, rüpelig und manchmal sogar herzlos zu benehmen. Und zweitens ist ein nicht geringer Teil des Stresses ja auch hausgemacht: Wir wollen einfach zu viel. Wir wollen auf nichts verzichten, und wir liefern uns den Verlockungen der Konsumgesellschaft freiwillig aus, wenn wir jedem Trend hinterherlaufen, alles haben, nichts verpassen, überall dabei sein wollen. Homo consumens steht unter Stress und ist oft selbst daran schuld. Doch ich habe auch Verständnis für die Egozombies. Denn die Ideologie des Wirtschaftsliberalismus hat es geschafft, den Menschen einen Dorn ins Hirn zu pflanzen, von dem ein beständiger Schmerz ausgeht und der sie fortdauernd daran erinnert, dass sie sich kräftig anstrengen müssen, um im Hamsterrad des Lebens mithalten zu können. Gleichzeitig suggeriert die Werbung die Verlockungen des allgegenwärtigen Konsums, dass uns eigentlich immer etwas fehlt zum Glück, dass wir unbedingt noch dieses Getränk, jenes Kleid, dieses Auto, jene Traumreise, dieses Möbelstück, jenes Haus brauchen, um uns als vollständiger Mensch zu fühlen. Und natürlich sollen wir bei dem ganzen Konsum – den wir uns ja leisten können müssen und daher gut verdienen, daher viel arbeiten müssen – auch noch fit bleiben. Also müssen wir genau darauf achten, was wir essen, müssen joggen, unseren Blutdruck messen, ins Fitnessstudio. Und selbstverständlich wollen wir mit den Freundinnen und Kollegen auch kulturell mithalten, also müssen wir auf dem Laufenden sein beim Weltgeschehen, müssen in die

Länder reisen, die gerade angesagt sind, die neuesten Filme gucken, auch mal ins Theater oder Konzert gehen, auch wenn wir eigentlich viel lieber gemütlich zu Hause bleiben würden. Mir wird schon vom Aufschreiben all dieser Pflichten ganz schwindelig. Kein Wunder also, wenn die Menschen sich überfordert fühlen, wenn sie erschöpft sind, wenn viele sogar so sehr erschöpft sind, dass sie nicht mehr können. Burnout. Depression. Mittlerweile sind psychische Erkrankungen die zweitwichtigste Ursache für Arbeitsunfähigkeit in Deutschland. Die Krankheitstage wegen Depressionen haben sich seit 2000 mehr als verdoppelt. [49] Hinzu kommen die Verdichtung der Arbeit in den Unternehmen und ständige Umstrukturierungen, welche die Menschen unsicher machen und unter Druck setzen.

Gerade die jungen Menschen scheinen besonders sensibel auf den Druck zu reagieren, was die Zunahme von psychischen Problemen unter Studenten zeigt.[50] Die jungen Leute haben früh das Gefühl, sie müssten sich sehr genau überlegen, was sie studieren sollen, damit sie bloß keinen Fehler machen und auch sicher nach dem Studium einen Arbeitsplatz finden. Bloß alles richtig zu machen ist heute viel wichtiger als aufmüpfig zu sein, wie es eigentlich der jungen Generation zustünde. Außerdem sind die Studiengänge ja heute so durchgetaktet, dass die Studierenden sich ganz schön ranhalten müssen, um den Stoff und die Prüfungen zu bewältigen. Da bleibt wenig Zeit für ein Engagement außerhalb des Studiums, also für politische und ehrenamtliche Aktivitäten. Und wer keine gut verdienenden Eltern hat, kommt angesichts der hohen Mieten mit den Bafög-Sätzen nicht aus und muss nebenher noch arbeiten gehen. Gesellschaftliches Engagement fällt da schwer. Auch hier werden also Persönlichkeiten gefördert, die in erster Linie an sich selbst und ihr eigenes Fortkommen denken.

Den Druck empfinden viele junge Leute offenbar also so hoch, dass sie meinen, zu leistungssteigernden pharmazeutischen Hilfsmitteln greifen zu müssen. Nicht selten entstehen so Abhängigkeiten. Ähnlich sieht es in der Arbeitswelt vieler Beschäftigten aus. Doping ist in etlichen Branchen, zum Beispiel dem Bankensektor, keine Seltenheit mehr, wie mir eine Psychotherapeutin erzählte, in deren Praxis sich viele Banker die Klinke in die Hand geben.[51]

Im Dichtestress der Städte

Ein anderer Grund für die Zunahme von Ruppigkeit bis hin zur Aggressivität ist der sogenannte Dichtestress,[52] wie er sich vor allem in Großstädten oder bei der Mobilität zeigt. Die Menschen leben auf engem Raum zusammen, fühlen sich oft voneinander gestört, wollen schnell von A nach B kommen und fühlen sich von anderen daran gehindert oder zumindest behindert. Nun wachsen viele Städte auch, noch mehr Menschen drängen sich auf immer weniger Raum, dazu kommen mehr Autos, mehr Lieferverkehr. Neubauten in den Städten führen zu einer weiteren Verdichtung des Raumes, was sehr oft auf Kosten von Freiräumen, Plätzen, Grünflächen oder sogar von Parks geht. Ich selbst erlebe das in meinem Stadtteil Bockenheim in Frankfurt: Dort wurde in einem kleinen Park eine Kita in Containern errichtet, angeblich nur für zwei Jahre, danach sollte der Park saniert werden. Die zwei Jahre sind längst vorbei, die Kita ist noch immer da. Dann wurden auf einer großen Grünfläche Unterkünfte für Flüchtlinge gebaut und kurz danach ganz in der Nähe auf einem Bolzplatz ein Containerbau für eine Schule, die hier untergebracht wird, bis ihr Gebäude saniert ist. Dazu wurde meines Erachtens auch noch eine völlig überdimensionierte Zufahrt gebaut, natürlich durch Grünflächen, und der Schulhof wurde prima betoniert und versiegelt, womit noch mehr Grün beseitigt wurde. Nun will in der gleichen Gegend auch noch die Bahn ihre Gleise erweitern, dafür müssen Kleingärten und wieder jede Menge Grün weichen. Dieses Gelände liegt auf meiner Joggingstrecke, und mit der Bebauung ging ein großes Stück meines Freiraumes, ja meiner gewohnten und geschätzten Heimat verloren. So empfinden das auch andere Menschen, die gerne in dieser Gegend spazieren gehen. Kitas, Flüchtlingsunterkünfte, Schulen, Bahnstrecken – das sind alles wichtige Dinge, gar keine Frage. Und dennoch wird deutlich, warum Stadtbewohner unter Dichtestress geraten können. Zwar gilt das Beschriebene längst nicht für alle Städte, aber dort, wo das so ist, kann Dichtestress ein Grund für zunehmende Probleme der Mitmenschen untereinander sein.

Daneben spielt natürlich auch die Anonymität der Städte, vor allem der Großstädte eine wichtige Rolle. Die Menschen, die sich auf den Straßen begegnen, kennen sich in der Regel nicht. Wenn man sich hier danebenbenimmt, hat das in der Regel keinerlei Konsequenzen. Die Menschen in den Regionen, wo nicht so viele leben, achten mehr aufeinander. Diese soziale Kontrolle kann sehr lästig sein und die persönlichen Freiheiten einschränken. Der alte Satz »Stadtluft macht frei« gilt nach wie vor. Doch wie alles hat auch das eine Kehrseite. Und diese besteht eben darin, dass sich die Stadtbevölkerung eher gleichgültig bis grimmig begegnet.

Wettbewerb drängt zur ständigen Optimierung

Eine »scobel«-Sendung auf 3sat widmete sich im Januar 2018 jenen Leuten, die ständig mit ihrer Gesundheit und ihrer Fitness beschäftigt sind, beziehungsweise generell ihr ganzes Leben optimieren wollen.[53] Alles soll möglichst perfekt organisiert und geplant werden. Das war eine spannende Sendung, an der unter anderem die Soziologin Greta Wager von der Uni Frankfurt, sowie der Neurobiologe Gerald Hüther teilnahmen. Der Befund der Soziologin: Der Wettbewerb sei völlig entgrenzt, daher glaubten viele Menschen, sie müssten alles dafür tun, dass ihr ganzes Leben in optimalen Bahnen verläuft. Von der Gesundheit und Fitness, über den Bildungsstand, die Wahl des Partners bis hin zur Ausbildung der Kinder, alles müsse so geformt werden, dass einem niemand vorwerfen kann, man hätte irgendetwas versäumt. Dieser Fixierung auf das optimierte Ich haben wir auch die vielen Friseurläden, Nagel- und Fitnessstudios in den Städten zu verdanken wie auch die Fülle von Wellnessangeboten.

»Wenn sich die jungen Leute heute fast nur noch mit befristeten Verträgen abfinden müssen, dann erscheint es doch durchaus rational, in die eigene Wettbewerbsfähigkeit zu investieren«, so Greta Wagner, die auch ein Buch zum Thema geschrieben hat.[54] Das Problem dabei: Niemand kann überall perfekt sein. Da sei das Scheitern oder zumindest der Frust schon vorprogrammiert, auf der individuellen Ebene. Gesellschaftlich wird deutlich, dass der Wettbewerb »Bereiche kolonialisiert, die bisher nicht wettbewerblich organisiert waren«, so Wagner. Der Drang nach Perfektion erfasst das Aussehen, die Ge-

Junge Leute investieren in die eigene Wettbewerbsfähigkeit

sundheit, die Liebe und macht eben auch vor den Kindern nicht halt. Wer Perfektion sucht und anstrebt, wird nie zufrieden sein, so wie Adel Tawil in seinem Lied »So kann es bleiben« singt: »Ich bin auf der Suche nach hundert Prozent. Ich will sagen: So hab ich es mir gewünscht. Alles passt perfekt zusammen, weil endlich alles stimmt. Ich muss noch weiter suchen, weil immer noch was geht.« Na prima, die rundherum perfekte Beziehung soll es sein. Daher ist man nie zufrieden mit dem Partner, mit dem man gerade lebt. Und die Kontaktbösen im Internet wie Parship, Elitepartner & Co. nähren genau diesen Anspruch, indem sie die Illusion verbreiten, es gäbe so etwas wie die perfekte Lebenspartnerin, den perfekten Lebenspartner, bei denen nix zu beanstanden ist. Mit ihren pseudowissenschaftlichen Methoden geben sie vor, sie könnten Menschen zueinanderbringen, die wunderbar zueinanderpassen. Da die Auswahl schier unendlich erscheint, kann Mann beziehungsweise Frau dann auch wählerisch sein und die Angebote wie auf dem Wühltisch prüfen – und wieder verwerfen.

Eigenverantwortung kann zur Entsolidarisierung werden

Gefährlich wird es spätestens dann, wenn die Menschen im täglichen Streben nach Perfektion zu leistungssteigernden Substanzen für das Gehirn greifen (Neuro-Enhancement). Das könnte zu einem Problem werden, wenn der Leistungs- und Wettbewerbsdruck weiter zunimmt und die Menschen den Eindruck vermittelt bekommen, es sei nun an ihnen, sich mit allen zur Verfügung stehenden Mitteln dafür zu rüsten, eben auch mit Psychopharmaka und ähnlichen Produkten.

Greta Wagner, die ausgesprochen klug und kompetent argumentiert, spricht von einer »unheiligen Allianz« zwischen dem neoliberalen Gedanken der Eigenverantwortung und der Eigenverantwortung, wie sie die alternativen Milieus der 1970er und 1980er Jahre propagierten. Weil bei diesen gesellschaftlichen Gruppen Eigenverantwortung positiv konnotiert sei, hätten die Verfechter des Neoliberalismus ein leichtes Spiel, wenn sie Eigenverantwortung predigen und damit eigentlich Entsolidarisierung meinen – oder zumindest unwillentlich bewirken. »Hier verbinden sich auf tragische Weise zwei eigentlich miteinander unvereinbare Ideale, und so werden die neoliberalen Vorgaben als die eigenen Wünsche identifiziert«, so die Soziologin. Wie emanzipatorische Werte eben mal fix umgedeutet werden können, erleben wir auch in der Sozialpolitik, wo ja genauso die Eigenverantwortung inzwischen ganz groß und die Solidarität immer kleiner geschrieben wird. Auch hier klingt der Ruf nach Eigenverantwortung emanzipativ und vernünftig. Ich will ja über mein Leben selbst entscheiden und mich nicht vom Staat gängeln lassen. Bei Lichte betrachtet entpuppen sich die konkreten Wirkungen dieses Rufs dann jedoch als unsozial und oft auch hartherzig, wie wir an den Folgen von Hartz IV sehen können.

Weil in unserer Gesellschaft die Menschen vor allem nach Leistung und Erfolg bewertet würden, so Wagner, werde die Außendarstellung immer wichtiger und auch aggressiver. Wir beobachten das an vielen Stellen: in der Werbung, im Sport, in der Art, wie viele Leute sich selbst in Szene setzen, und eben auch beim Selfie-Kult. Narzissmus ist keine neue Erscheinung, aber die technischen Möglichkeiten unterstützen narzisstische Konditionierungen erheblich. So ist angeblich schon jedes dritte im Internet publizierte Foto ein Selfie.

»Dass sich Leistung lohne, dies ist das Versprechen der Moderne. Leistungsgerechtigkeit soll es geben«, so die Soziologin weiter. Doch allzu weit her scheint es mit diesem Versprechen nicht zu sein, wenn man sich nur mal die finanziellen Gepflogenheiten in den Führungsetagen deutscher Konzerne ansieht. Zumindest lassen die Milliarden-Boni der Deutschen Bank trotz tiefroter Zahlen keine anderen Schlüsse zu.

Der Neurowissenschaftler Gerald Hüther verwies in der scobel-Sendung zum Ego-Kult darauf, dass die Menschen zwei zentrale Grundbedürfnisse hätten: »Sie wollen dazugehören, das heißt, sich als Teil von etwas Größerem fühlen, und sie wollen zugleich frei und autonom sein.« Das ließe sich aber nicht im Wettbewerb realisieren, sondern nur in Gemeinschaften, »in denen wir würdevoll miteinander umgehen« und in der Kooperation (siehe auch Kapitel 5 S. 197 f.). Das gelte insbesondere für das Bedürfnis nach Zugehörigkeit. Der Wettbewerb hingegen fördere auch den Größenwahn und die Gefallsucht, wie sich gut an Personen, wie Donald Trump, aber auch an Thomas

Middelhoff, dem ehemaligen Manager der Arcandor AG (zuvor KarstadtQuelle), der wegen Betrug und Steuerhinterziehung verurteilt wurde, oder an Nick Leeson beobachten ließ. Der ehemalige britische Derivatehändler verursachte in den 1990er Jahren durch hochriskante und nicht autorisierte Spekulationen den Zusammenbruch der Barings Bank, der ältesten Investmentbank Großbritanniens.

Medien fördern Polarisierung, Ichbezogenheit und Respektlosigkeit

Die allgegenwärtigen Medien, seien es die neuen sogenannten sozialen Medien in der digitalen Welt oder die alten analogen, wie Zeitungen, Radio oder Fernsehen, tragen einen Großteil dazu bei, die Ichbezogenheit zu fördern. Schauen wir uns nur mal die vielfältigen Wirklichkeitsspektakel der Privatsender an, in denen sich ganz gewöhnliche Menschen plötzlich einem großen Publikum ausgesetzt sehen. Sie mögen das zunächst toll finden, fühlen sich anfangs beachtet, aufgewertet, woran es vielen Menschen mangelt, wie wir es gesehen haben. Doch sobald eine Kamera auf uns gerichtet ist, neigen wir auch dazu, uns in Szene zu setzen. Das Posing, wie wir es zum Beispiel bei Fußballspielern beobachten können, setzt dann auch hier ein. Viele Sendungen suggerieren ihren Zuschauern, sie könnten ihrem Leben eine ganz neue Wendung geben, wenn sie sich an einer der Selbstdarsteller-Spektakel beteiligen. Doch was passiert tatsächlich: In vielen Fällen werden die Beteiligten vorgeführt, ja beleidigt und oft sogar erniedrigt. Alles nicht in ihrem Interesse, sondern im Interesse der Unterhaltung anderer und vor allem im ökonomischen Interesse der Sender.[55] Solche Sendungen schauen sich dann Tag für Tag Zigtausende, ja Millionen von Menschen an. Was lernen die dabei? Dass es völlig in Ordnung ist, sich im Ton zu vergreifen und andere zu beleidigen. Denn die Moderatorinnen der Sendungen sorgen ja in den seltensten Fällen für einen kultivierten Umgang. Im Gegenteil: Oft heizen sie die Stimmung noch an, denn so erwarten es die Sender von ihnen. Das hilft der Quote. Ist es da verwunderlich, wenn solche Medienerfahrungen nicht ohne Wirkung bleiben? Wenn hier das Gegenteil von Respekt, Achtsamkeit und Empathie gezeigt und als völlig normal dargestellt wird? Diese Medien fördern die Ichlinge, denn sie geben ihnen eine Plattform, und sie regen auch andere an, es ihnen gleichzutun.

Es gibt auch Untersuchungen, die zeigen, dass uns die Medien nicht zwangsläufig zu schlechteren Menschen machen. Wer viel Krimis guckt, wird deshalb noch lange nicht gewalttätig. Alles richtig. Aber unser Alltagsleben wird subtil beeinflusst, wenn wir große Portionen nicht sanktionierter, sondern geradezu erwünschter Unachtsamkeit, Respekt- und Empathielosigkeit zu uns nehmen. *Bild* & Co. sind längst nicht mehr die schlimmsten Beispiele medialer Unseriösität. Die Fülle von Reality-Sendungen, in den Menschen vorgeführt, beschämt und gedemütigt werden, und die viele Leute viele Stunden am Tag konsumieren, können das Menschenbild der Zuschauer verändern und damit auch ihr eigenes Verhalten im Alltag. Zudem suggerieren die Formate vor allem jungen Menschen, dass es ohne großen Aufwand – und vor allem ohne größere Leistung – möglich sei, sich aus der Masse zu erheben, bekannt zu werden und viel Geld zu verdienen.

Die Medien, nun spreche ich vor allem von den sogenannten sozialen Medien, nehmen für sich in Anspruch, die Menschen näher zusammenzubringen. Das klappe aber, wenn überhaupt, nur im Kleinen, Persönlichen, Alltäglichen, meint der Blogger Sascha Lobo: «Im Großen haben die sozialen Medien, allen voran Facebook und Twitter, eher für Polarisierung gesorgt.»[56] Hier wird gemobbt, gehetzt, ja bedroht, was das Zeug hält. Unter dem Mantel der Anonymität lässt es sich vortrefflich über alle schimpfen, die anderer Meinung sind, von denen man nichts hält, die einem nicht geheuer sind, die einfach anders sind als man selbst, ohne auch nur auf die minimalsten Regeln des Anstandes achten zu müssen. Tausendfach »geteilt« und »geliked« trägt das ganz sicher nicht zu mehr Toleranz und Verständigung bei, sondern im Gegenteil: Es polarisiert, es trennt und verfeindet Menschen.[57] Zwar ist es nur eine kleine Minderheit, die sich im Netz immer wieder verbal danebenbenimmt, doch schon jetzt bestimmt diese Minderheit vielfach den Diskurs, und es besteht die Gefahr, dass sie den Ton angibt und stilbildend wirkt.

Dazu der Psychoanalytiker Wolfgang Schmidbauer: »Das vorherr-schende Gefühl in der Konsumgesellschaft, das sich immer schlech-ter kanalisieren lässt, ist der Neid auf die Glücklichen. Sich kränken und gekränkt werden nehmen rapide zu, je intensiver uns die Bild-schirme eine heile Welt voller schöner Menschen vorgaukeln, die at-traktiv sind und attraktive Dinge tun.«[58]

Frauen nähmen die Tendenz zur Respektlosigkeit, die sich online und offline zeigt, früher wahr als Männer, meint Herta Däubler-Gmelin, ehemalige Ministerin und langjährige Bundestagsabgeord-nete der SPD, denn sie waren und sind selber davon betroffen. »Frü-her waren es die ärmeren, die schlecht gekleideten und die Frauen, denen man wenig Respekt entgegenbrachte. Das hat sich dann zum Guten gewendet. Doch nun nimmt die Disziplin der Privilegierten wieder ab.« Das Problem sei im politischen Establishment noch nicht richtig angekommen, da hier meist die Männer den Ton angeben. Ich füge hinzu: Die Frauen ihrerseits hüten sich vor den vermeintlich »weichen« Themen, wenn sie im politischen Geschäft ernst genom-men werden wollen. »Langsam aber«, so Däubler-Gmelin, »spricht es sich herum, dass der soziale Zusammenhalt nachlässt.« Allerdings gebe es keinen Dissens, was die Gründe dafür angeht: die soziale Spaltung der Gesellschaft.[59]

Schöne neue Welt: Gemeinsam einsam

Und welche Wirkung hat der extensive Konsum elektronischer Me-dien? Schauen Sie sich in der S-Bahn um: Die meisten Menschen sind mit ihrem Schlau-Fon beschäftigt. Auf der Straße begegnen uns Leute, die im Gehen ihre Nachrichten checken, und sogar im Restau-rant sitzen sich Freunde, Familien, ja sogar Liebespaare gegenüber und sind in ihre Geräte versunken – anstatt sich in die Augen zu schauen, zu flirten, anstatt miteinander zu reden. Nach neueren Un-tersuchungen lassen 80 Prozent der Menschen Familien und Freun-dinnen am ehesten über die sogenannten sozialen Medien an »Mei-lensteinen ihres Lebens« teilhaben. »Social Media scheint inzwischen beliebter als persönliche Treffen«, meint Sascha Lobo.

Der Münchener Psychoanalytiker Wolfgang Schmidbauer be-schreibt die tiefgreifenden Veränderungen, die mit unserem Medienkonsum einhergehen: »Unter dem Einfluss der Konsumgesellschaft sind Kräfte entstanden, welche dazu führen, dass sich Menschen weniger als früher für ihr Gegenüber interessieren. Sie erwarten Verständnis und Empathie, ohne sie ihrerseits anzubieten ... Die Mediengesellschaft fördert die Neigung zum schnellen, pauschalen Urteil, zum Talkshowgezeter und zum Rechthaben pur. Sie gefährdet das demokratische Prinzip des Respekts vor der Opposition.«[60] Im Kontext des Alltagsverhaltens könnte dies auch ein Grund sein, warum es vielen so schwer fällt, sich vernünftig, sprich zivilisiert auseinanderzusetzen. Wenn man mit einem Menschen in Konflikt gerät, entweder weil man sehr unterschiedlicher Meinung ist, oder weil man divergierende Interessen hat, dann besteht der erste Schritt zur Konfliktlösung immer darin, mal in die Schuhe des Gegenübers zu schlüpfen, sprich Einfühlungsvermögen, Empathie zu entwickeln. Das bringt der Vater seinen Kindern in dem großartigen Buch und Klassiker über Rassenkonflikte *To Kill a Mockingbird* (»Wer die Nachtigall stört«) von Harper Lee bei. In die Schuhe anderer zu schlüpfen, setzt wiederum voraus, sich auch für die Position des anderen tatsächlich zu interessieren. Genau diese Haltung aber schwindet in einer Welt, in der vorrangig das Ich zählt, in der die Fähigkeit zur Empathie ein Auslaufmodell zu werden droht und in der es sozial besonders anerkannt ist, wenn sich jemand gut durchsetzen kann. Diese Haltung fördern die Gesprächsrunden des Fernsehens, in denen gar nicht mehr miteinander geredet wird, in denen keiner auf den anderen eingeht, in denen nur zählt, wer sich möglichst lange die Redezeit ergattern und seine/ihre Positionen möglichst vehement und eindrucksvoll vertreten kann. Oder haben Sie in solchen Sendungen schon ein einziges Mal den Satz gehört: »Hm, an Ihrem Argument könnte unter Umständen was dran sein.« Oder gar: »Stimmt, da haben Sie recht. So habe ich es bisher nicht gesehen.« Sie werden es nicht hören, weil solch ein – eigentlich höchst souveränes – Eingeständnis der eigenen Fehlbarkeit in diesen Formaten unerwünscht ist und keine Pluspunkte bringt. Die Moderatorinnen dieser Sendungen sehen ihre Aufgabe auch nicht darin, Gemeinsamkeiten zwischen den Diskutanten herauszuarbeiten, mögliche Lösungsansätze zu suchen, sondern eher den Konflikt anzufeuern – an dieser

Stelle sind die Gesprächsrunden des öffentlich-rechtlichen Fernsehens nicht viel besser als die Wirklichkeitsspektakel der Privatsender.

Auch im Alltagsleben treffen wir nur selten auf Menschen, die richtig zuhören können und die auf die Argumente des Gegenübers tatsächlich eingehen. Gesellschaftliche Vorbilder sind vielmehr jene Alpha-Männchen und -Weibchen, die immer gleich eine Antwort auf alles parat haben, denn ihnen wird Selbstbewusstsein, Erfolg und ein glückliches Leben attestiert. Was in ihrem Vokabular jedoch vollkommen abhandengekommen ist, sind wunderbare Sätze wie: »Du, darüber muss ich mal nachdenken.« Wie oft musste ich schon erleben, dass auf eine schlichte Frage ein viertelstündiger Monolog gehalten wird, wie oft scheint es, das Gegenüber sei regelrecht verliebt in die eigene Stimme. Interesse, Empathie für das Empfinden und die Ansichten des Gegenübers? Fehlanzeige. Konversation als Mittel der Selbstdarstellung, ein Austausch von Ideen findet nicht statt. Das ist höchst ermüdend und auch frustrierend. Vielleicht bin ich im Laufe der Jahre empfindlicher und unduldsamer solchen Zeitgenossen gegenüber geworden. Vielleicht sind diese Erfahrungen aber tatsächlich Ausdruck dessen, dass die Ichlinge bereits die Oberhand gewonnen haben.

Smartphone & Co. lenken ab und fördern Voyeurismus

Der extensive Konsum von Medien über Smartphone, Tablet et cetera bleibt auch nicht ohne Wirkung auf unser Zusammenleben in der Gesellschaft. Sie alle kennen das vom Bahnsteig, im Zug, überall, wo Menschen alleine auf etwas warten oder unterwegs sind: Die übergroße Mehrheit starrt auf ihre mobilen Kommunikationsgeräte, viele haben auch Kopfhörer im Ohr. Und, wie gesagt, oft werden sogar Gespräche immer wieder unterbrochen, weil bei jemandem das Telefon piepst und sich eine neue WhatsApp-Nachricht ankündigt oder weil man eben mal schnell die neuesten Updates auf Instagram checken muss. Auch in der Arbeitswelt werden die Abläufe in immer kleinere Abschnitte unterteilt, immer mehr muss parallel geschehen, immer weniger Zeit bleibt für die Vertiefung und Lösung komplexer Aufgaben. Multitasking allenthalben. Im ständigen Nachrichtenstrom lassen sich die Leute permanent von dem ablenken, was sie gerade tun, und wenn sie im Gespräch sind, dann kann das auch höchst unhöflich und respektlos sein – dieses Signal, dass einem gerade etwas anderes nun wichtiger ist als das Gegenüber. Die jungen Leute scheinen das aber nicht so zu empfinden, für die meisten von ihnen ist ein solches Verhalten längst normal geworden. Abgesehen davon, dass erwiesen ist, dass die permanente Ablenkung, das Konzentrations- und Denkvermögen beeinträchtigt, ist auch festzustellen, dass die Menschen ihre Umgebung nur noch sehr eingeschränkt wahrnehmen. Wenn ich mit den bunten Welten meines Schlau-Fons beschäftigt bin und sogar noch Kopfhörer aufhabe, kriege ich kaum noch mit, was um mich herum vor sich geht. Das kann im Straßenverkehr gefährlich sein, vor allem aber beeinträchtigt es meines Erachtens die Aufmerksamkeit, die Wahrnehmung füreinander. Die Menschen stehen zwar leibhaftig vor mir, doch sind sie gedanklich und emotional eben doch nicht vor Ort. Ich merke selbst, wenn ich mal mit Kopfhörern Musik höre und dabei durch die Straße gehe, wie weit weg ich mich von dem Geschehen fühle, wie abgeschnitten, wie in einer anderen Welt. So ist wohl – zumindest zum Teil – zu erklären, warum sich Menschen passiv verhalten, wenn irgendetwas passiert, bei dem sie eigentlich helfen oder anderweitig agieren sollten.

Ich habe darüber berichtet, dass sich Polizisten und Notfallhelferinnen vermehrt beklagen, dass die Gaffer sie bei der Arbeit behindern und es den meisten vor allem darum geht, ein Foto oder einen Film vom Unfallgeschehen aufzunehmen. Dies war auch Thema in einem «Tatort»-Krimi am 28. Januar 2018, als die Polizei die Leiche eines kleinen Jungen barg und Sichtschutzwände gegen die Gaffer aufstellen musste, die hemmungslos ihre Smartphones einsetzten und gar versuchten, die Absperrung zu durchbrechen. »Die Leute werden immer schlimmer«, sagt die eine Kommissarin, worauf die andere antwortet: »Das denke ich nicht. Solche Menschen gab es früher auch schon. Da hatten sie nur noch kein Smartphone.«

Täuscht also der Eindruck, die Menschen würden skrupelloser? Gaffer gab es ja in der Tat schon immer – denke man nur an die öffentlichen Demütigungen am Pranger oder gar die Hinrichtungen mitten in der Stadt im Mittelalter, wozu sich viele Menschen versammelten, oft nicht nur zum stillen Zuschauen, sondern viele johlten gar ganz ohne Mitgefühl ihre Zustimmung, erfreuten sich am Spektakel, ja am Leid anderer. Im Vergleich dazu ist unsere Gesellschaft heute doch wesentlich zivilisierter, menschenfreundlicher, viel weniger herzlos. Andererseits brauchen wir nicht bis ins Mittelalter zurückzublicken, um zu sehen, wie sich Menschen in bestimmten Situationen brutalisieren können, gerade wenn es gegen Minderheiten geht: Denken wir an die Judenpogrome in der Nazizeit, bei denen scheinbar brave Bürger zuschauten und Beifall spendeten, als Synagogen und Geschäfte von Jüdinnen in Brand gesteckt wurden. Oder denken wir gar nicht in die Geschichte zurück, sondern schauen, wie immer wieder Flüchtlinge und Flüchtlingsheime Opfer von hasserfüllten Mitbürgern werden. Auch hier gibt es immer die Täter und die, die billigend zuschauen.

Im »Tatort« heißt es, die Leute haben sich im Grunde nicht verändert, nur die Smartphones sind neu. Gibt es also Grund zur Entwarnung? Ich persönlich glaube in der Tat, es ist ein bisschen, wie beim Thema Ego-Kult: Die narzisstischen Selbstdarsteller gab es schon immer, aber mit den technischen Möglichkeiten, die sie heute haben, fallen sie viel mehr auf. Jetzt, da man ohne Probleme selbst Videos eines Unfalls machen und dann auch noch ins Netz stellen kann, haben die Wichtigtuer viel mehr Möglichkeiten, ihrem Drang nachzugehen. Die Gaffer, die sich früher für sich alleine beim Anblick eines Unfalls gruseln konnten, haben nun die Möglichkeit, sich mit diesem Reality-Ereignis auch noch zu präsentieren. Somit werden sie auch stärker wahrgenommen. Und dennoch glaube ich, dass dies nicht nur eine Frage der verstärkten Wahrnehmung ist – auch weil die Medien über die krassesten Fälle vermehrt berichten –, sondern dass das Problem als solches ebenfalls größer wird.

Im Widerstreit der Gefühle

Die vielen Beispiele aus diesem Buch zeigen deutlich, dass die Ichlinge mehr werden und dass sich langsam, aber sicher eine gewisse Gleichgültigkeit, Respektlosigkeit und eben sogar auch Hartherzigkeit breitmacht. Und zwar im Alltag und zwar vor allem im öffentlichen Raum, also dort, wo wir uns meist als Fremde begegnen. Meine Vermutung aber ist, dass hier nicht so sehr Gut gegen Böse steht, dass wir es nicht einerseits mit den ichbezogenen Unsolidarischen und andererseits den altruistischen Menschenfreunden zu tun haben. Vielmehr scheint es so zu sein, dass der Riss mitten durch uns und unsere Mitmenschen hindurchgeht: Wir kümmern uns morgens liebevoll um unsere Kinder, hetzen dann zur Arbeit, und weil die Bahn mal wieder Verspätung hat, wird mal eben der Schaffner angepöbelt; wir helfen im Büro einer Kollegin aus, die krank war, obwohl der eigene Schreibtisch übervoll ist, verhalten uns aber auf dem Heimweg im Straßenverkehr, als gehöre uns die Straße alleine; wir spenden einen größeren Betrag für eine Hilfsorganisation, wenn aber der Bettler in der Innenstadt die Hand aufhält, ist uns das lästig, und wir hasten schnell vorüber. Wir treten in politischen Debatten für Inklusion, Integration und Multikultur ein, schicken unsere Kinder aber am liebsten auf Schulen, in denen es homogen deutsch zugeht und in denen es möglichst keine Behinderten gibt, denn die könnten ja das Niveau senken. Das sind die Widersprüche, mit denen wir es zu tun haben.

So schreibt auch Jens Uwe Heuser in der *Zeit*: Die Menschen seien »nicht einfach egoistischer, sondern von verschiedenen inneren Strömungen hin- und hergerissen. Sie sind keine Egomaschinen, können aber auch nicht wie die Ameisen zusammenarbeiten und alles dem Gruppenziel opfern. Ein Widerspruch zwischen Selbstsucht und Mitgefühl macht die menschliche Natur aus, auch in der scheinbar so rationalen Welt der Wirtschaft.«[61]

Offenkundig können wir ganz gut auf unser Mitgefühl und unsere Hilfsbereitschaft zurückgreifen, wenn uns die Menschen, um die es geht, in irgendeiner Form nahe sind, oder wenn wir uns von den Schicksalen anderer anrühren lassen. Deshalb sind wir gerne bereit zu spenden, wenn das Elend von Menschen in fernen Ländern nach einer Katastrophe über den heimischen Bildschirm flimmert.

Widerstreit zwischen Selbstsucht und Mitgefühl

Stehen wir aber im Laden und kaufen in Bangladesch genähte Kleider oder von Kindern geernteten Kakao von der afrikanischen Elfenbeinküste, dann gehen uns diese Zusammenhänge oft komplett verloren, oder wir ignorieren sie eisern. Deshalb sind wir keine schlechten Menschen, und trotzdem wird es Zeit, diese Widersprüche, diese Unachtsamkeit auf die Tagesordnung zu rufen. Denn letztlich wollen wir ja alle nur eines: ein gutes Leben führen, für uns und unsere Liebsten sorgen. Leider vergessen wir dabei, dass das oft zu Lasten anderer gehen kann. Im Großen, wenn wir die Ungerechtigkeiten des Weltmarktes betrachten, und eben im Kleinen, wie die Beispiele aus dem Alltag in meinem Buch zeigen.

Wenn ich an dieser Stelle Verständnis zeige für das Verhalten der Ichlinge, so heißt das aber noch lange nicht, dass es akzeptabel ist. Wenn wir zum Beispiel an die egomanischen Auswüchse zurückdenken, wie sie Sanitäterinnen, Pfleger und Ärztinnen erleben müssen, wenn wir an die Schwierigkeiten denken, mit denen es Erzieher und Lehrerinnen tagtäglich zu tun haben, wenn wir uns vor Augen halten, welchem Ausmaß von Beleidigungen und sogar körperlichen Angriffen Bedienstete der Bahn ausgesetzt sind, wenn wir sehen, wie unglaublich achtlos vor allem jüngere Menschen inzwischen mit Parks und Grünanlagen umgehen, wenn jugendliche Schiedsrichter schon streiken müssen, weil sie das Verhalten vieler Eltern und Trainer auf den Fußballplätzen nicht mehr aushalten, dann ist doch nur allzu offensichtlich, dass hier Grenzen überschritten werden, die nicht überschritten werden dürfen. Hier kommt etwas ins Rutschen, das wir aufhalten müssen, bevor es zu spät ist.

Es werden Grenzen überschritten, die nicht überschritten werden dürfen

IV. Wo bleibt das Positive?

Eigentlich sind wir ja kooperativ – wir kommen nur so selten dazu

Bei meinen Recherchen für dieses Buch traf ich auf viele Menschen, die von positiven Erfahrungen mit ihren Mitmenschen in ihrem Alltag berichteten. Zum Glück! Hilfsbereite Menschen, die sich ehrenamtlich engagieren und für ein gutes gesellschaftliches Miteinander einsetzen. Viele meinten auch, dass doch gerade die Deutschen immer gerne bereit wären zu spenden, bei Katastrophen auf der ganzen Welt oder auch, um alltägliche Nöte anderer Menschen zu lindern.

In der Tat können wir, öffnen wir den Blick für das Positive, viele Beispiele finden, die zeigen, dass wir noch kein Volk von Egoisten sind. Wollen wir ein weiteres Abrutschen in eine unsolidarische Ich-bezogenheit verhindern, muss es unsere Aufgabe sein, diese positiven Tendenzen zu stärken. Wer die Ichlinge nicht in Schach zu halten versucht, droht der nicht über kurz oder lang selbst einer von ihnen zu werden? Auf der Suche nach Ansätzen für einen positiven Wandel will ich der Frage nachgehen: Wie hilfsbereit, wie solidarisch sind die Deutschen tatsächlich?

Die Menschen sind besser als ihr Schein

Beginnen wir mit einer persönlichen Erfahrung: Kürzlich war ich in der vollen Innenstadt mit dem Fahrrad zum Einkaufen unterwegs. Ich stellte mein Rad vor einem Geschäft ab, doch als ich zurückkam, hatte jemand ein anderes Rad so platziert, dass es sich mit meinem verkeilte und ich es alleine nicht mehr lösen konnte. Also fragte ich eine junge Frau, die gerade vorbeikam, ob sie mir vielleicht helfen könne. Ihr Blick sprach Bände: Es stand ihr ins Gesicht geschrieben, dass sie dazu im Moment so überhaupt keine Lust hatte. Etwas missmutig machte sie sich trotzdem mit mir ans Werk. Schon befürchtete ich, dass sie mir in dieser Haltung keine große Hilfe sein würde. Doch erstaunlich schnell wandelte sich ihre Stimmung, und sie suchte freundlich und hilfsbereit mit mir nach einer Lösung, mein Rad zu befreien. Plötzlich war sie empathisch, und nach wenigen Minuten konnten wir die Sache lösen. Ich war froh, dankte ihr herzlich und schaffte es pünktlich zu meiner Verabredung. Aber mehr noch: Für mich war es ein interessantes Lehrstück. Geht es uns nicht sehr oft allen so, dass wir in unser Alltagsgeschehen so eingesponnen sind, dass wir es eilig haben, eine lange To-do-Liste uns bedrängt? Wir wälzen Sorgen, sind gestresst, wahrscheinlich auch genervt von den Menschenmengen in einer Großstadt, die das Fortkommen oft beschwerlich machen, und so wird jede weitere Behinderung, jede Unterbrechung auf dem Weg von A nach B als zusätzliche Last empfunden, die es zu vermeiden gilt. Ich hätte sehr wahrscheinlich noch lange an meinem Rad herumzerren können, ohne dass jemand von sich aus Hilfe angeboten hätte. Die meisten nehmen es im Großstadtgedränge wohl auch kaum noch wahr, was um sie herum alles passiert, sind nur darauf fixiert hinzukommen, wo sie hinwollen, zu erledigen, was sie zu erledigen haben.

Doch – das ist die richtig gute Nachricht – bittet man Menschen um ihre Hilfe, sind die allermeisten sofort bereit, etwas zu tun. Das kann man zum Beispiel auch im Zug beobachten, wenn sich jemand mit einem Koffer abmüht, der ins Gepäckfach gewuchtet werden muss. Seltener bieten Menschen ihre Hilfe von sich **Erbetene Hilfe wird** aus an, die meisten nehmen es nämlich gar nicht **selten verweigert** wahr, wenn ein anderer Fahrgast ein Problem hat. Werden sie aber gefragt, sind fast alle ganz schnell zur Stelle. Es liegt also auch ein Teil der Verantwortung bei denjenigen, die Hilfe brauchen, dieses auch zu äußern. Natürlich wäre es schöner, wenn dies nicht nötig wäre, und man den Satz »Kann ich Ihnen helfen?« öfter mal hören würde. Aber es gibt eben auch beim Helfen ein Geben und Nehmen.

Man sollte also selbst aktiv andere um Unterstützung bitten, so wie das auch in brisanten Situationen von der Polizei empfohlen wird, wenn man etwa Zeugin wird, wie ein Mensch in der U-Bahn bedroht wird. Es ist heutzutage sicher keine gute Idee mehr, darauf zu warten, dass andere sehen, dass eine helfende Hand gebraucht wird. Sie bemerken es einfach oft nicht, weil sie zu sehr mit sich selbst oder mit ihren elektronischen Medien beschäftigt sind. Oder sie wollen es nicht sehen, weil Wegschauen so viel einfacher ist, als sich der Situation zu stellen – bis man vielleicht selbst in der Position des Hilfebedürftigen ist.

Das gilt für sämtliche alltäglichen Situationen. Wenn zum Beispiel eine Mutter versucht, ihren Kinderwagen eine Treppe hochzutragen. Oder der alte Mann, der mit seinem Rollator in die Straßenbahn einstiegen will. Die Aufmerksamkeit für diese Dinge hat wohl leider abgenommen. Das sagte mir auch kürzlich ein alter Mann, der mit einem Koffer und Stock mühsam versuchte, eine Treppe zur U-Bahn hinunterzusteigen. Als ich ihm Hilfe anbot, freute er sich sehr und meinte: »Das ist ja heutzutage selten geworden.« Das kann man beklagen, aber klagen alleine nützt nichts. Man kann und muss sich darauf einstellen. Mein Rat wäre, unachtsame Menschen nicht per se für übel, kalt, gemein oder unsolidarisch zu halten, sondern zunächst davon auszugehen, dass sie einfach nur unaufmerksam sind. Was ja längst nicht so ein schwerwiegender Befund ist. Und wie gesagt, aktiv um Hilfe zu bitten, ist in den meisten Fällen eine gute Option.

Menschen sind eher unachtsam als unsolidarisch

Der Fokus auf das Negative

Ein weiterer Punkt, warum der Schein trügen kann, dass alles schlechter wird, liegt in der Art begründet, wie wir darüber reden. Der Unterschied zum »früher« des alten Mannes ist die schnelle und starke Verbreitung einer Nachricht durch die sozialen Medien. Gerade schlechte Nachrichten werden besonders intensiv geteilt, denn nach wie vor fasziniert und interessiert uns die Katastrophe, der Skandal, der Aufreger mehr als die guten Botschaften. »No news is good news« ist leider noch immer die weitverbreitete Meinung, die auch zu den Grundsätzen des Journalismus zählen. So kann es mitunter passieren, dass es den Anschein hat, als sei irgendein Problem größer, als es tatsächlich ist. In Wahrheit aber hat nur die Berichterstattung darüber zugenommen, sie hat unsere Wahrnehmung dafür und besonders für Negatives geschärft ist.

Und natürlich gibt es auch den Tunnelblick: Ich sehe vor allem, wonach ich suche. Zu einem gewissen Grad ging das ganz sicher auch mir so bei meinen Recherchen für dieses Buch. Wenn ich auf Empfang geschaltet habe für die unangenehmen Erscheinungen, die in den Rahmen meiner Grundthese passen, dann werde ich solche Dinge auch vermehrt erleben. Täglich. Überall. Wenn ich auf der Suche nach den gegenteiligen Beispielen bin, werde ich mehr davon entdecken. Wir kennen und wissen das sehr genau: Zwei Menschen, die haargenau dieselbe Situation erleben, können sie völlig anders wahrnehmen, je nachdem, wie sie gewöhnlich auf das Leben schauen. Ist das Glas halb voll oder halb leer? Es ist also durchaus sinnvoll, seine eigenen Rezeptoren hin und wieder neu auszurichten und zu hinterfragen, ob die Brille, durch die ich schaue, zu dunkel oder zu rosarot gefärbt ist. Wie es eine chinesische Weisheit sagt: Wenn zwei Menschen sich streiten, gibt es die Meinung des Einen und die Meinung des Zweiten, und ein Drittes, das sie beide übersehen.

Mitverantwortung der Hilfsbedürftigen

Wenn viele unserer Zeitgenossen unachtsam durch die Welt laufen, müssen wir eben öfter mal aktiv um Hilfe bitten. Andererseits beobachte ich aber auch, dass gerade ältere Menschen, denen zum Beispiel ein junger Mensch in der S-Bahn seinen Platz anbietet, mitunter nicht wirklich wertschätzend darauf reagieren. Oder dass Frauen, denen mit ihrem Kinderwagen geholfen wird, kaum aufschauen. Da sie wohl davon ausgehen, dass diese Geste ja eigentlich selbstverständlich sei, brummeln sie oft nur ein kaum hörbares Danke in sich hinein, oder sie lehnen den S-Bahnplatz ab, ohne sich für das nette Angebot zu bedanken. Das wird die Person wahrscheinlich nicht motivieren, ihr hilfsbereites Verhalten auch in Zukunft beizubehalten. Kürzlich sah ich, wie ein alter Mann etwas zu langsam aus der Straßenbahn ausstieg und die Tür sich vor ihm schon wieder zu schließen begann. Eine junge Frau, die einsteigen wollte, sorgte dafür, dass sich die Tür wieder öffnete. Der Mann stieg aus und schimpfte nur über die blöde Technik, für die junge Frau hatte er aber kein nettes Wort übrig. Wer so etwas immer mal wieder erlebt, wird weniger hilfsbereit sein. Insbesondere junge Menschen, aber eigentlich wir alle, brauchen auch eine positive Rückmeldung und Anerkennung. Ich will sagen: Es gehören immer zwei dazu. Auch die Empfängerin der Hilfe trägt eine Mitverantwortung für das soziale Klima. Empathie wächst im emphatischen Klima, nicht im sozialen Kühlschrank.

So richtig all das ist, so fad und unbefriedigend ist es. Ich möchte mich nicht damit zufriedengeben, nur quasi die Verantwortung umzudrehen, nach dem Motto, wenn jemand nicht um Hilfe bittet, ist er oder sie eben selbst schuld. Vielen Menschen fällt es sehr schwer, Fremde zu fragen, ob sie ihnen helfen können. Sie mühen sich lieber alleine mit ihren Koffern, Kinderwagen et cetera ab. Und sie trauen sich auch nicht, wenn sie alt oder krank sind, einen jungen Menschen zu fragen, ob er ihnen den Sitzplatz überlassen könnte. Das ist auch schwer.

Es kann nicht darum gehen, die mangelnde Unaufmerksamkeit oder eben auch mangelnde Hilfsbereitschaft zu rechtfertigen. Das Ziel muss schon sein, dass die Achtsamkeit der Menschen untereinander und füreinander wieder wächst – oder wenigstens nicht weiter nachlässt. Wobei die Situation ja auch davon abhängt, wo man lebt. In Kleinstädten und ländlichen Gegenden ist die Chance größer, spontane Hilfebereitschaft zu erfahren, als in Großstädten. In den Kleinstädten und Dörfern kennt man sich eher und jemand, der sich danebenbenimmt, muss damit rechnen, dass sich das herumspricht. Die Nicht-Anonymität kann dann recht unangenehm sein, denn einerseits ist die Hilfsbereitschaft auf dem Land in der Regel größer, andererseits aber auch die soziale Kontrolle.

Mitgefühl für die Helfer – »Die machen unser Leben«

Zum anderen aber, und das ist der wohl interessantere Teil des Lehrstücks mit meinem Fahrrad, bestimmt auch die Art und Weise, *wie* wir um Hilfe bitten, ob und wie sie gewährt wird. Die Zurückhaltung der jungen Frau bemerkend, war ich zwar schon etwas enttäuscht, aber gerade deshalb besonders freundlich zu ihr, um ihr das Helfen angenehmer zu machen. Offenbar hat das funktioniert. Die Frau spürte meine Wertschätzung nicht erst nach vollbrachter Tat und beim Bedanken, sondern schon in der Aktion selbst. Mag sein, dass das ihre Laune gehoben hat. Empathie ist ja keine Einbahnstraße. Nicht nur diejenige, die in Bedrängnis geraten ist, sollte Mitgefühl erfahren, sondern auch der potenzielle Helfer. Leider verstoßen wir oft gegen diese einfache Regel. Zum Beispiel, wenn Reisende in einem Bahnhof eine Schaffnerin nach einer Auskunft fragen und dabei in ihrer Hektik alle Zutaten des guten Tons und gelingender Kommunikation beiseitelegen. Da wird weder »Entschuldigen Sie bitte«, noch »Guten Tag«, noch »Danke« gesagt. »Wann fährt der Zug nach ….«, wird der Schaffner angeblafft, noch bevor er überhaupt Blickkontakt mit der Fragenden aufnehmen konnte. In seinem unwilligen Blick, der etwas verzögerten Reaktion, die der Reisenden als mangelndes Engagement vorkommen mag, erkenne ich sehr deutlich, was hier schiefläuft. »Wenn du so mit mir redest, gebe ich mir keine Mühe für dich«, signalisiert das. Das Ende vom Lied werden dann wahrscheinlich zwei verärgerte Personen sein: Die Reisende ärgert sich über einen unfreundlichen Schaffner und umgekehrt.

Doch auch gerade diejenigen, die uns helfen sollen, die für uns eine Dienstleistung erbringen, haben Anstand und Respekt verdient und etwas mehr Aufmerksamkeit. Gerade die Menschen, deren Job es ist, andere zu bedienen, Auskunft zu geben und so weiter. Viele meinen jedoch, gänzlich ohne das beste Schmiermittel auszukommen, das das Miteinander so viel einfacher, ja oft erst möglich macht: die Höflichkeit und die Freundlichkeit. Ein freundliches Lächeln, egal wie sehr man in Eile ist (schließlich kann der Angesprochene ja nichts dafür, dass ich so wenig Zeit habe), eine nette Höflichkeitsformel als Minimum, und schon hat das Gegenüber nicht mehr das Gefühl, nur ein Dienstleister zu sein, der gefälligst seine Dienstleistungspflicht zu erfüllen habe, und zwar hurtig. So begegnen wir Menschen mit Respekt. Die Autorin

Das Schmiermittel im Alltag: Freundlichkeit und Höflichkeit

Ulrike Gastmann hat in einer sehr guten Kolumne in der *Zeit* auf genau diesen Umstand aufmerksam gemacht: Sie schildert, wie sie sich über nette Kassiererinnen im Supermarkt freut, die nicht nur ein eingeübtes »Kundendienstgegrinse« aufsetzen, sondern sich tatsächlich freundlich und aufmerksam zeigen – trotz schwieriger Arbeitsbedingungen. »Immer aber, wenn ich von solchen Menschen erzähle, kommt alsbald irgendeiner aus der Deckung und schüttelt verständnislos den Kopf: Woraus sich meine Begeisterung über so was – bitte schön – denn speise, das sei doch schließlich deren Job!« Ulrike Gastmann ärgert das. »Du erfüllst eine tägliche Aufgabe, Du kriegst Geld dafür (…), ergo: Halt die Klappe. Vor allem darüber, ob die Aufgabe Dich belastet oder ob Du mit besonderen Schwierigkeiten zu kämpfen hast. Das ist bei uns offensichtlich Common Sense. Gleichzeitig aber auch der Grund, warum so viele am Kommerz-Happening teilnehmen, die Payback-Karte fürs große Glück besitzen wollen, dem kleinen Glück aber einen Fußtritt verpassen. Wer diesem kleinen Glück aber einmal mit weniger Anspruchshaltung begegnet (…), erhält manchmal sogar ein dickes Lächeln aufs Heiterkeitskonto für den Tag. (…)« Die Autorin rät daher, jenen Leuten mehr Aufmerksamkeit zu schenken, die alle nur »ihren verdammten Job« machen, denn die machten nicht nur ihren Job: »Die machen unser Leben.«[1] Sehr schön gedacht!

Indikatoren Ehrenamt und Spenden

Ein wichtiger, wenn auch sicher nicht der wichtigste Indikator für die Frage, wie solidarisch eine Gesellschaft ist, ist die Zahl derjenigen, die sich ehrenamtlich für die Gesellschaft engagieren.

Seit 1999 führt das Bundesministerium für Familie, Senioren, Frauen und Jugend regelmäßig den sogenannten Freiwilligensurvey durch. Das ist eine repräsentative Befragung der deutschen Bevölkerung zu ihrem gesellschaftlichen Engagement. Demnach waren im Jahr 2014 43,6 Prozent der Deutschen über 14 Jahren in Verbänden, Vereinen, Bürgerinitiativen oder Projekten aktiv. 1999 waren es erst 34,0 Prozent. Weitere 27 Prozent sagen, sie seien in einem Verein oder einer Gruppe, ohne aber dort eine bestimmte Aufgabe zu übernehmen. So kommt das Ministerium auf die beachtliche Zahl von insgesamt rund 70 Prozent der Bevölkerung ab 14 Jahren, die ehrenamtlich oder bürgerschaftlich engagiert sind. Dabei wird unterschieden in öffentliche Ämter, die unentgeltlich übernommen werden, wie zum Beispiel Gemeinderäte, Schöffen oder Betriebsräte, und in Aktivitäten in zivilgesellschaftlichen Gruppen und Vereinen.[2] So ganz eindeutig scheint die Datenlage jedoch nicht zu sein, denn andere Institutionen nennen niedrigere Zahlen, wie zum Beispiel das Deutsche Rote Kreuz (DRK), das 2011 von rund 17 Millionen Freiwilligen sprach.[3] Das DRK selbst verzeichnet einen Anstieg der Helferinnen und Helfer von 395000 im Jahre 2010 auf 415000 in 2017.[4] Zudem wird kritisiert, dass beim freiwilligen Engagement auch die Teilnehmerinnen einer Jogginggruppe oder die Besucher von Kitafesten mitgezählt würden.[5] Wie auch immer die ganz genauen Zahlen lauten: Es sind dennoch Millionen Menschen, die sich in Deutschland außerhalb von Familie und Beruf für Belange der Gesellschaft einsetzen – wenn auch auf sehr unterschiedliche Weise und in sehr unterschiedlichen Bereichen. Die Deutschen scheinen nach wie vor bereit zu sein, anderen zu helfen beziehungsweise sich für die Belange des Gemeinwesens zu einzusetzen.

Ein weiterer messbarer Indikator dafür, wie es um die Solidarität der Deutschen bestellt ist, ist das Spendenaufkommen. Wie ich schon im ersten Kapitel geschrieben habe, steigt dieses in Deutschland leicht und betrug nach Aussagen des Deutschen Zentralinstitut für Soziale Fragen (DZI) 2017 zwischen acht und zehn Milliarden Euro, wenn man die Groß- und Unternehmensspenden einrechnet. Privatpersonen spendeten rund fünf Milliarden Euro. Hier werden Spenden bis maximal 2000 Euro im Jahr berücksichtigt. Das klingt nach viel, und dennoch liegt Deutschland damit im internationalen Vergleich nicht an der Spitze, denn die Spenderquote beträgt bei den über 14-Jährigen nur 50 bis 55 Prozent. In Ländern wie Schweden, Großbritannien, Niederlande oder der Schweiz spenden hingegen rund 60 bis 70 Prozent der Bevölkerung. Und selbst in einem bitterarmen Land wie Myanmar spenden prozentual mehr Menschen Geld für Bedürftige. Die Top fünf unter den Ländern mit dem im Vergleich zur Bevölkerung höchsten Spendenaufkommen sind neben Myanmar Kenia, Indonesien, Neuseeland und die USA.[6] In Deutschland nimmt zwar die Höhe der Spenden zu, die Zahl der Spender aber ab. Es sind vor allem die Älteren, die viel geben, sie sind zu 41 Prozent am Spendenaufkommen beteiligt. Dabei spielen natürlich wirtschaftliche Aspekte eine Rolle, aber nicht nur. Burkhard Wilke, Geschäftsführer beim DZI, sieht einen Grund für die nachlassende Spendenbereitschaft auch in der Säkularisierung der Gesellschaft. Früher seien die Menschen beim regelmäßigen Kirchgang quasi rituell an die Spendenkollekte gewöhnt gewesen. Das falle für viele heute weg und damit auch ein »gesellschaftlicher Ethos des Gebens«. Als weiteren Grund benennt Wilke den Aspekt, dass die Deutschen von allerhand Ängsten geplagt seien und daher nicht so zufrieden sind. »Spenden macht glücklich und Glückliche spenden mehr.«[7] Oder mit den Worten des Jesuitenpaters und Direktors des Kollegs St. Blasien Klaus Mertes: »Es gibt nichts Zerstörerisches, als wenn sich jemand zu kurz gekommen fühlt.« Vielleicht gibt es in Deutschland tatsächlich viele Menschen, die der Meinung sind, dass ihnen eigentlich ein größeres Stück vom Kuchen zustünde. Und ich meine damit nicht diejenigen, die jeden Cent umdrehen müssen, sondern eher Mitglieder der Mittelschichten, deren Ziel darin besteht, immer mehr zu verdienen, um sich einen immer aufwendigeren Lebensstil leisten zu können. Wenn das, aus welchen Gründen auch immer, so nicht klappt, sind sie sehr unzufrieden.

Ein weiterer Punkt: Deutschland hat, anders als zum Beispiel die USA, einen immer noch recht starken Sozialstaat. Somit haben viele Menschen das Gefühl, sie zahlten doch schon genug Steuern, mit denen anderen geholfen werden könne. Da müsse man nicht noch separat spenden. Diese Haltung geht dann mitunter so weit, dass es insbesondere im linken Milieu Stimmen gibt, die den Tafeln, die gespendetes Essen an Arme verteilen, vorwerfen, sie kaschierten damit ein schweres Versäumnis des Staates. Im Prinzip ist es natürlich völlig richtig, dass der Staat dafür sorgen müsste, dass in einem reichen Land niemand auf eine derartige Hilfe angewiesen ist, doch so lange die Situation ist, wie sie ist, bin ich froh um die Angebote für die Hilfebedürftigen, die es ja in vielen Bereichen gibt. Wer sie mit dem Hinweis auf die Unzulänglichkeiten des politischen Systems am liebsten abschaffen würde, argumentiert in meinen Augen unüberlegt und unsolidarisch. Parallel dazu braucht es den politischen Druck für sozialen Ausgleich und Gerechtigkeit. Ganz klar. Es ist die Ambivalenz dieser Situation, die es auszuhalten gilt.

Die Ambivalenz zeigt sich auch an anderen Stellen: wenn sich Schlepper und Bettlerorganisationen in organisierter Kriminalität die Armut anderer zunutze machen. Damit sinkt die Glaubwürdigkeit und das Vertrauen, den »Richtigen« zu geben. Auch ist Wohlstand nicht die Voraussetzung für Geben. Oft sind es die, die gar nicht so viel haben, die gerne geben, weil sie wissen, wie es ist, wenn man wenig hat. Umgekehrt spenden viele Reiche nur, weil sie damit Steuern sparen können.

Engagement und Engagierte ändern sich

Es reicht jedoch nicht, sich nur die Zahlen anzuschauen. Wichtig ist auch, genauer zu analysieren, wer sich wie in welcher Situation engagiert. Da fällt zunächst auf, dass sich Menschen heutzutage nicht mehr so gerne langfristig festlegen. Vor allem die Jüngeren engagieren sich eher spontan und dann für kurze Zeit. Sie wollen immer wieder neu entscheiden können, was sie tun und was sie lassen. Davon profitieren vor allem Organisationen, die kampagnenorientiert und stark internetbasiert arbeiten, wie zum Beispiel Campact oder Avaaz. Sie sind aktionsorientiert, kurz getaktet, setzen auf das Zusammenspiel mit (den eben auch oft schnell vergänglichen) Medien(berichten), mobilisieren ihre Klientel zu Unterschriftenaktionen im Netz, aber auch zu Aktionen auf der Straße. Traditionelle Verbände hingegen, die bisher stark auf verlässliches, dauerhaftes ehrenamtliches Engagement aufbauten, wie die großen Umweltschutzverbände BUND oder NABU, oder die karitativen Organisationen, tun sich zunehmend schwerer, wie gewohnt ihr gesamtes Arbeitspensum zu erfüllen,[8] da sie für viele Aufgaben einfach nicht mehr genug Ehrenamtliche finden. Deshalb müssen sie ihre Strukturen umbauen. Nicht viel anders sieht es bei den Parteien aus. Sie alle müssen sich jetzt an die neuen Bedingungen anpassen und ihren Mitgliedern flexiblere Strukturen anbieten, die deren Interessen stärker entgegenkommen.

Auch Hejo Manderscheid, der 20 Jahre lang den Caritasverband im Bistum Limburg geleitet hat, findet, das ehrenamtliche Engagement sei ungebrochen hoch. Er weiß jedoch auch, dass man die Menschen, die potenziell bereit sind, sich für die Gesellschaft zu engagieren, heute anders ansprechen muss. Vieles liefe nicht mehr über die traditionellen Kommunikationswege, in diesem Fall der Caritas oder von Vereinen, sondern eben über die sozialen Netzwerke. »Wir lernen, anders zu kommunizieren«, sagt Manderscheid und fügt hinzu: »Wir haben inzwischen sehr viele, hochqualifizierte Ehrenamtliche, etwa in der Schuldnerberatung. Die arbeiten sehr selbstständig und wollen sich nicht vorschreiben lassen, wie sie ihre Arbeit zu tun haben. Das mussten die Hauptamtlichen erst einmal lernen zu akzeptieren.«[9] Ähnliche Stimmen höre ich auch aus anderen Verbänden, bei denen die Hauptamtlichen gewohnt waren, die Ehrenamtlichen anzuleiten und vielleicht auch ein bisschen zu bevormunden.

Mehr zweckgebundene Spenden

Auch bei den Spenden sei zu vermerken, dass die Menschen öfter gezielt für einen bestimmten Zweck spenden, wie die Präsidentin des Roten Kreuzes, Gerda Hasselfeldt, berichtet. Hier gibt es also eine gewisse Parallelität zu den Entwicklungen im Ehrenamt. Für die Hilfsorganisationen ist das nicht einfach, denn sie können die Gelder, die zweckgebunden gespendet wurden, dann nicht so einsetzen, wie sie gerade am dringendsten benötigt werden. Im Trend zu den zweckgebundenen Spenden sieht Burkhard Wilke vom DZI einen gewissen egoistischen Aspekt: Da das Vertrauen in Organisationen, auch in Hilfsorganisationen, abgenommen habe, bestehen nun viele Menschen darauf, ganz genau zu wissen, was mit ihrem Geld geschehe. Und gerade junge Menschen wollten auch ein »eigenes Wohlgefühl« beim Spenden haben. »Wir interpretieren das als eine Zunahme egoistischer Haltung«, so Wilke und erklärt sich so auch die Erfolge von Crowdfunding-Initiativen, bei denen die Spenderinnen und Spender in der Regel sogar selbst profitieren, indem sie zum Beispiel das so finanzierte Produkt bekommen. Auch beim ehrenamtlichen Engagement beobachte er den Anspruch »Ich will mich dabei wohlfühlen«, der altruistische Aspekt sei hingegen schwächer. Die Organisation »Ärzte ohne Grenzen« lehnt zweckgebundene

Spenden inzwischen ab, weil sie ansonsten ihre humanitäre Arbeit nicht wirksam leisten könnten.

Trotz dieser Veränderungen blickt Burkhard Wilke optimistisch in die Zukunft: »Solidarität und Mitgefühl sind tief im Menschen verwurzelt«, glaubt er. Es liege aber vor allem an den **Solidarität und** gesellschaftlichen Rahmenbedingungen, ob diese **Mitgefühl sind tief im** positiven Gefühle gelebt oder verschüttet wür- **Menschen verwurzelt** den. Das bürgerschaftliche Engagement werde noch weiter zunehmen und sich weiter ausdifferenzieren. Spenden würden wahrscheinlich weiter abnehmen, Crowdfunding werde dafür zunehmen sowie das private Engagement für fairen Handel.

Eigentlich möchte ich in diesem Kapitel ja über die Gegentrends zum Ego-Trip schreiben. Schließlich macht erst das Positive Lust auf den Wir-Trip. Aber an dieser Stelle muss ich doch leider noch etwas sagen, das eher auf die Seite des weniger Erfreulichen gehört. Es geht mal wieder um die Reichen. Hier gibt es den Trend, dass sie mit ihrem Reichtum immer häufiger eigene, private Stiftungen gründen, um gesellschaftliche Projekte zu unterstützen. Auch viele Reiche wollen gerne helfen und sich für die Gesellschaft engagieren. Doch sehr oft kommt es ihnen darauf an, dass sie selbst entscheiden können, was wie gefördert wird – also ganz ähnlich wie bei den zweckgebundenen Spenden der Normalbürger. Nur mit dem Unterschied, dass es sich bei ihnen in der Regel um größere Beträge handelt. Damit nehmen die Reichen in immer größerem und, aus meiner Sicht, unangemessenem Umfang auch Einfluss auf die Gesellschaft. Ihr Engagement und ihre Spenden können sie dann auch noch von der Steuer absetzen, entziehen damit dem Staat wieder Gelder und verringern staatliche Handlungsspielräume. Das ist natürlich alles legal, aber inzwischen muss sich der Staat wohl doch fragen, ob er diese Entwicklung tatsächlich weiterhin so fördern will, nämlich dass die Reichen, die oft viel zu wenig Steuern bezahlen, dafür dann auch noch belohnt werden, indem sie mit ihrem Mäzenatentum ihren Einflussspielraum erweitern können. Außerdem frage ich mich, warum die Reichen, und vor allem die Superreichen nicht noch viel mehr von ihrem Geld für gemeinnützige Zwecke abgeben. Sie geben

Millionen aus, um sich ganze Fußballvereine zu kaufen, oder unnütze Dinge zu finanzieren, wie Jeff Bezos seine Riesenuhr in Texas. Gleichzeitig bedürfte es aber gar nicht so viel Geld, um zum Beispiel allen Menschen Zugang zu sauberem Trinkwasser zu ermöglichen. Mit der tatsächlichen Spendenfreudigkeit der Geldelite scheint es nicht allzu weit her zu sein.

Unterstützung für Engagement

Wie staatliche Unterstützung für bürgerschaftliches Engagement gelingen kann, zeigt etwa das Land Nordrhein-Westfalen. Dort gibt es seit 2016 bei der Verbraucherzentrale NRW das Projekt »MehrWert NRW«, mit dem unter anderem Initiativen unterstützt werden, die dazu geeignet sind, Verhaltensänderungen anzuregen. Dazu zählen zum Beispiel lokale Verbraucherinitiativen wie Repair Cafés, also Orte, wo Menschen gemeinsam Geräte wieder in Stand setzen, um so Produkte davor zu bewahren, vorzeitig auf dem Müll zu landen. Dazu zählen aber auch die Projekte zum Urban Gardening, bei denen Bürger auf öffentlichen Plätzen in der Stadt Obst und Gemüse anbauen, oder solche zur Solidarischen Landwirtschaft, bei denen Bürgerinnen aus der Stadt mit Landwirten zusammenarbeiten, zum gegenseitigen Vorteil. Die Unterstützung solcher Initiativen mit Geldern des Landes und der Europäischen Union hilft ihnen, dauerhaft erfolgreich zu sein. Denn oft, so Ulrike Schell, Mitglied der Geschäftsleitung bei der Verbraucherzentrale (VZ) NRW, gehen die Projekte auch wieder ein, weil es ihnen an Geld, Räumlichkeiten und Organisations-Know-how mangele. Über 400 solcher bürgerschaftlichen, nicht gewerblicher Projekte gibt es schon in NRW. Das Spektrum der Engagierten dort reiche von Jung bis Alt, das »alternative« Milieu sei genauso beteiligt wie das bürgerliche. Die Jungen engagierten sich tendenziell vor allem bei den Landwirtschaftsprojekten, während sich die Älteren eher in den Repair Cafés zu Hause fühlten. Damit die Projekte dauerhaft erfolgreich liefen, sei auch die Fähigkeit der Macher zur Kommunikation und Kooperation wichtig. »Mit großen Egos sind solche Dinge nicht zu machen«, sagt Ulrike Schell, die bei der VZ den Fachbereich Ernährung und Umwelt leitet. Daran hapere es mitunter, wenn die Sprecher der Initiativen zu sehr bestimmen wollten, wo es langgeht. Sie sieht darin eher ein Manko der älteren Generation, wohingegen die Jungen häufig besser kooperierten. »Ich beobachte das bei meinen Söhnen, die im Studium ganz selbstverständlich daran gewöhnt werden, im Team zu arbeiten, aber auch zu reflektieren, zu hinterfragen und sich gegenseitig Rückmeldungen zu den Leistungen zu geben.«

Aufgrund ihrer langjährigen Erfahrungen mit bürgerschaftlichem Engagement kommt Ulrike Schell zum Ergebnis, dass man die Frage, ob die Menschen nun egoistischer oder altruistischer werden, nicht eindeutig beantworten könne. Es gebe die Tendenz, sich für das Gemeinwohl zu engagieren, aber wenn ein Windrad in der Nachbarschaft gebaut werden soll, dann sei man dagegen. So hätten sich zum Beispiel Bürger in Aachen dagegen gewehrt, dass eine Straßenbahn zum Uni-Gelände hin verlängert werden sollte, ein eigentlich sinnvolles Projekt für nachhaltige Mobilität. Sie hatten Erfolg. Da es aber auch gerade bei den Infrastrukturprojekten in der Energieversorgung oder Mobilität immer wieder zu Zielkonflikten komme, müsse die Bevölkerung frühzeitig und fair in die Entscheidungen eingebunden werden. Dann sollte die Politik jedoch auch zügig entscheiden. Auffällig sei, dass sich gerade jüngere Menschen gerne *für* etwas engagieren. Und viele, so Schell, wollten auch gar nicht die ganz großen Räder drehen, sondern seien durchaus mit Erfolgen im Kleinen zufrieden, zum Beispiel der Abfallvermeidung. Diese Dinge müssten in der Gesellschaft mehr wertgeschätzt werden.[10] Auch das ehrenamtliche Engagement braucht wahrscheinlich an vielen Stellen mehr öffentliche Wahrnehmung, aber auch staatliche Unterstützung. Wobei nicht vorrangig die finanzielle gemeint ist (siehe Kapitel 5, S. 110 ff.).

Hessen wirbt für Respekt, Toleranz und Hilfsbereitschaft

Auch die hessische Landesregierung hat erkannt, dass Respektlosigkeit im Alltag ein echtes Problem geworden ist. Das will sie nun offensiver angehen und zeichnet »Menschen des Respekts« aus. 2017 hat sie als »Jahr des Respekts« ausgerufen und wirbt für Toleranz und Hilfsbereitschaft im Alltag, Rücksichtnahme im Verkehr, Fairness im Sport, Respekt in den sozialen Medien, vor Polizei, Rettungskräften und Ehrenamtlichen sowie bei der Integration von Flüchtlingen. Also für alle diese Dinge, bei denen ich gezeigt habe, dass hier Etliches im Argen liegt. »Mit der Kampagne wollen wir dem rauer werdenden Klima in der Gesellschaft eine klare Haltung entgegensetzen und für Werte wie Rücksichtnahme, Toleranz und Achtung im Umgang miteinander werben. Die ›Menschen des Respekts‹ sind solche Alltagshelden, die wir als positive Beispiele des Miteinanders herausstellen wollen«, so der hessische Ministerpräsident Volker Bouffier, CDU, und er wandte sich an die Bürgerinnen und Bürger, sie sollten von ihren Vorbildern für respektvolles Verhalten in alltäglichen Situationen und Begegnungen erzählen. »Es sind oft die kleinen Gesten und Taten, die Rücksichtnahme, Wertschätzung und Zusammenhalt ausdrücken. Es gibt viele Menschen, die mit gutem Beispiel vorangehen und zeigen, wie der Zusammenhalt in unserem Land funktionieren kann.« sagte Bouffier. Solche »Vorbilder und Alltagshelden« suche die Landesregierung. »Ob es nun der Busfahrer mit Herz, die freundliche Polizistin oder der Nachbar von nebenan ist, die allesamt durch ihre Freundlichkeit, Hilfsbereitschaft und Höflichkeit einen besonderen Eindruck hinterlassen.« Denn diese Geschichten seien es wert, erzählt und gewürdigt zu werden. An dieser Kampagne beteiligen sich die Tageszeitungen der Verlagsgruppe Rhein Main – der *Wiesbadener Kurier*, das *Wiesbadener Tagblatt*, die *Main-Spitze*, das *Darmstädter Echo* und der *Gießener Anzeiger* sowie das Hit Radio FFH. Sie alle wollen besondere Geschichten respektvollen Verhaltens veröffentlichen. Aus den Vorschlägen werden herausragende Persönlichkeiten ausgewählt und mit der Auszeichnung »Mensch des Respekts« gewürdigt.

Etliche Einzelpersonen oder Gruppen wurden bereits ausgezeichnet. Darunter sind die 700 Mitarbeiterinnen und Mitarbeiter der mittelhessischen Firma Seidel in Fronhausen und des Tochterunternehmens Carus, die 2017 3300 Überstunden für einen Kollegen spendeten, damit dieser ausreichend Zeit hatte, sich um seinen an Leukämie erkrankten kleinen Sohn zu kümmern. Als ich dieses Beispiel im Radio hörte, hat es mich sehr berührt. Auch Ingrid Haan aus Wiesbaden wurde ausgezeichnet, weil sie seit geraumer Zeit ihren Nachbarinnen und Nachbarn hilft. Im Stadtteil Auringen pflegt die

75-Jährige demenzkranke und pflegebedürftige Bekannte und hilft bei der Bewältigung des Alltags. Ein anderer Preisträger ist Jonathan »Johnny« Heimes: Selbst schwer an Krebs erkrankt, gründete er die Initiative »Du musst kämpfen« und machte damit vielen anderen Krebskranken – und nicht nur diesen – Mut und Hoffnung. Leider konnte Heimes die Ehrung nicht selbst entgegennehmen, da er schon verstorben war. Ebenfalls ausgezeichnet wurden 15 Schüler der Förderstufe der Albert-Schweitzer-Schule (ASS) in Groß-Zimmern, die sich beim Schreibförderprojekt der Jubiläumsstiftung der Sparkasse Dieburg musikalisch mit dem Motto »Anders« auseinandergesetzt haben. Sie komponierten einen Rap-Song über Respekt und Toleranz, den die Sechstklässler unter Leitung ihres Musiklehrers aufgenommen und auf dem Schulfest der Gesamtschule präsentiert haben. 850 Schülerinnen und Schüler aus 28 Nationen gehen dort zum Unterricht. »Das Projekt thematisiert das Anderssein, regt zum Nachdenken an und stellt eine altersgemäße Form der Auseinandersetzung mit dem wichtigen Thema Respekt dar«, so die Begründung der Landesregierung für den Preis. Geehrt wurde Anfang 2018 auch der 29-jährige Sipan Ayub, der Ende 2016 als Flüchtling nach Deutschland kam und nun mit seiner Familie im hessischen Mainhausen lebt. Er arbeitet für die Caritas-Flüchtlingsberatung Seligenstadt als Dolmetscher und begleitet andere Geflüchtete zu Ämtern und Behörden, Ärzten und Beratungsstellen. Ehrenamtlich trainiert Sipan Ayub eine Fußballmannschaft und macht eine Ausbildung für die Trainerlizenz. Weil er ein Programm für Schülerinnen und Schüler im Grundschulalter entwickelt hat, um ihnen zu zeigen, dass Andersartigkeit von Menschen keine Bedrohung, sondern eine Bereicherung unseres Zusammenlebens ist, wurde auch der Marburger Verein Theater GegenStand e.V. ausgezeichnet. Auf der Website der Landesregierung finden sich noch viele andere Beispiele, wie sich Menschen in Hessen für eine mitmenschliche Gesellschaft engagieren. [11] Außerdem ist Hessens Nachhaltigkeitsstrategie sehr stark an der Beteiligung von Bürgerinnen und Bürgern orientiert. Hier gibt es zahlreiche Projekte, wie zum Beispiel »Wildes Hessen«, bei denen viele mitmachen. [12]

Wenn uns ein Einzelschicksal rührt

Wir kennen diesen Effekt: Es berührt uns mehr, wenn wir etwas Genaueres von einem Einzelschicksal erfahren, als wenn wir hören, dass irgendwo ganz viele Menschen leiden. Für einen einzelnen Menschen engagieren wir uns gerne und schneller, zum einen, weil wir hier mehr Mitgefühl aufbringen können, und zum anderen weil wir den Eindruck haben, dass unsere Hilfe auch einen direkten positiven Effekt haben kann. Mit den Mitteln des Internets lassen sich heute schneller als früher und wirkungsvoller Kampagnen für Menschen in Not starten. Viele davon sind erfolgreich. Hier ein Beispiel aus Großbritannien: Dort wurde 2015 ein schwerbehinderter Rentner Opfer einer brutalen Attacke. Er wurde vor seinem Haus überfallen und ausgeraubt, dabei brach er sich das Schlüsselbein. Eine fremde 21-jährige Frau, erfuhr durch die Medien davon und entschloss sich, mit Hilfe einer Online-Kampagne ein bisschen Geld für das Opfer zu sammeln. Doch sie hätte nie erwartet, dass ihre Aktion eine derartig große Resonanz auslösen würde: Sie wollte nur Geld sammeln, damit sich der Mann einen Umzug leisten könnte, da er sich nach dem Überfall nicht mehr in seine Wohnung getraut hatte. Es kam so viel Geld zusammen, dass er sich nun fast ein ganzes Haus kaufen könnte. 17 000 Menschen beteiligten sich und spendeten umgerechnet rund 290 000 Euro.[13] Auch hierzulande gibt es Beispiele, wie Menschen schnell, unkompliziert eine Crowdfunding-Plattform ins Leben rufen, weil jemand aus ihrem Bekanntenkreis Hilfe braucht.

Generation Y besser als ihr Ruf?

Der jungen beziehungsweise jüngeren Generation der zwischen etwa 1980 und 2000 Geborenen, man nennt sie Generation Y oder Millennials, wird ja oft nachgesagt, sie sei politisch uninteressiert, selbstbezogen, hedonistisch und fixiert auf ihr Schlau-Fon und auf soziale Medien. Natürlich gibt es junge Menschen, auf die das zutreffen mag, doch als Etikett für eine ganze Generation taugt es nicht. Studien zeigen, dass die Jungen durchaus wach, kritisch und verantwortungsbewusst durch die Welt gehen. Nach einer Untersuchung der US-amerikanischen Bank Morgan Stanley legten die Millennials in den USA mehr Wert auf nachhaltige Produkte und griffen angeblich doppelt so häufig nach solchen Marken wie der Durchschnitt.[14] Zu ähnlichen Ergebnissen kommt auch eine Studie über nachhaltigen Konsum der Utopia GmbH in München, einem Nachhaltigkeitsportal, aus dem Jahre 2017: Hier wird den Millennials sogar ein »ausgeprägtes Verantwortungsbewusstsein« attestiert, sie begriffen Einkaufen auch als politischen Akt. Demnach stimmten 57 Prozent der Befragten voll und ganz zu, dass sie mit ihrem Einkaufsverhalten auch etwas verändern wollten. »Ein gutes Leben«, das anderen keinen Schaden zufügt, ist ihnen laut Studie wichtiger und selbstverständlicher als allen anderen Altersgruppen. So seien sie besonders bei der Ernährung recht konsequent: In der Altersgruppe der 14- bis 29-Jährigen gebe es die meisten Vegetarierinnen und Veganer.[15]

Geld scheint ihnen auch nicht mehr so wichtig zu sein, wie noch der »Generation Golf«,[16] wie eine Studie des Beratungsunternehmens Deloitte, ebenfalls von 2017, zeigt. So entschieden sich Millennials fast dreimal so häufig aus ethisch-ökologischen Gründen für ein Unternehmen, wie andere Generationen. Sie suchen nach einer sinnvollen Arbeit und nach Arbeitgebern, die verantwortungsbewusst, also möglichst nachhaltig wirtschaften.[17]

Generation Y ist weniger materialistisch und experimentiert mit neuen Lebensstilen

Das macht Mut, auch wenn man solche Umfragen grundsätzlich immer mit Vorsicht genießen sollte, weil die Befragten hier gerne Antworten geben, die politisch korrekt erscheinen. Das tatsächliche Leben sieht dann oft doch etwas anders aus. Aber immerhin scheint die Generation Y weniger materialistisch zu sein als die vorherige und eher bereit, für ihre Überzeugungen auch im Lebensstil einzustehen. Das ist doch eine gute Nachricht.

Schauen wir uns mal die Vertreterinnen und Vertreter dieser Generation an, wenn sie politisch aktiv sind, im Rahmen von Projekten für nachhaltige Entwicklung, bei denen ich aufgrund meiner beruflichen Tätigkeit einen tieferen Einblick habe. Da ergeben sich weitere interessante Aspekte: Die Generation der Macherinnen in den umweltbewegten, wachstums- und konsumkritischen Nichtregierungsorganisationen (NGO) ist jünger, bunter und vielfältiger geworden. Die Jüngeren haben weniger Interesse an langwierigen Theoriediskussionen, sind aber keineswegs theoriefeindlich, haben jedoch mehr Spaß an der praktischen Arbeit und am Gestalten. Das Engagement der Jungen ist vielschichtig und findet eher auf der Ebene von kleinen und großen Projekten statt. Sie ernähren sich vegan, pflanzen in städtischen Gemeinschaftsgärten, eröffnen Repair Cafés oder starten Initiativen im Rahmen der Share Economy, also den Geschäftsmodellen, bei denen Produkte nicht verkauft, sondern verliehen werden, wie zum Beispiel beim Carsharing. Ihre Theorie ist das Tun. Viele in dieser Altersgruppe leben einen relativ nachhaltigen Lebensstil, ohne das politisch an die große Glocke zu hängen: Sie sind mobil, brauchen aber kein eigenes Auto, sondern nutzen Fahrrad, Bahn und Carsharing. Das Auto ist ihnen zu teuer, dafür dass es vor allem rumsteht und gehört zur Mobilität des 20. Jahrhunderts. Sie kaufen secondhand, Besitz ist ihnen nicht mehr so wichtig. Ein politisches Amt streben sie seltener an.[18] Das macht diese Generation spannend in Bezug auf ihre soziale Innovationskraft, zugleich aber geht von ihnen, da sie im politischen Geschäft erst vereinzelt vertreten sind, noch kein starker Veränderungsimpuls aus, der die gesamte Gesellschaft erfassen würde. Dies mag aber auch daran liegen, dass die Älteren zu sehr an der Macht kleben. Die beklagen sich über Nachwuchsprobleme, haben aber Probleme – da sie sich selbst zu der Generation »Forever Young, Forever Turnschuh« rechnen –, tatsächlich dann den Stab weiterzugeben.[19]

Die jungen Engagierten wollen das Neue jetzt schon (er-)leben

Wir haben gelernt, dass es ein breites bürgerschaftliches Engagement in Deutschland gibt. Doch was machen die Leute konkret? Da gibt es natürlich zuallererst die vielen, freiwilligen, sozialen und karitativen Initiativen, wie wir sie schon seit langem kennen, angefangen von der Freiwilligen Feuerwehr, über die nicht staatlich getragenen Obdachloseneinrichtungen – da gibt es die Menschen, die sich um Alte und Kranke kümmern, oder die, die in Umwelt- und Tierschutzprojekten arbeiten – bis hin zu Menschenrechtsorganisationen. Wir sehen einen sehr soliden Stamm an Engagement, ohne das unsere Gesellschaft trotz Sozialstaat ganz sicher sehr anders aussehen würde. Doch ich würde den Blick gerne auf das Engagement richten, das in den letzten Jahren neu entstanden ist und bei dem vor allem die jüngere Generation stärker beteiligt ist.

Da wären sicher zuallererst die Initiativen für Flüchtlinge zu nennen, die sich besonders seit 2015 zeitweise gebildet hatten. Auch wenn der Schwung hier inzwischen nachgelassen hat, so setzen sich bis heute immer noch viele Tausende Menschen für die Integration der Flüchtlinge ein. Sehr interessant finde ich, dass sich viele, vor allem jüngere Menschen heute in Projekten engagieren, die eine nachhaltigere Wirtschaft und Gesellschaft zum Ziel haben, wie zum Beispiel die vielfältigen Initiativen der Solidarischen Landwirtschaft, gemeinschaftliche Wohnformen, kollektive Gartenprojekte in Städten (Urban Gardening), Nachbarschaftsinitiativen wie nebenan.de, Tauschbörsen für gebrauchte Produkte, Projekte, bei denen Gegenstände geteilt werden, nicht nur Autos, auch andere langlebige Konsumgüter, Initiativen gegen Lebensmittelverschwendung sowie fairen und ökologischen Konsum. Sie gründen Energiegenossenschaften und machen ihren Strom selbst, unabhängig von Konzernen, sie arbeiten in sogenannten FabLabs und entwickeln gemeinsam nachhaltigere Produkte und Dienstleistungen, kooperieren lieber, als dass sie sich in Konkurrenz zueinander verschleißen. Ein Indikator ist auch, dass die Zahl der Sozialunternehmen in wenigen Jahren von mehreren Hundert auf aktuell über 1700 angewachsen ist.[20] Manche gründen ganze Lebensgemeinschaften, um ein möglichst konsequent soziales und ökologisches Leben zu führen. Sie haben ähnliche Visionen wie die Kommunen der 1970er Jahre, doch sie gehen ihre Projekte in der Regel weniger verbissen an, und sie machen sich auch moderne Technik zunutze. Sie wollen ein einfacheres, nachhaltiges, sozial verantwortliches, aber gutes Leben. So zum Beispiel die Stadtkommune in Kassel in der Villa Locomuna, bei der nun schon seit über 15 Jahren 30 Menschen im Alter von 23 bis 63 Jahren in zwei Häusern zusammenleben und sich nicht nur Wohnungen und Autos, sondern auch das Geld teilen: Das Einkommen kommt in einen Topf. Doch Eigentum und Privatsphäre werden respektiert.[21]

Zurück zu den Jungen: Sie arbeiten im Rahmen von Nichtregierungsorganisationen, oft aber gründen sie auch selbst eigene Initiativen und Vereine. Interessant dabei ist, dass sie sich nicht so lange mit ausgefeilten Theorien und Konzepten aufhalten, sondern einfach mal anfangen. Was aber keineswegs heißen muss, dass sie intellektuell desinteressiert sind. Sie sind realistisch und wissen sehr wohl, dass ihre Projekte im Meer der kapitalistischen Wirtschaft vielleicht nur ein paar Liter sind – und trotzdem packen sie es an. Sie wollen zeigen, welche alternativen Produktions- und Lebensweisen möglich sind, bei denen sowohl Ressourcen und Klima geschont werden als auch sozial gerechtere beziehungsweise verträglichere Bedingungen herrschen. So trifft man überall auf mutige junge Menschen, die zunehmend auch Projekte im größeren Stil anpacken. So wie die beiden Gärtner und Agrarwissenschaftler, die vor den Toren Frankfurts große landwirtschaftliche Flächen gepachtet haben und dort nun ökologisches Obst und Gemüse für die Frankfurterinnen und Frankfurter anbauen, als Genossenschaft und unter Beteiligung der Abnehmer. So wollen sie eine lokale, unabhängige Versorgung stärken, verlernte Kulturtechniken wiederbeleben, die Umwelt schützen, die Menschen wieder näher an die Landwirtschaft bringen und Lebensmittelverschwendung eindämmen.[22] Gegen die Verschwendung von Lebensmitteln ziehen auch die Leute der »Resteküche« ins zu Felde, die aus Resten Gerichte kochen und per Foodtruck verkaufen. Das Projekt haben sie per Crowdfunding finanziert.[23]

Anpacken ist den Jungen wichtiger als die Theorie

Für sich genommen sind alle diese Initiativen noch lange nicht geeignet, um dem ökonomischen Mainstream tatsächlich schon Paroli bieten zu können. Doch es sind ausgesprochen ermutigende Beispiele, die Phantasien für eine alternative Lebens- und Wirtschaftsformen freisetzen.[24] Letztlich könnten alle diese Projekte zusammengenommen, sofern sie professionell weiterentwickelt werden können, die Hefe bilden für die Entstehung von etwas ganz Neuem. Etwas Neuem, das spätestens dann zum Zuge kommt, wenn unser jetziges Gesellschaftsmodell, das auf Ausbeutung von Mensch und Natur aufbaut, Ungleichheit hervorruft und bei dem die Menschen zunehmend auseinanderdriften, nicht mehr tragfähig ist. Den meisten Menschen ist klar, dass es mit der verschwenderischen, zerstöre-

rischen und ungerechten Wirtschafts- und Lebensweise nicht weitergehen kann. Trotzdem herrscht noch die Haltung vor, so lange
weiterzumachen, wie es eben geht. Und das betrifft nicht nur die
Eliten. Auch der Großteil der Mittelschichten weiß sehr genau, dass
ihr ressourcenschwerer Lebensstil eigentlich nicht verantwortbar ist.
Sie wissen sehr genau, dass sie Teil des Problems sind, wenn sie zu
zweit in Wohnungen mit 100 Quadratmetern und noch viel mehr
wohnen, wenn sie mehrfach im Jahr in den Urlaub fliegen, wenn
ihre Kleiderschränke überquellen, wenn ein SUV vor der Tür steht,
flankiert von einem Smart oder einem Hybrid, denn man geht ja mit
der Zeit. Klar, es ist für uns alle schwer, den ersten Schritt zu tun und
gegen den Mainstream zu schwimmen. Wir wollen dazu gehören,
wollen sozial-kulturell eingebunden sein, und das betrifft eben
auch – und bei vielen vor allem – den eigenen Lebensstil. Oliver
Stengel hat dieses Dilemma sehr gut beschrieben: Neben dem Kos-
ten-Nutzen-Verhältnis nennt er eine schon seit Jahrhunderten gültige »materialistische Konzeption des Lebens«, bei der eine Mehrheit
der Bevölkerung aufwendige Lebensstile besonders attraktiv findet.
»Und die Mehrheit orientiert sich an der Mehrheit, um eine soziale
Desintegration zu vermeiden.« Mit anderen Worten: Fast alle machen mit, weil sie sich nicht ins gesellschaftliche Abseits manövrie-
ren wollen. Eine »zirkuläre Blockade«, nennt das Stengel. Wer bewusst eine kleinere Wohnung wählt, Fahrrad statt ein schickes Auto
fährt oder auf Fernreisen verzichtet, braucht mitunter ein starkes
Rückgrat, um die unvermeidlichen Schmähungen im sozialen Umfeld auszuhalten. So neigen dann viele dazu, die Verantwortung für
die Veränderungen lieber an Staat und Wirtschaft abzugeben.[25] Aber
auch die sehr kurzen Innovationszyklen vieler Branchen blockieren
die Suffizienzstrategie, also den genügsameren Lebensstil: Ständig
werden neue Produkte auf den Markt geworfen, die die bisherigen
entwerten, längst bevor sie physisch veraltet sind. Oder es werden
gar Produkte so konstruiert, dass sie vorzeitig kaputtgehen (ge-
plante Obsoleszenz).

Von den Vertretern der Industrie hören wir immer wieder, sie
würden doch nur das produzieren, was die Leute haben wollen. Das
ist allerdings nur ein Teil der Wahrheit. In vielen Bereichen gibt es

eine riesige, teils staatlich subventionierte Überproduktion, und die Unternehmen pumpen immense Summen in die Werbung, um die Produkte an die Frau oder den Mann zu bringen. Im Zentrum der Werbestrategien: Versprechen von Glück, sozialer Anerkennung und Liebe, die sich mittels Konsum immer wieder neu einlösen lassen sollen. Ein ernsthaftes Interesse daran, die Verschwendung von Ressourcen und den hemmungslosen Konsum zu reduzieren, besteht hingegen nicht.

Mittelschichten trainieren den Überfluss

Verständnis ist das eine, Akzeptanz etwas anderes. Wir haben zum großen Glück die Freiheit, so zu leben, wie wir leben wollen, und doch sollte für uns alle der Kant'sche Imperativ gelten: »Handle nur nach derjenigen Maxime, durch die du zugleich wollen kannst, dass sie ein allgemeines Gesetz werde.« Der Lebensstil der Mittelschichten, und natürlich auch der wachsenden Oberschicht, hält dieser Maxime nicht stand. Hier gilt wohl mehr der königliche Imperativ: Der Kunde ist König und kriegt alles an die Haustür geliefert, egal was die Umwelt dazu sagt. Der Ökonom Niko Pacch sagt dazu: »In den begüterten Mittelschichtsfamilien, erst recht aber in allen Bildungseinrichtungen trainieren wir jungen Menschen Praktiken des Überflusses und der globalen Mobilität an, die ökologisch ruinöser sind als alles, was vorherige Generationen sich jemals erlauben konnten. Zugleich wird damit systematisch das Potenzial für Enttäuschung, Schmerz und Gewalt maximiert: Was nämlich, wenn dieser, auf unbändigem Fortschrittsoptimismus gründende Lebensstil plötzlich nicht mehr aufrechtzuerhalten ist? Wie werden diese Heerscharen von Nachwuchshedonisten, wenn ihnen außer abstraktem Wissen und iPad-Kompatibilität globale Entgrenzung als Lebenskunst vermittelt worden ist, dann wohl reagieren?«[26]

Heerscharen von Nachwuchshedonisten

Ein suffizienter, ein genügsamer Lebensstil kann erhebliche Vorteile bringen: Ich selbst zum Beispiel lebe in einer mit 48 Quadratmetern relativ kleinen Wohnung, ohne Auto, und bin seit sechs Jahren nicht mehr geflogen. Das alles bedeutet für mich keinen Verzicht, sondern eher Befreiung: Kleinere Wohnungen machen weniger Arbeit, auch um ein Auto muss ich mich nicht kümmern, wenn ich eines brauche, gibt es Carsharing, ansonsten Fahrrad und Bahn. Und meine Urlaube in Deutschland und Europa, sind – jedenfalls für mich – allemal erholsamer als stundenlang im Flieger eingequetscht zu hocken, um irgendwo hinzukommen, wo sich dann schon Tausende andere drängen und ich mich erst ein paar Tage an das fremde Klima gewöhnen muss. Doch auch ich bin nur eine Teilzeitheilige, habe zu viele Klamotten, tröste mich fälschlicherweise damit, dass ich davon immer mal was an Oxfam spenden kann, schaffe es nur langsam, mein CO_2-Konto zu reduzieren. So geht es auch vielen anderen. Und das wird sich nicht durchgreifend ändern, solange die politischen Rahmenbedingungen den extensiven Konsum fördern statt einen nachhaltigen Lebensstil.[27]

Und dennoch wäre es falsch, die Bemühungen vieler, die schon jetzt alternative Lebensstile und Wirtschaftsmodelle erproben, geringzuschätzen. »Das Neue entsteht schon im Alten«, so habe ich das mal in einem Artikel genannt.[28] Das Neue kann sich aber schlecht gegen das Alte durchsetzen und mehrheitsfähig werden, wenn die alten Strukturen weiterhin massiv politisch unterstützt, gar subventioniert werden, was immer noch der Fall ist. Wie aber können Entscheidungsträger beeinflusst werden, das Neue, das Richtige zu fördern? Die US-amerikanische Ökonomin und Soziologin Juliet Schor ist optimistisch, dass aus Minderheiten, die Neues probieren, eines Tages Konzepte für die Mehrheit werden. »Man braucht keine Zustimmung von 100 Prozent. Minderheiten ändern die Kultur«, sagt sie. Die Menschenrechts- und Friedensbewegungen hätten das vorbildlich gezeigt.[29] Auch die erneuerbaren Energien entwickelten sich in Deutschland über lange Zeit nur in kleinen Nischen. Als jedoch das gesellschaftliche Bewusstsein über den Klimawandel entstand und dann auch noch die Atomkatastrophe von Fukushima 2011 geschah, reagierte die Politik – auch auf Druck von unten nach großen Demonstrationen in mehreren Städten –, nutzte das Erschrecken der AKW-Befürworter und läutete mit neuen Rahmenbedingungen die Erfolgsgeschichte der Erneuerbaren ein. Große gesellschaftliche Umwälzungen geschehen oft unerwartet und eruptiv, werden jedoch über viele Jahre im Inneren der Gesellschaft und meist weitgehend unbeachtet vorbereitet. (Leider sind die Umwälzungen nicht immer nur positiv. Auch die AfD ist eine Minderheit und dabei, die Kultur unserer Gesellschaft zu beeinflussen.)

Politik kommt spätestens dann ins Spiel, wenn neue gesellschaftliche Trends gesetzt sind; dann wird der Bottom-up-Ansatz durch Top-down verstärkt. Lester Brown vom Earth-Policy-Institut in Washington nennt es die »Sandwich-Methode«, der er die »Pearl-Harbour-Methode« gegenüberstellt – das Lernen aus der Katastrophe.[30] Letzteres ist aber höchst gefährlich, nicht nur weil eine ökologische Katastrophe vielen Menschen die Lebensgrundlagen entziehen kann, sondern auch weil dann unter Zeitdruck keine demokratischen Entscheidungen mehr möglich sind.

Der lange Marsch der Commonisten

Zu allen Zeiten gab es Menschen, die sich sehr bewusst konträr zum gesellschaftlichen Mainstream verhielten. Gerade konsumkritische Bewegungen sind nicht neu. So gibt es auch jetzt wieder Menschen, die sich »nach Verzicht, Drosselung, Abkühlung, nach Maß, Mitte und Menschlichkeit« sehnen. »Sie kehren in Gemeinschaften zurück und setzen dem Verlust der Vielfalt des Lebens einen neuen Lebensentwurf entgegen: Teilung der Ressourcen, Teilung der Güter, Teilung der Chancen.« So sagte es Christian Schüle in einem Beitrag für den Deutschlandfunk.[31] Überall sind in den letzten Jahren neue Formen gemeinschaftlicher Selbstorganisation entstanden, sodass die Soziologen schon von einem Bewusstseinswandel bei den jungen Leuten sprechen. Das seien Versuche, neue Wir-Formen zu schaffen. »Die Wir-Schmieden stehen mitten in den Städten der Republik, in urbanen Habitaten, bei denen es allerdings gerade nicht auf Gewinnerwartung und Umsatz-Rationalität, sondern auf Gemeinwohl und Gemeinsamkeit ankommt.« Diese Entwicklungen werden unter dem Stichwort »Commonisten« eingeordnet. »Dem Prinzip Abzocke steht hier das Prinzip Wertschöpfung gegenüber, dem Ich-Atom die Wir-Crowd«, so Schüle. Mit dem Kommunismus haben diese Bewegungen aber ebenso wenig zu tun wie mit den »hippie-esken« Kommunarden der 1970er Jahre. Das Wort Commonisten leitet sich ab aus dem englischen Commons, also den Gemeinschaftsgütern, den Ressourcen, die uns allen gehören und für die wir alle verantwortlich sind. Die Münchener Soziologin Christa Müller hat sich zusammen mit Kolleginnen intensiv mit diesen Bewegungen beschäftigt, wie wir sie in den urbanen Gärten, den Häusern der Eigenarbeit, den Initiativen zur Solidarischen Landwirtschaft oder in den Mehrgenerationenhäusern finden. In ihrem Buch schreiben die Autorinnen: »Charakteristisch für die Projekte ist, dass sie konkrete Antworten geben: Um die kapitalistische Waren- und Verwertungslogik zu unterlaufen, werden Repair-Cafés veranstaltet. Um den Fleischverbrauch zu senken, wendet man sich der lokalen Gemüsevielfalt zu oder isst vegan. Um dem exkludierenden Ökonomismus der Stadt der Investoren zu begegnen, werden offene Räume geschaffen. Es herrscht nicht Depression, sondern Aufbruchsstimmung.«[32] »Man könnte diese neuen Orte der Subsistenzproduktion oder des Do-it-yourself schon als Laboratorien bezeichnen,« sagt Christa Müller, »weil Arten und Weisen des Miteinanders und des Umgangs mit den Dingen erprobt werden, die in Zukunft möglicherweise eine sehr viel größere Rolle spielen werden: Weil das Öl knapp wird, weil die Gesellschaft es verstanden hat, dass sie es sich nicht leisten kann, Gemüse aus wasserarmen Gegenden zu importieren, weil wir mehr und mehr merken, dass alles in Beziehung zueinander steht, und gerade viele der jüngeren Leute ziehen aus dieser Erkenntnis die Konsequenz, dass sie mit dem, was hier vorhanden ist, versuchen wollen, einen offenen Ort zu gestalten, auch einen kosmopolitisch offenen Ort.« Christian Schüle sieht hier sogar einen zivilisatorischen Wandel am Horizont: »Die Bewegung einer rationalen Avantgarde ist indirekt eine Absage an totalitäre Kommerzialisierung und Kolonisierung des Sozialen durch den ökonomischen Geist, eine Bewegung gegen Beschleunigung, Privatbesitz und Einverleibung des Öffentlichen durch das Private.« Selbst bei den jungen Leuten, die Ökonomie studieren, sieht er einen Sinneswandel. Viele seien hier nicht mehr vom Interesse geleitet, viel Geld zu verdienen, sondern suchten nach alternativen Möglichkeiten für die Wirtschaft. Interessant auch, dass die jüngere Generation dem kapitalistischen Wachstumsdogma äußerst kritisch gegenübersteht. Ich nahm an einem

Kongress der Degrowth-Bewegung in Leipzig teil, die sich schon international vernetzt hat, und war beeindruckt, wie die meist jungen Teilnehmerinnen sich intensiv mit Konzepten für eine andere, nachhaltige Ökonomie auseinandersetzen, die eben nicht von der Idee eines permanenten Wachstums abhängig ist. Ein Wachstum, das nur rechnerisch besteht und nur solange man die ökologischen und sozialen Kosten nicht berechnet, die es erzeugt. Wachstum in der üblichen Berechnung ist schlicht Fake News. Zugleich hielten die Teilnehmer auch Ausschau nach neuen Formen des sozialen Miteinanders. Und sie taten, was sie predigten, sie verpflegten die 3 000 Besucher fleischlos und ökologisch, kochten sogar selbst.

Nun erfassen alle diese Bewegungen natürlich nicht die Mehrheit der Bevölkerung und nicht einmal die Mehrheit der jungen Menschen. Wie so oft handelt es sich auch hier um Minderheiten. Deshalb wäre ich vorsichtig, hier schon **Trendwende noch** von einer signifikanten Trendwende zu sprechen. **nicht in Sicht** Doch entscheidend ist, es gibt diese Strömungen und, wie schon gesagt, es sind immer erst Minderheiten, die eine neue Richtung und eine neue Kultur begründen. Die Frage ist, sind ihre Aktivitäten anschlussfähig an den Mainstream?

Neue Vorbilder in Politik und Wirtschaft

Ich habe viel darüber geschrieben, dass sich viele Führungskräfte in Politik und Wirtschaft oft so benehmen, dass sie nicht als Vorbilder für den Rest der Bevölkerung taugen. Doch es gibt auch andere. Einer davon ist zum Beispiel der Oberbürgermeister von Frankfurt/Oder, René Wilke, Mitglied bei Die Linke. Er äußerte sich zum Thema Respekt wie folgt:

»Es geht mir um etwas Prinzipielles. Wenn Politiker von uns jenen der Regierung absprechen, gute Absichten zu verfolgen, und die Gegenseite spricht uns das ebenfalls ab, dann stellt sich schon die Frage: Wie sollen die Leute einen besseren Eindruck von ›der Politik‹ haben, als wir ihn selbst zeichnen? Da tragen Politiker in den Parlamentsdebatten oft selbst zu ihrer eigenen De-Legitimation bei –

ohne es zu merken und für einen kurzen Applaus. Das schadet langfristig allen. Und dabei mache ich nicht mit. Man kann unterschiedliche Auffassungen und Lösungsansätze haben und trotzdem respektvoll miteinander umgehen. Manche in der Linken arbeiten mit Wut und Empörung über die da oben und die Regierenden. Kurzfristig mag das funktionieren. Langfristig hat man damit Wut gesät. Und diese Wut ist am Ende austauschbar. Sie kann dann auch von der AfD bedient werden. Ich glaube deshalb, dass Wut für die Linke nicht die Antwort sein kann. Hoffnung ist die Antwort. Realistische Visionen und Hoffnung. Die AfD hat bei uns versucht, die Stimmung gegen die da oben aufzugreifen. Ich habe dem einen kritischen, aber respektvollen Umgang mit den Verantwortlichen entgegengesetzt. Sie hat versucht, Sorgen zu artikulieren, von denen die Menschen glauben, sie nicht artikulieren zu dürfen. Bei mir dürfen sie das, ohne gleich abgestempelt zu werden – auch sachbezogen. Denn im Gegensatz zur AfD reden wir über Lösungsansätze zu konkreten Problemen und nicht über Ausgrenzung und Abschottung.«[33]

René Wilke ist erst 33 Jahre alt und auch Abgeordneter im brandenburgischen Landtag. Er hat seine Oberbürgermeisterwahl im März 2018 trotz einer starken AfD in Frankfurt/Oder gewonnen. Für mich ist das nicht nur ein Zeichen, dass man die AfD in die Schranken weisen kann, wenn man mit einem Politikstil agiert, der auf Respekt, Empathie und Zuhören, aber auch klaren Grenzen für alles Fremdenfeindliche und Unsolidarische aufbaut. Er ist auch ein Beispiel für eine andere politische Kultur, bei der Dialog und Verständigung über die ewige Besserwisserei dominieren.

Selbstverständlich gibt es nicht nur René Wilke, der positiv hervorsticht aus der Schar der Führungskräfte. Im Laufe meiner langjährigen Arbeit und Beschäftigung mit nachhaltiger Entwicklung habe ich viele Chefs von Unternehmen getroffen, die saubere Geschäfte machen, mit ihrem Unternehmen der Allgemeinheit dienen wollen und für die Geldverdienen längst nicht alles ist. Viele Politikerinnen habe ich getroffen, die sich vom Politikbetrieb nicht haben zurechtschleifen lassen, die weder selbstgefällig noch zynisch geworden sind und sich auch nach vielen Jahren noch mit Herzblut für eine sozialere und ökologischere Gesellschaft starkmachen. Und ich habe viele Führungskräfte von zivilgesellschaftlichen Organisationen kennengelernt, die ernsthaft bemüht sind, nicht nur von anderen zu verlangen, sondern auch ihr eigenes Tun zu überprüfen, die versuchen, gemäß ihren Ansprüchen zu leben und zu arbeiten. Ich habe dieses eine Beispiel des Oberbürgermeisters von Frankfurt/Oder nur herausgegriffen, weil mich seine Aussagen berührt haben, weil hier einer einen Tatbestand benennt, der im politischen Alltag allzu bequem unter den Teppich gekehrt wird: Respekt. Die vielleicht wichtigste Voraussetzung für ein friedliches, mitmenschliches Zusammenleben.

Von Natur aus kooperativ

Zwar ist unsere Gesellschaft, wie wir gesehen haben, auf Wettbewerb getrimmt, aber eigentlich tun wir uns damit überhaupt keinen Gefallen. Nicht nur, was die sozialen und kulturellen Konsequenzen angeht, die ich mit vielen Beispielen beschrieben habe, sondern auch, was die Ziele dieses Wettbewerbs betrifft: Leistungen zu vollbringen, erfolgreich zu sein, möglichst viel Geld zu verdienen, sich gegen andere durchzusetzen, die Karriereleiter zu erklimmen. Der Hirnforscher Gerald Hüther sagt dazu: »Wettbewerb ist keine Triebfeder für Weiterentwicklung. Er zwingt uns nur zur Spezialisierung.« Wenn wir uns aber weiterentwickeln wollten, müssten wir kooperieren. Die Grundlagen dafür seien in unserem Gehirn angelegt: »Das will Kohärenz, das heißt, es will das tolle Gefühl, dass unser Handeln in Übereinstimmung mit den Interessen anderer erfolgt. ›Ich kriege die Herausforderungen gemeinsam mit anderen gelöst‹ fühlt sich sehr viel besser an, als wenn ich gegen andere agieren muss.« Außerdem und damit zusammenhängend, sagt der Neurologe Hüther, hätte der Mensch zwei wesentliche Grundbedürfnisse: Erstens wolle er sich dazugehörig fühlen, das heißt, wissen, dass er zu einer Familie, einer Gemeinschaft, einem Freundes- oder Kollegenkreis oder einer Peer Group gehört und dort von den anderen akzeptiert wird. Zweitens wolle der Mensch aber auch möglichst frei und autonom leben. »Das zusammen geht jedoch nicht im Wettbewerb, das geht nur in Gemeinschaften, in denen wir möglichst würdevoll miteinander umgehen.«[34] Die Evolution habe uns gelehrt, dass wir mit Kooperation eigene Vorteile erzielen können. Moralisches Verhalten ermöglicht also Kooperationsgewinne. Das erklärt, warum wir uns an Regeln halten.

Ähnlich argumentiert auch der Philosoph Richard David Precht, wenn er sagt, dass wir von Natur aus stärker auf Kooperation denn auf Konfrontation angelegt seien. »Dass wir den Egoismus nicht in die Gen-Wiege gelegt bekommen haben, zeigen schon einfache Versuche mit Schimpansen und Kleinkindern: Ob sie einen Schwamm aufheben oder einen Stift zurückbringen sollen – für beide Versuchsgruppen war spontane Hilfsbereitschaft selbstverständlich.« Dies liege daran, dass wir stammesgeschichtlich betrachtet immer in Horden gelebt hätten. »Als Einzelner hätte der Mensch gar nicht überleben können. Deswegen ist für uns das Wichtigste, in dieser Horde akzeptiert zu sein. Das heißt: Wichtiger als das Durchsetzen egoistischer Interessen ist unsere Gier nach Anerkennung«, so Precht. »Und wenn man Menschen die unbegrenzte Möglichkeit zum Missbrauch gibt, nutzen sie das aus. Wie es aussieht, werden nette Altruisten eher selten Spitzenbanker. Das System der Finanzwelt filtert offenbar die Sympathischsten aus. Umgekehrt gibt das auch Anlass zum Optimismus: Die wenigen, die die Krise auf dem Gewissen haben, sind nicht repräsentativ für die Masse der Menschheit.« Das Finanzsystem sei ein hoch kompetitives Umfeld, wer da arbeitet, brauche bestimmte Charaktereigenschaften. »In so einer Horde wird der Egoismus geradezu gezüchtet, da gehört er zu den Spielregeln einfach dazu. Aber letztlich gilt das für das gesamte System des Kapitalismus«, meint Richard David Precht.[35]

Wir wollen also eigentlich gerne kooperativ und hilfsbereit sein, neigen in einem wettbewerblich organisierten Umfeld aber dann doch dazu, die Ellenbogen auszufahren – mit einem schlechten Gewissen vielleicht. Die Menschen sind »von verschiedenen inneren Strömungen hin- und hergerissen. Sie sind keine Egomaschinen, können aber auch nicht wie die Ameisen zusammenarbeiten und alles dem Gruppenziel opfern. Ein Widerspruch zwischen Selbstsucht und Mitgefühl macht die menschliche Natur aus, auch in der scheinbar so rationalen Welt der Wirtschaft«, wie es der *Zeit*-Redakteur Heuser beschreibt.[36]

Die Sehnsucht nach mehr Kontakt und Gemeinschaft

Wir beklagen uns oft, dass wir unsere Nachbarinnen und Nachbarn gar nicht mehr kennen und dass − zumindest in den Großstädten − die Menschen in den Häusern achtlos aneinander vorbeilaufen. Man könnte auch ein wenig sarkastisch anmerken, viele kümmern sich intensiv um Flüchtlinge, haben aber kein Auge für die Belange der Menschen in ihrer unmittelbaren Nachbarschaft. Willkommenskultur für Fremde, aber kein Interesse an denen in unserer nächsten Umgebung? Ganz so ist es nicht, aber in der Tat hat die Anonymität in den Städten weiter zugenommen, als Folge unseres gehetzten Lebensstils und als Folge der neuen Medien, die uns ablenken und mehr auf uns selbst zurückwerfen. Wer mit Kopfhörern beziehungsweise mit dem Blick fest auf das Schlau-Fon gerichtet durch die Gegend läuft, nimmt andere natürlich viel schlechter wahr. Auch die Fähigkeiten zur Alltagskommunikation, schlicht Small Talk genannt, verkümmern, wenn man hauptsächlich nur noch schriftliche Kurzbotschaften schreibt.

Nun gibt es seit einiger Zeit Initiativen, die genau dieses Thema aufgreifen und nachbarschaftliches Verhalten wiederbeleben wollen. Internetplattformen wie nebenan.de zum Beispiel wollen die Menschen wieder mehr zusammenbringen. Ich muss gleich kritisch anmerken, dass diese Plattformen auch höchst kommerzielle Interessen verfolgen, als Werbeträger für eine interessante junge Bevölkerungsgruppe und indem hier wahrscheinlich auch Informationen für Unternehmen generiert werden. Aber die Plattformen sind hochprofessionell gestaltet und verwaltet, das könnte wahrscheinlich keine private Initiative so dauerhaft leisten. Ich bin selbst Nutzerin einer solchen Plattform in meinem Stadtteil und war sehr erstaunt, wie schnell **Nachbarschaftsplattformen gegen Anonymität und Austausch** hier am Anfang viele, meist jüngere, Menschen zusammenkamen. Über 350 Mitglieder hat »mein« nebenan.de schon, und das in einem geografisch nur sehr engen Radius von ein paar Straßen. Nimmt man die Plattformen der angrenzenden Bezirke dazu, die immer noch im gleichen Stadtteil liegen, dann sind es schon fast 2 500 Menschen, die sich für nachbarschaftliche Aktivitäten interessieren. Nun geht es bei vielen der Nachrichten, die hier ausgetauscht werden, darum, dass Leute irgendetwas verkaufen wollen. Für die ist dann nebenan.de nur eine Variante von Ebay mit dem Vorteil, dass die möglichen Interessenten nicht weit weg wohnen. Doch viele fragen eben auch in die Runde, wenn sie Hilfe brauchen, um etwas Schweres zu transportieren, oder sie suchen jemanden, der während ihres Urlaubs mal die Blumen gießt, oder sie brauchen einen Tipp, oder sie wollen etwas ausleihen, suchen eine Begleitung für eine Unternehmung, oder sie wollen einen Stammtisch einrichten, oder, oder. Das sind dann genau die Dinge, wofür diese Plattform aus meiner Sicht sinnvoll ist. Man könnte kritisch einwenden, dass es den meisten offenbar inzwischen leichter fällt – auch wieder relativ anonym –, im Netz zu kommunizieren, anstatt mal an der Tür der Nachbarin, des Nachbarn zu klingen. Aber die Hürde, im Internet eine Anfrage abzusetzen und zu schauen, wer positiv darauf reagiert, scheint eben geringer zu sein, als direkt bestimmte Personen zu fragen und sich vielleicht eine Abfuhr einzuhandeln. Außerdem erreicht man mehr Menschen. Bisher sind die Nachbarschaftsplattformen vor allem ein Phänomen der Großstädte, hier funktionieren sie auch besonders gut.

Manche Dinge können einen ganz schön irritieren, zeigen aber auch, wie sehr sich Menschen nach gemeinschaftlichen Erlebnissen sehnen. So staunte ich nicht schlecht, als ich vor Sylvester 2017 im Radio einen Beitrag hörte, bei dem es um den Werkverkauf eines Feuerwerksherstellers bei Bonn ging. Nur an einem einzigen Tag findet dieser Verkauf statt. Da gibt es tatsächlich Menschen, die schon in der Nacht und bis zu unglaubliche 20 Stunden lang Schlange stehen, um die Produkte zu ergattern. Doch es geht den Leuten nicht nur um die Böller, sonst würden sie das wohl nicht auf sich nehmen, sie machen daraus eine Party. Man könnte meinen, dass dieses Anstehen eher nervig ist und die Menschen um die besten Plätze konkurrieren, doch so scheint es nicht zu sein. »Da kommen ganz unterschiedliche Menschen zusammen, das ist ein tolles Feeling, wir erleben Gemeinschaft und Zusammenhalt«, sagt eine der Kundinnen. Schwer zu begreifen. Doch offenbar kann auch das gemeinsame Interesse für Knallkörper, die Menschen zusammenschweißen und lässt sie, wenn auch nur für Stunden, zu einer Einheit werden.

Ähnliches habe ich selbst mal in einem Zug erlebt, der wegen eines schweren Unwetters mitten auf der Strecke liegen geblieben war. Als die Reisenden erst mal akzeptiert hatten, dass sie heute nicht mehr nach Hause kommen würden, begannen sie, es sich im Zug gemütlich zu machen. Die Bahn spendierte Getränke, die Leute fingen an, sich zu unterhalten. Keiner fiel aus der Rolle, jedenfalls habe ich davon nichts mitbekommen. In ungewöhnlichen Situationen und von Routinen befreit, können Menschen also durchaus aufeinander zugehen.

Der Wunsch nach Gemeinschaft wird auch darin deutlich, dass sich vermehrt Menschen einem Orden anschließen. So zum Beispiel leben in Köln Frauen und Männer in der »Gemeinschaft von Jerusalem« ein einfaches Leben in Bescheidenheit, ohne Handy und ohne eigenes Geld. Sie wollen sich von Konkurrenz und Konsum abwenden, arbeiten aber ganz normal außerhalb des Klosters in ihren Berufen.

Kampagnen für Zivilcourage zeigen Wirkung

Die bundesweite Kampagne der Polizei »Aktion Tu-was!«, die sie 2000 startete und mit der sie die Bürgerinnen und Bürger dazu animieren will, sich nicht passiv zu verhalten, wenn in ihrer nächsten Umgebung andere Menschen in Bedrängnis durch Dritte geraten, belästigt oder sogar angegriffen werden (siehe Seite 31), zeigt Wirkung. Die Verhaltensregeln wurden zum Beispiel in der Rhein-Neckar-Region auf Bussen kommuniziert, mit gutem Effekt: Eine Befragung ergab, dass sich viele Bürgerinnen und Bürger zumindest einen Teil der Regeln gemerkt haben.

»Unsere Erfahrung ist, dass Menschen in Notsituation nicht handeln, weil sie nicht wissen, was sie tun sollen. Die Unsicherheit ist groß«, berichtet Günther Bubenitschek, Kriminalhauptkommissar, der in der Zentralen Geschäftsstelle der Polizeilichen Kriminalprävention der Länder und des Bundes in Stuttgart tätig ist und schon seit vielen Jahren in diesem Bereich arbeitet. Deshalb bietet die Polizei seit 2011 nun auch Trainings für Zivilcourage an. Drei Stunden dauert so ein Training, bei dem zusammen mit einer Theaterpädagogin konkrete Situationen im Rollenspiel bearbeitet werden. »Wenn man Gefährdungssituationen einmal durchgespielt hat, ist man mental für den Ernstfall vorbereitet«, weiß der Polizist. Die Trainings werden gut besucht, vor allem von Frauen. Bubenitschek ist sicher, dass alle diese Maßnahmen Früchte tragen. Wichtig sei auch, Menschen, die in einer Situation Zivilcourage gezeigt haben, öffentlich zu loben. So gebe es zum Beispiel die Aktion »Beistehen statt Rumstehen!«, bei der solche Personen ausgezeichnet werden. »Wir brauchen eine Kultur der Anerkennung, denn Zivilcourage zu zeigen, bedeutet ja durchaus auch, ein Risiko einzugehen.« Und man dürfe nicht so tun, als würden alle wegsehen, wenn etwas geschieht. Es gibt sie, die Menschen, die sich für andere starkmachen, indem sie besonnen, aber beherzt eingreifen.[37]

Auch die Kampagne für die Bildung von Rettungsgassen auf den Straßen zeigt schon Wirkung, wie mir der Berliner Polizist André Baudach berichtete. »Die Rettungsgassenproblematik findet einen enormen Widerhall, und es bessert sich«, sagt er.[38] Wenn wir auch immer mal wieder von Zeitgenossen hören, die sich dem Polizeiauto, das durch die Rettungsgasse fährt, an die Stoßstange heften, um so schnell durch den Stau zu kommen. Die gute Nachricht aber ist, dass Menschen ein Einsehen haben und sich dann auch anders verhalten, wenn sie auf ein Problem aufmerksam gemacht werden, das sie selber mitverursachen. Bewusstseinsbildung funktioniert also.

Fazit: Es ist – trotz vielfältiger schlechter Erfahrungen – zum Glück doch nicht ganz so schlimm bestellt um unsere Fähigkeit, Empathie zu zeigen, und die Bereitschaft, anderen zu helfen und zu kooperieren. Allerdings sind diese Eigenschaften im Turboalltag des Konkurrenzkampfes oft sehr verschüttet. Es braucht im Einzelfall etwas Mut, und die Unterstützung anderer Menschen, um zu tun, was nötig ist. Oft aber ist es viel leichter: Wenn wir uns klarmachen, dass kein YouTube-Filmchen, keine SMS, keine E-Mail so wichtig sein kann, dass wir darüber nicht in der Lage sind, unseren Mitmenschen freundlich, respektvoll und aufmerksam zu begegnen.

V. Wir haben es selbst in der Hand, ob die Egozombies unser Leben bestimmen oder nicht

Und nun? Was sollen wir tun? Was können wir tun? Wer hilft? Zunächst: Mein Befund hat zwei Seiten. Ernüchternd sind die Fakten und die um sich greifende düstere Energie. Ermutigend ist dagegen, dass die Menschen nicht einfach immer egoistischer werden. Die Denunziation des Gemeinwohls und der Siegeszug des Egos sind keine anthropologischen Konstanten. Nichts »muss« so sein, wie es ist. Zumindest nicht in dem Sinne, dass Menschen zwangsläufig immer nur an sich und ihre Interessen denken. Es geht nicht immer nur abwärts.

Zwar mag es viele ermutigende Beispiele geben, doch viele unserer Zeitgenossen zeigen sich zunehmend unaufmerksam, uninteressiert, unempathisch bis unsolidarisch gegenüber ihren Mitmenschen und Dingen in ihrer Umgebung, aber auch gegenüber der Natur und ihren eigenen Lebensgrundlagen. Schuldige scheint es nicht zu geben. Alle sehen sich als Opfer von Konkurrenzdruck, Zeitnot und der Ablenkung durch die neuen Medien, die alle Aufmerksamkeit absorbieren. Und natürlich sehen sie sich als Opfer von anderen, die sich mies benehmen. So fühlen sich die Menschen und haben daher auch kein Problem damit, ihre eigene Zeitnot an andere weiterzugeben, ihren Druck zum Druck für andere zu machen. Fehlendes Interesse gibt es immer bei den anderen. Denen mangelt es auch an Empathie. Selten bis gar nicht hört man von Gesprächspartnerinnen, die sagen, dass es ihnen selbst an Empathie oder Interesse fehle.

Ich habe auch aufgezeigt, dass nicht alles schlechter wird, dass es – oft jenseits der Schlagzeilen, oft sträflich missachtet von den Hauptmedien, wollen die sich für die guten Nachrichten ja nicht interessieren – viele Menschen gibt, die sich für eine solidarische Gesellschaft engagieren. Sie sind weniger verbissen und unbefangener, wenn sie gesellschaftliche Missstände benennen, und sie sind kreativer, fröhlicher und praktischer, wenn sie Lösungen und Alternativen aufzeigen. Dabei sind sie nicht weniger »politisch«, als dies meine Generation der Babyboomer oder die der Generation Golf war und ist. Das ist jedenfalls meine Erfahrung.

Wir haben es mit einer Vielzahl von Einflussfaktoren zu tun, die auf die Kultur unseres Zusammenlebens einwirken, Einflüsse, von denen es abhängt, wie wir uns als Menschen begegnen, in der Familie, im Freundeskreis, in der Nachbarschaft, im Unternehmen, beim Einkaufen, auf der Straße et cetera. Die Einflussfaktoren reichen letztlich von der Art, wie unser Finanzsystem verfasst ist, wie wir mit der Natur umgehen, bis hin zu der Frage, wie viel Zeit Familien oder Partner im Gespräch miteinander verbringen. Sie reichen von der Steuerpolitik bis hin zur Frage, ob Eltern sich noch ausreichend mit ihren Kindern beschäftigen und ob wir uns alle miteinander an die Regeln unseres Gemeinwesens halten. Sie reichen von der Frage, ob unsere Entscheiderinnen in Politik und Wirtschaft noch gesellschaftliche Vorbilder sein wollen (und dies auch sein können) oder nur ihre eigenen Machtpositionen und Portemonnaies im Blick haben, bis dahin, inwieweit wir unseren eigenen Beitrag für die Gesellschaft zu leisten bereit sind. Die Einflussfaktoren reichen also von den politischen Maßnahmen, die unsere Gesellschaft gerechter, fairer, sozialer und ökologisch zukunftsfähiger gestaltet würden, bis hin zu der Verantwortung, die wir alle bereit sind, dafür zu tragen. Kurz, die Verantwortung, die wir selbst einbringen müssen: an der Wahlurne, an der Ladentheke, im Elternbeirat, im Betriebsrat und im nachbarschaftlichen Gespräch.

Was bleibt also? Ich werde mich zum Abschluss nun auf einige wenige Aspekte beschränken, von denen ich glaube, dass wir sie viel intensiver in den Blick nehmen müssten als bisher. Dabei will ich mich weniger an die Entscheider wenden als vielmehr an Sie, liebe Leser und Leserinnen! Ich will allerdings hoffen, dass auch solche Menschen dieses Buch lesen, die gelegentlich wichtige Entscheidungen treffen und die mehr Einfluss haben als die meisten anderen. Ein gesellschaftlicher Wandel wird immer noch zuerst von der Bevölkerung angestoßen, zumindest von einem Teil der Bevölkerung. Minderheiten verändern die Kultur. Vorausgesetzt, ihre Ideen und Initiativen treffen ein Bedürfnis, ein Anliegen der Menschen. Gute Politiker verstehen das und formulieren solcherart Trendwandel und machen ihn dadurch »normal«. Wenn wir sie wählen, verändern wir, was vorher normal war. Aber sie erzeugen den Wandel nicht selbst. Ich werde also im Folgenden vor allem nach denjenigen Möglichkeiten Ausschau halten, bei denen Sie selbst in Ihrem jeweiligen Einflussbereich etwas verändern, etwas bewegen können.

Das Problem als Problem wahrnehmen

Zunächst muss die Problematik erst einmal öffentlich als Problem erkannt werden und in einer breiteren Öffentlichkeit diskutiert werden. Ich hoffe, dass dieses Buch ein wenig dazu beitragen kann. Viele Menschen erkennen es, manche leiden auch darunter, doch in den öffentlichen Debatten ist es genauso wenig angekommen wie in den politischen Gremien. Es braucht die Auseinandersetzung über die Thematik, damit sich überhaupt erst ein Problembewusstsein herausbilden kann. Die Erkenntnis, dass wir es hier nicht mit nebensächlichen Fragen oder individuellen Absurditäten zu tun haben. Anstand ist ein zutiefst wichtiges Thema, wie Axel Hacke zeigt.[1] Ich will aber nicht dabei stehen bleiben. Es geht um mehr. Wir haben es hier mit einer für die Gesellschaft existenziellen Problematik zu tun. Es geht um die Frage, ob wir in Zukunft noch mitmenschlich und solidarisch zusammenleben können.

Ich habe bei meinen Recherchen sehr viele Leute getroffen, die wie ich genervt und zum Teil auch schockiert sind über die Art und Weise des miesen Umgangs, den wir inzwischen in vielen Fällen erfahren. Wir können uns still und leise darüber ärgern, wir könnten uns sogar resigniert daran gewöhnen, wir können aber auch deutlich machen, dass solche Dinge keinesfalls akzeptabel sind. Denn erst wenn wir uns nicht mehr wehren gegen das, was uns gegen den **Einfach mal den Mund aufmachen!** Strich geht, wird es zur selbstverständlichen Gewohnheit, dann sickert das schlechte Benehmen in die Alltagskultur, wird zur Normalität. Genauso verhält es sich mit dem rechtsnationalistischen Trend.

Der wird auch nicht von alleine wieder weggehen. Wir werden uns gründlich zur Wehr setzen müssen. Machen wir also den Mund auf! Sprechen wir Menschen auf ihr Benehmen an, wenn sie andere belästigen oder der Allgemeinheit schaden. Freundlich und respektvoll, klar, aber bestimmt.

Auch unter den Journalisten gibt es einige mit einem feinen Gespür für die kulturellen Veränderungen in der Gesellschaft. Davon könnte es noch mehr geben, beziehungsweise Redaktionsleitungen, die die Brisanz der Thematik erkennen und ihre Journalistinnen ermuntern, mehr dazu zu schreiben und damit eine allgemeine Sensibilität zu schaffen.

Eine andere kulturelle Praxis einüben

Dann wäre als Nächstes die Frage, wie man die Egozombies mit einer anderen Kultur konfrontieren kann. Nur mit einer Alternative, mit einer anderen kulturellen Praxis kann man dem derzeit vorherrschenden »Wettbewerb alle gegen alle« beikommen. Diese andere Wirklichkeit gibt es auch bereits, zumindest in Ansätzen. Wenn wir genau hinschauen, ist sie erkennbar. Sehr viele Menschen engagieren sich in Deutschland ehrenamtlich, nicht nur für Flüchtlinge. Viele von ihnen setzen sich für Projekte ein, die eine andere kulturelle Praxis zur Grundlage haben, bei denen es um neue Modelle des Lebens und Wirtschaftens geht (siehe dazu Seite 109 ff.). Allein in der freien Wohlfahrtspflege in Hessen gibt es rund 160 000 Ehrenamtliche, so Hejo Manderscheid, ehemaliger Direktor des Caritasverbandes in der Diözese Limburg in Hessen. 400 000 sind es in Bayern. »Solidarität geht nicht verloren, sie verändert sich«, meint er. Man müsse sie aber auch fördern und moderieren, sie wachse nicht von alleine. Konkret fordert Manderscheid dazu auf, sich um »solidaritätsstiftende Arrangements« zu kümmern, also bei Problemen nach Ressourcen in den Stadtteilen zu schauen, Menschen zu finden und anzusprechen, die helfen können. So arbeiten zum Beispiel in der Frankfurter Schuldnerberatung etliche Banker oder Rechtsanwältinnen nach Feierabend mit, Ehrenamtliche unterstützen junge Mütter als Familienpaten, sie begleiten Flüchtlinge als Integrationslotsinnen, und Ärzte helfen ehrenamtlich in der medizinischen Hilfe für Wohnungslose. Nicht zu vergessen ist auch das ganz alltägliche Engagement, das wir in Sportvereinen oder überhaupt in Vereinen und auch in Schulen sehen und das eine ganz wichtige Stütze für den Zusammenhalt in der Gesellschaft ist.[2]

Wie man sich verhält, hängt auch sehr stark davon ab, wie man selbst behandelt wird. Das wissen auch die Verhaltensforscher unter den Ökonominnen: So sagt der österreichische Professor für Mikroökonomik und experimentelle Wirtschaftsforschung Ernst Fehr, soziale Haltungen würden gemacht. Zum Beispiel könne man deutlich sehen, dass sich Kinder, für die man gut sorgt, auch um andere Menschen kümmern. Fehr sagt: »200 Jahre lang hat die Ökonomie die Frage gestellt: Wie produzieren und verteilen wir Güter? Die neue Frage lautet: Welche Art Menschen produziert eine Gesellschaft?«[3]

Welche Art von Menschen produziert eine Gesellschaft?

Augenmerk auf Kinder

Damit wären wir beim Thema Erziehung. Mehrere meiner Gesprächspartnerinnen haben darauf verwiesen, wie wichtig die frühkindliche Erziehung sei. Auch dieses Thema muss man sicher stärker debattieren und sich dabei nicht davor scheuen, in Richtung Eltern mal ein paar klare Worte zu sprechen: Weder ist es gut, seinen Kindern alles aus dem Weg zu räumen, sie wie kleine Prinzen zu behandeln und ihnen jeden Wunsch von den Augen abzulesen, noch ist es akzeptabel, wenn Eltern vor lauter Arbeit und eigenen Freizeitansprüchen kaum noch Zeit für ihre Kinder haben. Das ist ebenso wenig hinnehmbar, wie das Verhalten der Eltern in prekären Milieus, die zwar mitunter ausreichend Zeit haben, diese aber lieber vor dem Fernseher verbringen und ihre Kinder sich selbst überlassen. Darüber hinaus werden auch Kinder in gutsituierten Familien vernachlässigt, wenn sie zwar materiell mit allem – und oft mit zu viel – versorgt werden, aber emotional zu wenig Zuwendung bekommen. Die einen überbeanspruchen ihre Kinder, die anderen vernachlässigen sie. Diese Armuts- und Wohlstandverwahrlosung habe ich das an anderer Stelle schon genannt. Die Eltern aus den Mittelschichten lassen sich oft nichts sagen, die Eltern aus der Unterschicht sind generell schwer zu erreichen. Wahrscheinlich gibt es hier keinen anderen Weg, als dass die Schulen versuchen müssen, das auszugleichen, was in vielen Familien an Defiziten entsteht. So sieht es jedenfalls die Vorsitzende der Linken, Katja Kipping: »Wir haben inzwischen in Folge einer verfehlten Mietenpolitik eine soziale Entmischung in den Städten. Das heißt, in einigen Stadtteilen leben Menschen mit migrantischem Hintergrund und ärmere Familien konzentriert. Für die Schulen in diesen Vierteln bedeutet das, dass es dort mehrere Kinder pro Klasse gibt, die besondere Unterstützung bräuchten. Hier müsste die Schule ausgleichen, da nicht alle Eltern ihren Kindern das gleiche kulturelle und materielle Kapital mitgeben können. Diese Kinder brauchen besondere Zuwendung, sie müssen auch lernen, mit Konflikten und mit Frustrationen produktiv umzugehen.«[4] Katja Kipping sieht aber bisher noch zu wenige Anzeichen dafür, dass sich die Politik in Bund und Ländern diesem Problem intensiv zuwendet.

Ein anderer wunder Punkt für die Familien ist die Frage, ob die Eltern neben dem Beruf überhaupt ausreichend Zeit für die Familie, aber auch für gesellschaftliches Engagement und auch für sich selbst haben. Als Politikerin und Mutter achtet Kipping sehr darauf, die Familienarbeit gerecht mit ihrem Mann zu teilen. Das spielt sich auf der individuellen Ebene ab. Doch ganz wichtig sei es auch, die Eltern, die ihre Kinder am Nachmittag vom Kindergarten abholen müssten, nicht in Erklärungsnot zu bringen. »Umgekehrt wird ein Schuh daraus: Wer nach 17 Uhr noch eine Sitzung ansetzt, muss ganz genau begründen, warum das nötig ist.«

Auch die CDU-Politikerin Rita Süssmuth empfiehlt, die Familien mehr in dem Blick zu nehmen. »Eine grundsätzliche Umorientierung beginnt in den Familien«, sagt sie. Hier hat der Staat nicht viel Einfluss, wohl aber in Kindergärten, Grundschulen, Schulen generell. Hier müsse Respekt und Hilfsbereitschaft eingeübt werden, wenn die Kinder das von zu Hause nicht mehr mitbringen. Egozentrisches Verhalten sieht Süssmuth auch als eine mögliche Folge des Laissez-faire der antiautoritären Erziehung. »Wir richten zu viel Aufmerksamkeit auf uns selbst, fragen dauernd: Was tut mir gut? Wollen Schaden von uns fernhalten und sehen nicht, dass wir dabei oft andere beschädigen.«[5]

Wir verbringen zu viel Zeit mit Geldverdienen und Geldausgeben, zu viel Zeit mit einem Konsum, der uns immer häufiger völlig unbefriedigt zurücklässt, der uns krank und kirre macht.

Zeit zum Leben

Zeit ist eine wichtige Kategorie in unserer modernen Gesellschaft. Wenn wir erleben, wie gehetzt und gestresst manche Menschen durch ihr (und unser) Leben rennen und wie oft sich schon alleine dadurch Konflikte im Zwischenmenschlichen ergeben, dann muss man auch einen Blick auf die Arbeit werfen, die bei vielen einen viel zu großen Raum einnimmt. Besser gesagt: Viele arbeiten viel zu viel, während andere liebend gerne mehr oder überhaupt arbeiten würden. Katja Kipping wünscht sich ein Leben, bei dem Erwerbsarbeit, Familienzeit, Zeit für gesellschaftliches Engagement und Zeit für sich selbst jeweils ein Viertel ausmachen. Mit anderen Worten: ein ausgeglichenes Leben. Das funktioniert natürlich nur mit einer radikalen Arbeitszeitverkürzung und käme laut Kipping einer «Kulturrevolution« gleich. Meiner Meinung nach kann das nur funktionieren, wenn wir unsere materiellen Ansprüche signifikant zurückschrauben, denn dann können wir auch mit einem geringeren Einkommen gut auskommen. Das gilt zumindest für die Ober- und Mittelschichten. Die Auseinandersetzung darüber, wer wie viel für einen nachhaltigeren Lebensstil beitragen sollte, wird uns sicher noch eine ganze Weile begleiten, beziehungsweise diese Auseinandersetzung müsste wohl überhaupt erst einmal richtig beginnen.

Dass die Menschen zu sehr in ihren Alltag eingebunden sind, um sich zu engagieren, konstatiert auch Olaf Tschimpke, Präsident des Naturschutzbunds Deutschland (NABU) und Mitglied im Rat für Nachhaltigkeit der Bundesregierung.[6] »Die meiste Arbeit in unserem Verband wird ehrenamtlich geleistet, doch es wird immer schwerer, diese zu koordinieren, wenn alle zu verschiedenen Zeiten arbeiten.« Wer zum Beispiel im Einzelhandel bis 21 Uhr arbeitet, ist schon froh, seine Familie zu sehen, und es wird schwer bis unmöglich, sich noch irgendwo zu engagieren. Die Bereitschaft, etwas für die Gesellschaft zu tun, sei bei den Menschen jedoch durchaus vorhanden, bestätigt Tschimpke.

Nachhaltigkeit und Solidarität

Konsum, vor allem zu viel vom Unnötigen, und ein Lebensstil, der immense Ressourcen verschlingt, das ist Thema der Nachhaltigkeitsstrategie, die sich auch die neue Bundesregierung wieder auf die Agenda gesetzt hat.[7] Das Leben und Wirtschaften soll in Deutschland so gestaltet werden, dass die Gesellschaft sozialer, die Ungleichheit geringer wird und wir dabei die natürlichen Ressourcen schonen, die Artenvielfalt schützen und den Klimawandel bekämpfen. Anhand von inzwischen 63 Indikatoren wird regelmäßig überprüft, wie weit man sich dem Ziel genähert hat. Nun ist das Konzept der Nachhaltigkeit nichts für Technokraten – auch wenn die Strategie mittlerweile sehr ausdifferenziert ist und so manche Dinge schon etwas technokratisch anmuten. Das tut leider dem Konzept und seiner Verbreitung nicht wirklich gut. Doch im Kern ist Nachhaltigkeit ein Leitbild, das einer in weiten Teilen völlig anderen Vision von Gesellschaft folgt, als wir sie derzeit haben. Um die Ziele zu erreichen, müssten wir nicht nur ein paar mehr Windräder und Solaranlagen bauen, müssten nicht nur sehr viel effizienter wirtschaften, müssten nicht nur die Landwirtschaft konsequent ökologisch aufstellen, müssten nicht nur fair gehandelte und ökologisch produzierte Produkte konsumieren, den Flächenfraß beenden, müssten nicht nur für mehr Steuergerechtigkeit, mehr Bildung für alle und sozialen Ausgleich sorgen. Das alles wären schon riesengroße Schritte nach vorne, doch erreichbar ist das nur, wenn wir gleichzeitig lernen, uns einzuschränken. Wir müssen weg von einem individuellen und gesellschaftlichen Leitbild des immerwährenden Wachstums. Eine nachhaltige Gesellschaft ist nicht erreichbar, indem wir modernere Produkte konsumieren, aber dabei mehr als bisher, indem wir die Energie erneuerbar produzieren, aber trotzdem immer mehr verbrauchen, indem wir die Armut verringern und die soziale Schere schließen, aber dann alle gemeinsam und weiterhin auf viel zu großem Fuß leben. Nachhaltigkeit ist in meinen Augen die Vision einer Gesellschaft, bei der wir ein gutes Leben führen, ohne alles haben, ohne alles machen zu wollen. Wir müssen nicht alles besitzen und uns alles leisten können, wenn wir viel stärker als bisher gemeinschaftlich leben, Gebrauchsgegenstände teilen und uns gegenseitig unterstützen. Zumal: Das »Alles-haben-wollen« und das »Immer-mehr-kriegen-können« ist eine Illusion, eine gefährliche obendrein, denn die natürlichen Ressourcen sind endlich, und wir haben nur diesen einen Planeten. Wir sind sieben Milliarden Menschen, und alle haben ein Recht auf ein Leben in Würde. Mit dem westlichen Lebensstil und Konsumniveau ist dieses Ideal nicht zu erreichen. Kriege, Naturkatastrophen und Vertreibung sind letztlich auch die Konsequenz von Maß- und Rücksichtslosigkeit. Der Egozombiismus wiederholt sich auf Weltniveau. Wer kann das wollen? Wie können wir das vermeiden?

Eine andere, nachhaltige Gesellschaft müsste viel stärker auf den Prinzipien von Mitmenschlichkeit, Solidarität, Generationengerechtigkeit, Achtsamkeit und Empathie aufbauen. Und genau diese Eigenschaften sind im Begriff zu schwinden, wie ich in diesem Buch gezeigt habe. Gerhard Gundermann, ein Musiker, der in der DDR gelebt hatte, den ich erst vor wenigen Jahren für mich entdeckt habe und dessen Texte und Musik mich bewegen, sagte einmal: »Volkseigentum hat nachgewiesenermaßen landesweit nicht funktioniert, auf nachbarschaftlicher oder kommunaler Ebene doch immer und hervorragend. Wenn einer eine Bohrmaschine hatte, hatten alle eine. So war es – es war vernünftig so. So kann es wieder werden.«[8] Es gilt also, auch das Teilen wieder zu lernen, gar nicht so sehr aus wirtschaftlicher Not, sondern weil es vernünftig ist.

Was heißt das für die Nachhaltigkeit? »Nachhaltigkeit funktioniert nur mit einer konsequenten Orientierung am Gemeinwohl, mit einer Strategie der Genügsamkeit statt fortwährenden Wachstums, im Kapitalismus wird das kaum gehen«, meint NABU-Präsident Olaf Tschimpke. Die Rücksichtslosigkeit, die sich in der Wirtschaft breitmache, färbe auch auf andere Teile der Gesellschaft ab. Entscheidend sei daher, dass es andere Vorbilder gebe. »Die Nachhaltigkeitsstrategie der Bundesregierung ist zwar gut, aber sie wird nicht konsequent umgesetzt. Die Menschen sehen, dass die Politik ihre eigenen Ziele nicht richtig ernst nimmt.« Ganz dringend brauche es daher positive Vorbilder, »der Staat muss liefern«, sagt Tschimpke, damit sich die Bürgerinnen auch angesprochen fühlen. Er sieht auch eine »Gegenbewegung« zur Entsolidarisierung: Überall entstünden Ge-

Wer sollen die künftigen Vorbilder sein? nossenschaften, die versuchen, gemeinschaftliche und nachhaltige Strukturen zu schaffen, in der Energieversorgung, bei Wohnprojekten oder in der Organisation von öffentlicher Mobilität und Versorgung auf dem Land. Mit dem Internet ist vieles leichter geworden, doch zugleich sind auch die Ansprüche an die Einzelnen gestiegen, zu vieles sei »stark verrechtlicht«, meint Olaf Tschimpke. Daher sei der Staat gefragt, diese Initiativen ausreichend zu unterstützen.

Gesellschaft ist oft schon weiter als die Politik

Für den Zusammenhalt in der Gesellschaft braucht es auch »echte Dialoge«, sagt Olaf Tschimpke. Vor allem dort, wo die Interessenskonflikte stark ausgeprägt sind, wie zum Beispiel beim Thema Landwirtschaft kontra Natur- und Umweltschutz. Eigentlich liegt es völlig auf der Hand, dass die jetzige Landwirtschaft mit ihrer Massentierhaltung, der Übernutzung der Böden und dem zu hohen Einsatz von Agrarchemie keine Zukunft hat. Trotzdem gibt es dazu keine wirklich konstruktive Auseinandersetzung, alle Parteien agieren für sich und beschimpfen sich gegenseitig, jeder ärgert sich, aber der Ärger bleibt unproduktiv. Wie für den Ausstieg aus der Kohle braucht es auch hier eine klare Zielvorgabe. Gelänge dies, wäre das ein »Riesenschritt für den gesellschaftlichen Zusammenhalt in den ländlichen Regionen«, ist sich der Naturschützer sicher. Es hängt also auch hier am beherzten Eingreifen der demokratisch legitimierten Politik.

Politische Führung wäre auch dringend nötig, um die vielen kleinen Pflänzchen, die überall sprießen, richtig zu düngen und daraus einen großen Garten werden zu lassen. Erinnern wir uns an die Beispiele, die ich im vorherigen Kapitel beschrieben habe. Es ist toll, dass es dies alles gibt, aber um daraus eine sichtbare und kraftvolle Veränderung entstehen zu lassen, braucht es die Förderung und die ordnende Hand des Staates. Im Übrigen missachten viele die alternativen Modelle, weil sie ihnen nicht zutrauen, dass daraus mehr entstehen könnte. Sie haben den Blick fest auf die Konzerne und großen Unternehmen gerichtet und halten alles andere für Kinderkram. Das ist die Verbissenheit, die wir seit den 68ern kennen und die leider immer noch stilbildend ist. Ich hingegen sehe es diesbezüglich wie der Musiker Gerhard Gundermann, der einmal sagte: »In den Nischen werden die Pfeiler errichtet, die mal sehr viel abstützen können, wenn die Welt ins Rutschen kommt. In den Nischen entstehen, aus Gründen eines wie auch immer bewerteten Individualismus, jene Technologien des Überlebens, deren Produkte, wenn sie in einen Austausch kommen, unsere Existenz sichern können. (…) In den Nischen wissen die Leute noch, welche Pilze man essen kann, wie die Bäume heißen und wie man ohne Chemie auskommt.«[9]

In den Nischen wird an sehr konkreten Konzepten für eine nachhaltige Gesellschaft gearbeitet. Hier entsteht eine Welt für morgen. Leider jedoch ist nicht erkennbar, dass unsere Politiker (in ihrer Mehrheit) Nachhaltigkeit und ihre Werte schon zu einem relevanten Faktor machen würden. Natürlich gibt es Pläne und Ziele an verschiedenen einzelnen Stellen, aber es fehlt das politische Momentum, das »Spüren-worum-es-geht«, und es fehlt wohl auch das große Gesamtbild einer Vision. Das bemängelt auch Ulrike Schell aus der Geschäftsführung der Verbraucherzentrale Nordrhein-Westfalen: »Es ist einfach keine Vision erkennbar«, sagt sie. »Daher erscheint den Menschen die Zukunft unsicher und beängstigend. Würde sich die Gesellschaft mehr mit positiven Visionen beschäftigen, entstünde auch wieder mehr Solidarität.«[10] Solche Visionen finden wir an vielen Stellen, wenn wir uns genauer anschauen, was die Menschen so umtreibt, wofür sie arbeiten. Leider werden diese Menschen von der Politik noch viel zu wenig ernst genommen.

In den Nischen entsteht eine Welt für morgen

Regeln setzen und einhalten …

Eine gemeinsame Vision für unser Zusammenleben, auf die sich alle verständigen können, wird es wohl nicht geben. Aber zumindest müsste sich die Mehrheit verständigen, welche Werte und Ziele sie in den Mittelpunkt rücken will. Vielfach sind diese Ziele, Regeln und Normen auch schon benannt, werden aber nicht umgesetzt. Das fängt schon damit an, wenn Fahrgäste in der S-Bahn ihre Füße auf den gegenüberliegenden Sitz legen und niemand etwas sagt. Das tun übrigens nicht nur Jugendliche, wie man vermuten könnte. Es wäre doch mal eine leichte Übung, hier die Person freundlich zu bitten, die Füße vom Sitz zu nehmen. Meine Erfahrung ist, dass die allermeisten verständnisvoll reagieren, weil sie im Grunde wissen, dass ihr Verhalten nicht in Ordnung ist. Ich gebe allerdings zu, dass es ein bisschen Überwindung kostet. Doch Zivilcourage, die in diesem Fall ja nur auf einem sehr niedrigen Niveau gefragt ist, zahlt sich aus, schon alleine, weil man gegen die um sich greifende Gedankenlosigkeit vorgeht. Ganz wichtig ist es, dass wir nicht auf die Idee kommen, einen Feldzug gegen die Unverschämten zu führen, und dabei selbst unverschämt werden. »Freundlichkeit gegenüber den Unfreundlichen, Respekt für die Respektlosen«, hat schon der römische Kaiser und Philosoph Marc Aurel einst eingefordert. Nur so lässt sich die zivilisierte Kultur verteidigen – gegen die Rüpel im Alltag und gegen die Rüpel in Politik und Gesellschaft und die Betrüger in der Wirtschaft (Volkswagen & Co.). Leider neigen wir Deutschen gerne dazu, uns im missionarischen Eifer gerade in der Wahl unserer Worte und Mittel zu vergaloppieren.

Ich habe gezeigt, wie die Regeln des Miteinanders jeden Tag immer wieder verletzt werden, die geschriebenen und ungeschriebenen. In vielen Fällen wäre es schon ein enormer Fortschritt, wenn einer sagen würde, dass das so nicht geht. Freundlich, aber bestimmt. Manchmal jedoch reicht eine Charmeoffensive möglicherweise nicht aus. Etwa bei der Verschmutzung des öffentlichen Raums. »Littering«, das achtlose Liegenlassen von Pizzapappen, Bechern und sonstigem Müll im öffentlichen Raum, ist manchem Stadtbewohner offensichtlich gänzlich egal – ein Thema mit höchster sozialer Brisanz. Die Stadt Frankfurt setzt mit ihrer Kampagne darauf, die Bürgerinnen ganz freundlich und sympathisch anzusprechen, ohne erhobenen Zeigefinger. Gut, das ist sicher nicht verkehrt. Aber flankierend müssten Verstöße auch sanktioniert werden, wenn nötig auch mit drastischeren Maßnahmen, wie etwa eine Sperrung von Flächen, die immer wieder verschmutzt werden. Die steigenden Kosten für die Müllentsorgung tragen wir alle, und so sollte es auch im Interesse eines jeden Einzelnen sein, dass die Vermüllung der Städte wirksam und nachhaltig gestoppt wird.

In der Wissenschaft ist derzeit oft von »Nudging« die Rede, also dem sanften Stupsen in die richtige Richtung. Niemand will erzogen werden, heißt es dann immer. Das ist alles schön und gut, doch ohne klare Regeln, auf deren Einhaltung auch geachtet wird, funktioniert es eben nicht. Mit Klarheit, Konsequenz und positiver Autorität kann man etwas bewegen. Das wissen wir aus der Erziehung von Kindern. Klarheit, Konsequenz und positive Autorität brauchen wir auch im gesellschaftlichen Miteinander. Nehmen wir das Beispiel des Problembezirks Berlin-Neukölln. Sowohl der ehemalige Bezirksbürgermeister Heinz Buschkowsky als auch seine Nachfolgerin Franziska Giffey, die jetzige Bundesfamilienministerin, schlugen in ihrer Amtszeit einen klaren, konsequenten Kurs ein. Was zum Beispiel die Schulen anging, erinnerten sie Eltern an ihre Pflichten, gingen energisch gegen Schulschwänzer vor, sorgten für Wachschutz an bestimmten Schulen, setzten sich für verbindliche frühkindliche Bildung ein und drängten darauf, dass sich alle, egal welcher Herkunft und mit welchem kulturellen Hintergrund, an gewisse Grundregeln zu halten haben. Das war ein konsequenter Kurs, der nicht zuließ, dass Leute ihre eigenen Gesetze aufstellen. Der Erfolg gibt ihnen recht.

... die für alle gelten!

Deshalb halte ich auch gar nichts von einem Vorschlag, wie ihn Grüne und Linke im April 2018 in die politische Debatte eingebracht haben: Schwarzfahren soll nur noch eine Ordnungswidrigkeit sein, da sich angeblich viele die Fahrkarte nicht leisten könnten. Wenn es tatsächlich so ist, dass sich Menschen den öffentlichen Nahverkehr nicht mehr leisten können – was ich gerne glauben will –, dann gibt es dafür doch heute schon Sozialtarife mit verbilligten Fahrkarten. Wenn die aber auch noch zu teuer sein sollten, dann muss man eben daran etwas ändern. Schwarzfahren aber zu einem Kavaliersdelikt herabzustufen, finde ich genau den falschen Weg. Erst mal ist der öffentliche Nahverkehr eine Einrichtung für die ganze Gesellschaft, und daher muss deutlich gemacht werden, dass alle dazu etwas beitragen müssen, damit das System funktionieren kann. Alle nach ihren Möglichkeiten, auch die, die wenig haben. So würde ich das organisieren.

Schwarzfahren, also eine Leistung in Anspruch nehmen, die andere für mich bezahlen, und damit das Gesamtsystem schädigen, ist und bleibt meines Erachtens eine Straftat. Auch den ÖPNV generell kostenfrei für alle zu stellen, finde ich eine schlechte Idee: Wenn auch die öffentliche Mobilität wesentlich umweltfreundlicher ist als der motorisierte Individualverkehr, so beansprucht sie doch ebenfalls Ressourcen, Flächen und Energie und sollte schon aus diesem Grund nicht kostenlos angeboten werden. Sicher sind Busse und Bahnen nach dem Zufußgehen und Radfahren die umweltfreundlichsten Verkehrsmittel, und doch sollte man sie nicht bedenkenlos nutzen. So wie es viele Menschen gibt, die sich auch für eine kurze Strecke in ihr Auto setzen, bei der sie problemlos laufen oder radeln könnten, gilt dies auch für die Nutzerinnen des öffentlichen Verkehrs.

Um Regeln geht es auch im Sport. Ich habe darüber geschrieben, wie schlecht sich viele Eltern oft am Spielfeldrand benehmen, wenn ihre Kinder zum Beispiel Fußball spielen. Gerade die Schiedsrichter, die vielfach selbst noch Jugendliche sind, werden von den Eltern häufig extrem schlecht behandelt.

Respekt haben auch unsere Ordnungskräfte verdient, die in vielen Fällen ihren Kopf, das heißt ihre Gesundheit für unsere Sicherheit hinhalten. Polizistinnen und Feuerwehrmänner zu beleidigen, die bloß ihren Dienst verrichten, ist völlig inakzeptabel. Das gilt auch, wenn es um Auseinandersetzungen bei Demonstrationen geht. Ich war selbst schon auf Demos, bei denen sich die Polizei unangemessen gegenüber Demonstranten verhalten hat. Darüber kann und muss man sich beschweren. Dafür haben wir in unserer Demokratie ausreichend Mittel und Wege. Es rechtfertigt jedoch keineswegs, Polizisten zu beleidigen oder gar anzugreifen. Meine Sympathie mit dem sogenannten Schwarzen Block geht daher gegen null.

Grenzen ziehen – auch gegen den Überfluss

Regeln enthalten auch Grenzen. Wir kennen den Satz aus der Erziehung von Kindern: »Da muss man Grenzen ziehen«. Ein Kind testet so lange alles aus, schaut, wie weit es gehen kann, bis die Eltern

»Stopp!« sagen. Erwachsene müssen sich ihre Grenzen selbst setzen. Sie müssen selbst entscheiden, wie viel sie arbeiten wollen, wie viel Alkohol sie trinken und vieles mehr. Wir leben aber in einer Zeit, da Grenzen keinen guten Ruf haben – mal abgesehen von politischen Exponenten des nationalen Isolationismus, wenn von geschlossenen Grenzen für Flüchtlinge die Rede ist. Wir leben in einer Zeit, da alles möglich erscheint. Das menschliche Genom ist entschlüsselt, die Chinesen arbeiten daran, Menschen zu klonen, es gibt keinen Winkel der Erde mehr, der nicht erreichbar wäre, wir sind grenzenlos vernetzt, können Informationen aus aller Welt in Echtzeit erhalten, können zu jeder Jahreszeit alle Produkte dieser Welt konsumieren, rund um die Uhr einkaufen. Zumindest die Mittel- und Oberschichten können das – und nicht nur in den reichen Ländern. Zwar bereitet uns die Tatsache, dass wir unseren Wohlstand auf der Basis fossiler Brennstoffe errichtet haben, inzwischen erhebliche Probleme, doch auch hier gibt es viele Wissenschaftler und Geschäftsleute, die der festen Überzeugung sind, dass eine Welt, die um mehr als vier Grad aufgeheizt ist, technisch beherrschbar ist. Spiegel im All beziehungsweise Aluminiumteile und Nanopartikel und andere spektakuläre Methoden, um die Sonneneinstrahlung zu reduzieren, werden bereits debattiert, ebenso wie die Abscheidung und Lagerung von Kohlendioxid. So könne man die Erderwärmung bremsen, wird uns gesagt. Das erscheint vielen recht verlockend, denn dann könnten wir einfach so weitermachen wie bisher. Wir bräuchten an unserem – in den Industrieländern und bei den Eliten der Entwicklungsländer – extrem hohen Konsumniveau nichts zu ändern. Auch die Wirtschaft könnte aufatmen und ihre Produkte ungehindert weiter unters Volk bringen. Doch so wird es nicht funktionieren. Jedenfalls nicht, wenn man nicht in Kauf nehmen will, sich enormen Risiken auszusetzen, die denen des Klimawandels gleichkommen. Meines Erachtens führt kein Weg daran vorbei, uns einzuschränken. Und zwar ausdrücklich nicht nur die Besserverdienenden. Es gibt auch Menschen mit Hartz-4-Bezug, die Lebensmittel oder Energie verschwenden. Zu ihrem eigenen Nachteil. Wenn wir an einer Gesellschaft arbeiten wollen, in der das Sein wichtiger ist als das Haben, dann sind alle gefragt, dafür ihren Teil beizutragen. Alle nach ihren

Möglichkeiten, die Reichen mehr als die Armen, keine Frage. Sind es doch vor allem die Ober- und die Mittelschichten, die den größten Ressourcenverbrauch haben und die mit ihrer Lebensweise stilbildend sind. Aber eine grundlegende Änderung unseres Lebensstils betrifft die gesamte Gesellschaft und kann auch vor der Unterschicht nicht haltmachen. Wenn wir uns wirklich nachhaltiger ernähren wollen, also vor allem regional, saisonal und fleischarm, weil das die Klimabilanz der Lebensmittel erheblich reduzieren hilft, die Arten und die Böden schützt und weil das auch den heimischen Bauern guttut, dann müssen sich ärmere Haushalte ebenfalls umstellen. Oft ist das wiederum eine Bildungsfrage, denn viele wissen nicht, dass man auch mit einfachen Zutaten abwechslungsreich kochen und sich gesund und kostengünstig ernähren kann. Das Gleiche gilt für die immense Verschwendung von Textilien. Das hören die Anwälte der Armen bei SPD, Linken und Grünen nicht gern. Aber es hilft nicht, unbequeme Wahrheiten unter den Teppich zu kehren. Im Übrigen bin ich der Meinung, dass die Grenzziehung für unseren Konsum eine durchaus befreiende Wirkung haben kann, dass Verzicht ein Mehr auf der Habenseite bedeuten kann. So habe ich das erlebt, als ich vor vielen Jahren mein Auto abschaffte: nie mehr Parkplatz suchen, nie mehr tanken, nie mehr Ölwechsel, nie mehr TÜV, nie mehr Reparaturen. Und die kleinere Wohnung, in die ich zog, macht mir ebenfalls viel weniger Arbeit. Der Ökonom Niko Paech hat dieses Phänomen hervorragend beschrieben. »Wir sind so fixiert auf Problemlösungen, die darin bestehen, zusätzliche Dinge in die Welt zu bringen, dass wir ein simples Faktum übersehen: Reduktionen und selbstbegrenzende Handlungsmuster haben den Charme, weder Kapital noch Neuerfindungen noch politische Weichenstellungen zu benötigen.«[11] Der Konsumismus macht uns krank und kirre. Die Reduktion, die Befreiung vom Überkonsum würde unserer Seele und unserem Körper guttun.

Grenzziehung sei auch vonnöten, wenn es um den Gebrauch der elektronischen und sozialen Medien geht, findet der Publizist und Therapeut Raimund Allebrand: »Wir sind längst an einem Punkt angelangt, wo wir über die Begrenzung des Medienkonsums sprechen müssen«, sagt er. Im Interesse des Individuums und im Interesse der

Gesellschaft. »Das Problem ist, dass die Gesellschaft Grenzen nicht mehr anerkennt.«[12] Vielleicht aber wollen Sie, lieber Leserinnen, liebe Leser, sich mal auf den Weg machen, um zu schauen, wo sie in Ihrem Leben überall schon Grenzen überschritten haben und wo Ihnen das gar nicht guttut.

Auf einer Veranstaltung zum Thema Plastik lernte ich, dass es inzwischen eine ganze Reihe von vor allem jüngeren Leuten gibt, die versuchen, ihren Plastikkonsum signifikant zu reduzieren. Das geht nicht von heute auf morgen. Denn wir haben uns so selbstverständlich daran gewöhnt, dass ganz vieles, was wir kaufen, in Plastik verpackt ist, und dass wir unzählige Plastikutensilien in unseren Haushalten haben. Doch es geht, wenn man achtsamer ist, bereit ist, sein Verhalten ein wenig umzustellen, sich auf Neues einzulassen. Eigenschaften, die wir auch gut brauchen können, um unseren Umgang miteinander zu verbessern.

Die Engagierten wertschätzen

Im vorherigen Kapitel habe ich darüber geschrieben, dass es viele Menschen gibt, die sich gerne und regelmäßig für andere, für die Allgemeinheit engagieren. Ich finde, darüber sollten die Medien noch viel mehr berichten. Doch sind alle verrückt nach Fußball, einem Sport, der zu einem gigantischen Geschäft geworden ist und zu den Spielzeiten die Berichterstattung total dominiert. Klar, viele Sportler leisten auch einen Dienst an der Gesellschaft und gelegentlich auch für die Völkerverständigung. Doch was ist mit den vielen Heldinnen des Alltags, die sich ehrenamtlich auf vielfältige Weise um unsere Gesellschaft verdient machen? Es gibt Initiativen, die diesen Menschen öffentlich Anerkennung schenken und sie bekannt machen. Doch das geschieht noch viel zu selten, und die meisten Medien greifen diese Themen nicht entschlossen genug auf. Außerdem könnte und müsste man wohl auch noch mehr tun, um das Ehrenamt zu unterstützen. Das fängt bei versicherungsrechtlichen und steuerlichen Fragen an – so sind zum Beispiel Kosten für Qualifizierungsmaßnahmen nicht steuerlich absetzbar – und geht bis zu Anerkennungssystemen, bei denen zum Beispiel Jugendliche für ihre ehrenamtlich geleistete Tätigkeit Punkte sammeln und gegen Kinokarten, Konzerte et cetera einlösen können. Ein Modell, das so etwa bereits im Vorarlberg praktiziert wird.

Achtsamkeit trainieren, Fähigkeit zur Empathie fördern

Ich habe mit vielen Beispielen gezeigt, dass Achtsamkeit und Empathie, also die Fähigkeit, sich in andere Menschen zu versetzen, inzwischen häufig sehr zu wünschen übrig lassen. Dieter Frey, Psychologe und Leiter des Center for Leadership People Management an der Ludwig-Maximilians-Universität in München, hat meine Vermutung bestätigt, dass die Orientierung am Wettbewerb die Persönlichkeiten verändert. Er meint, abnehmende Empathie sei besonders bei hochentwickelten Gesellschaften, die auch im internationalen Wettbewerb stehen, zu beobachten. »Man hat nicht immer Vorteile davon, empathisch zu sein«, sagt er. Andererseits bräuchten wir beides. »Wir müssen die Beschleunigung der Welt anerkennen und können nicht einfach sagen, das interessiert uns nicht. Aber wir brauchen zwei Ebenen: Beschleunigung und Entschleunigung. Das Zulassen von Wettbewerb und Schnelligkeit, aber auch den Aspekt von Teamarbeit, Solidarität, Entschleunigung, Work-Life-Balance.« Das sei »die Kunst des Sowohl-als-auch«. Hier, so Frey, bräuchten wir Vorbilder in der Führung, die »Work-Life-Balance ernst nehmen, den Biorhythmus berücksichtigen, Sabbaticals möglich machen, sehr individuelle Arbeitszeiten zulassen«. Er ist auch davon überzeugt, dass man durchaus individuell gegen den Trend der Ichbezogenheit ansteuern kann: Es ginge darum, möglichst viele Bereiche und Nischen zu schaffen für das »Prinzip der Langsamkeit, das Prinzip von Solidarität, von Empathie, von Rücksichtnahme, um dann aber auch zu erkennen, dass genau diese Faktoren sogar ökonomisch sinnvoll sind und zu Innovation und Exzellenz führen können«. Die junge Generation mache ihm da Hoffnung, denn sie toleriere den Mainstream nicht mehr und will »genau dieses Sowohl-als-auch. In diesem Zusammenhang lässt sich Empathie erlernen und wird de facto auch praktiziert«, sagt Dieter Frey und verweist auf die vielen Menschen, die sich ehrenamtlich engagieren.[13]

Wir können uns ändern, das ist die gute Nachricht, die Psychologinnen und Hirnforscher für uns haben. »Moral ist lehrbar und lernbar«, meint Georg Lind, Professor für Psychologie in Konstanz.[14] Am Beispiel des Rauchens könne man einen solchen Deutungswandel gut nachvollziehen. Während das Rauchen Anfang des 20. Jahrhunderts in den USA sehr verpönt war, wandelte sich das Bild rasch, als viele der aus dem 1. Weltkrieg heimgekehrten Soldaten rauchten und so einen neuen Trend einleiteten. Die Soldaten waren gesellschaftlich hochgeachtet und fungierten so als »Deutungseliten«. Es dauerte weniger als 15 Jahre, bis sich der neue Trend verfestigt hatte. Das Ganze funktioniert aber auch umgekehrt, weiß auch Oliver Stengel – also in die nachhaltige Richtung. Als einzelne Models dafür warben, auf Pelze zu verzichten, ging der Absatz dieser Kleidungsstücke merklich zurück.[15]

Neuere Forschungen zeigen, wir können unser Verhalten grundlegend ändern. Der Neurobiologe Gerald Hüther sagt, das Hirn setze uns keine Grenze; allerdings würden die neuroplastischen Botenstoffe, die für das neue Denken nötig sind, nur ausgeschüttet, »wenn uns etwas unter die Haut geht«. Ohne starke Emotionen läuft also nichts! Wer beispielsweise verliebt ist, kann selbst im hohen Alter noch ganz Neues lernen. Wir müssten uns nur für etwas begeistern, dann werde unser Gehirn »gedüngt«.[16] So seien, meint Hüther, auch Achtsamkeitstrainings, die inzwischen sogar schon in manchen Unternehmen angeboten werden, durchaus sinnvoll. Auch das verändere das Hirn und mache empathischer.[17] Achtsamkeitstrainings sind sicher keine schlechte Sache, allerdings muss man aufpassen, dass man nicht wieder die gesamte Verantwortung beim Individuum ablädt. Davor warnt die Frankfurter Soziologin Greta Wagner: Bei Erschöpfung und Burnout lägen die Ursachen häufig in einer zu geringen Personaldecke. »Das zu ändern ist natürlich viel teurer als ein Achtsamkeitskurs.«[18] Dennoch ist es keineswegs verkehrt, wenn sich Unternehmen und Organisationen mit der Frage von Achtsamkeit auseinandersetzen.

Ein weiterer Aspekt: Das Hirn von Kindern, die erfahren, dass sie um ihrer selbst willen geliebt werden, sei offen für alles, berichtet der Hirnforscher Hüther. Im anderen Fall schrumpfe die Wahrnehmung. Mit anderen Worten, die Kinder und später auch die Erwachsenen konzentrieren sich auf das, was ihnen Aufmerksamkeit und Anerkennung einbringt.

Respekt und Zugehörigkeit sind menschliche Grundbedürfnisse

Ich habe schon einmal darauf hingewiesen, wie wichtig es ist, auch gegenüber den Rüpeln, den Kulturlosen, ja den Rassisten, die Kultur von Höflichkeit und Respekt beizubehalten. Gerade gegenüber denen, die die sozialen Regeln des Miteinanders verletzen. Auch wenn es manchmal schwerfällt. Tun wir das nicht, lassen wir uns hinreißen, die Ausdrucks- und Verhaltensweise dieser Menschen zu übernehmen, dann dringen sie erfolgreich in unser Terrain ein. Deshalb gefallen mir die Aussagen des Oberbürgermeisters von Frankfurt/ Oder, René Wilke, so gut, der für einen kritischen, aber respektvollen Umgang auch mit der AfD und ihren Anhängern plädiert. Ich glaube, das ist der einzige Weg, um Demokratie und Mitmenschlichkeit zu verteidigen. Indem wir an den kulturellen Fundamenten festhalten, auf denen diese gebaut sind. Wenn es der AfD gelingt, die Kultur von Linken und Liberalen zu beeinflussen, werden wir alle verlieren.

Das bedeutet auch, sich ganz besonders um diejenigen zu kümmern, die am Rande der Gesellschaft stehen und – oft zu Recht – das Gefühl haben, niemand interessiere sich für sie. Zum Beispiel die, die in der Peripherie leben, in dünn besiedelten Gebieten, wo die Infrastruktur schlecht ist, wo es vielleicht schon lange keinen Laden mehr gibt, wo sich selten oder nie eine Politikerin blicken lässt. Zwei Drittel der Deutschen leben in gering oder mitteldicht besiedelten Gebieten. Wir reden aber derzeit vor allem nur über die Ballungsräume und was den Menschen dort fehlt, vor allem bezahlbarer Wohnraum. Alles wichtig. Doch die auf dem Land und an der Peripherie der Städte haben auch ihre Sorgen und fühlen sich von den Regierungen in Bund und Ländern oft vernachlässigt. Häufig stimmt das auch. Und nicht nur vernachlässigt, sondern auch entwertet. Wenn immer nur von denen in der Mitte der Gesellschaft die Rede ist, wenn die Gebildeten und gut Verdienenden den öffentlichen Diskurs bestimmen, dann kann ich gut nachvollziehen, dass sich Menschen mit handwerklichen oder auch prekären Arbeitsplätzen in ihrem Können und Leben geringgeschätzt fühlen.

Horst Seehofer hat den Heimatbegriff in die Debatte eingebracht und stößt auf heftigen Widerspruch bei Linken, Liberalen, Grünen. Ich hingegen bin der Meinung, dass es sich in der Tat lohnt, über

Heimat zu reden. Natürlich nicht im nationalistischen Sinne der Deutschtümelei. Sicher also nicht im Seehofer'schen Sinne. Aber Heimat als ein Gefühl der Zugehörigkeit, des Sich-zu-Hause-Fühlens und der sozialen Geborgenheit – das halte ich für extrem wichtig. Eine sehr junge Sprechstundenhilfe erzählte mir, dass sie an ihrer Heimatstadt Frankfurt hänge, weil sie sich hier auskenne, weil sie hier die Menschen kenne und wisse, wie sie ticken. Damit hat die junge Frau ein Gefühl von Heimat beschrieben, wie wir es alle brauchen. Das spricht ganz und gar nicht dagegen, sich immer wieder auf die Suche nach dem Neuen und Unbekannten zu machen und sich damit bewusst zu konfrontieren. Es geht nicht darum, den Handkäs und den Apfelwein für den kulinarischen Nabel der Welt zu halten. Aber auch diejenigen, die sich sicher auf der Welt und in diversen Kulturen zu bewegen vermögen, die sich vielleicht sogar weniger als Deutsche, sondern eher als Europäerinnen oder gar als Weltenbürger fühlen, brauchen ihre Wurzeln, die Halt und Orientierung geben. Halt und Orientierung vermissen wahrscheinlich viele Menschen, die sich von einer globalisierten Welt zunehmend verunsichert und bedroht fühlen. Wenn dann auch noch die altbekannten Geschäfte im Stadtteil schließen und durch seelenlose Einzelhandelsketten ersetzt werden, wenn sich die Gewerbe- und Wohngebiete auf den einstigen landwirtschaftlichen und den Grünflächen der Naherholungsgebiete ausbreiten und so das Gesicht der Heimat bis zur Unkenntlichkeit verändern, dann kann ich gut verstehen, dass Menschen rebellieren. Und ich kann sogar nachvollziehen, wenn sich Menschen unbehaglich fühlen, wenn sie in der U-Bahn sitzen und um sie herum alle Sprachen dieser Welt gesprochen werden, außer Deutsch. Das spricht überhaupt nicht gegen Einwanderung, das spricht überhaupt nicht gegen die multikulturelle Gesellschaft, aber es zwingt uns, auch die Anliegen derjenigen in den Blick zu nehmen, die schon immer hier leben und sich nicht so leicht damit tun, sich auf Neues und Unbekanntes einzustellen.

Die am Rand beziehungsweise die, die sich am Rand fühlen, zu vernachlässigen, halte ich für fatal. Das sah auch Frankreichs Präsident Emmanuel Macron so, als er versprach, dafür zu sorgen, sich um die Menschen in den Banlieues der französischen Großstädte zu kümmern, denen es vielfach an ganz vielem mangelt. Dann aber hat er den Bericht seines Beauftragten, der Investitionen fordert, mit den Worten zur Seite legt, man müsse doch sparen. Das ist genau das falsche Signal für die Bewohner der abgehängten Stadtgebiete – besonders wenn gleichzeitig jede Menge Geld da ist, um für den Élysée-Palast neues überteuertes Geschirr zu kaufen und dem Präsidentenpaar einen Swimmingpool zu bauen. Die Menschen registrieren so etwas sehr genau, und es fördert nicht ihr Vertrauen in die politischen Eliten.

Mündig handeln

In einer seiner häufig brillanten Kolumnen in der *Frankfurter Rundschau* widmet sich der Autor und Theatermacher Michael Herl der Frage, wie die Menschen freiwillig immer mehr Verantwortung abgeben und unselbstständiger werden:

»War uns (früher, d. Autorin) blümerant, griffen wir zu einem Kraut, das dagegen gewachsen war. Heute befragen wir das Smartphone und suchen uns die fürchterlichste aller Diagnosen aus. Und sind wir uns unsicher, schließen wir uns dem Schwarm der Dumpfbacken an und gehen auf eine Affenschaukel wie »gute-frage.net«. Dort erhalten wir dann allerdings Antworten von anderen Selbstentmündigten, die meist mit »Ich weiß auch nicht so genau, aber ...« beginnen und uns in unserer akuten Todesangst bestärken. Suchen wir dann doch einen Doktor auf, lesen wir erst mal, wie andere ihn im Netz bewerten. Hüsteln hingegen unsere Kinder, da rennen wir mit ihnen sofort in die Notaufnahme, auch mitten in der Nacht. Und wehe, man empfiehlt uns dort statt eines Medikaments einen seit Jahrtausenden bewährten Salbeihonig – und behauptet dann noch, das sei auch eine Arznei. Da blasen wir noch in der Klinik zum Shitstorm gegen diese Quacksalber. Dabei können wir doch eigentlich gar nicht mehr krank werden. Riechen wir doch nicht mehr an unserem Essen, sondern werfen es weg, wenn das ›Mindesthaltbarkeitsdatum‹ bald abläuft. Da vertrauen wir ganz den großen Konzernen, die werden schon wissen, was sie tun.«[19]

Mit diesen Worten schließt sich der Kreis dieses Buches. In Angriff genommen habe ich es, weil mich die Nachricht über Patienten, die in den Notaufnahmen randalieren und bei jedem Mückenstich den Krankenwagen holen, völlig irritiert hatte. Zwei Jahre später endet meine Forschungsreise in die Welt der Ichlinge. Die mich noch immer umtreibt, umso stärker, desto mehr es davon gibt. Die aber auch relativiert wurde durch die vielen guten Bespiele dafür, dass und wie es anders geht.

Verantwortung übernehmen

Wer wären wir, wenn wir uns von den Egozombies überrennen lassen würden? Wer mündig handeln will, übernimmt Verantwortung: für sich, für das Umfeld, für die Gesellschaft, in der wir leben. Es gibt Menschen, die das tun, und zwar nicht wenige. Das ist das positive Fazit meiner Expedition. Der Mut, den sie geben, ist die Zuversicht in die eigene Kompetenz.

Was auf dem Spiel steht

Respektlosigkeit, Ichbezogenheit und Rücksichtslosigkeit machen sich breit, weil wir inzwischen in einer Gesellschaft leben, deren extreme wirtschaftsliberale Ausrichtung die Menschen untereinander zu scharfen Konkurrenten macht, nicht nur um Ausbildungs-, Arbeitsplätze oder Wohnungen, sondern auch im ganz alltäglichen Miteinander. Unser Leben vor allem in den Metropolen macht uns ruhelos, die vielen schnellen Veränderungen stressen und überfordern uns immer wieder, wenn wir sie nicht wollen oder das Gefühl haben, nicht Schritt halten zu können.

Das Thema Rechtsruck und AfD habe ich nur am Rande gestreift, aber selbstverständlich ist es eng verwoben mit dem obigen Befund. Die Furcht um die eigene Zukunft und die Zukunft der Kinder und Enkelkinder ist inzwischen so stark ausgeprägt, dass sogar das linksliberalen Milieu wie von einem Virus befallen erscheint, das ihre Herzen verklebt. Auch und gerade die wohlsituierte Mittelschicht, der es hierzulande – vor allem im internationalen Vergleich – super gut geht, fürchtet sich davor, ihren Wohlstand mit anderen teilen zu müssen. Und diese anderen, das sind derzeit die Flüchtlinge aus Afrika und Afghanistan. Dabei ist diese Angst vollkommen unbegründet. Die Konkurrenz um Jobs ist vorgeschoben. Noch haben wir Tausende freie Stellen, und beileibe nicht nur für Hochqualifizierte. Es gibt Gastwirtschaften, die schließen müssen, weil sie keine Ober und Kellnerinnen mehr finden. Eine Treppe zwischen Küche und Schankwirtschaft, schlechte Erreichbarkeit, unangenehme Arbeitszeiten oder ähnliches reichen für die Absage. Das Internet gaukelt den Menschen vor, es gäbe alles und jetzt sofort per Knopfdruck bis an die Haustür. Dass aber draußen im wirklichen Leben auch noch anzupacken ist, dass Arbeit im Zweifelsfall auch anstrengend sein kann, das kommt bei Google, Facebook, Amazon, und den anderen Helden der Einfalt nicht vor. Teilen aber werden wir eines Tages in der Tat müssen. Dann nämlich, wenn die reichen Nationen und die opulent lebenden Eliten überall endlich akzeptieren, dass dieser Planet nur genug für alle hat, wenn wir die Gier bekämpfen, wenn wir uns einschränken. Wie schwer das wird, zeigt die armselige Asyldebatte in Europa.

Die andere Wirklichkeit wird durch die kleine Schicht mit hohen Gagen repräsentiert. Durch Fußballer mit Millionenkonten. Durch die Zuckerwatte-Welt der Manager. Durch eine Kaste, die uns mit ihrem Gerede über den ach-so innovativen, unternehmerischen Risiko-Mut nur irreführt, während sie sich selbst so absichert, dass die »Unternehmer« sogar bei krassestem Versagen noch weich fallen. Durch Masken-Menschen aus der Kunstwelt des Fernsehens, das die Alltagssorgen wegschminkt und das uns unbeschwert Mitteilungen über Dinge macht, die wir entweder nicht brauchen oder nie haben werden. Durch Menschen also, die in kurzer Zeit mehr Geld »verdienen« als normale Leute in einem ganzen Arbeitsleben. Sie bevölkern die Hochglanzmagazine und Talkshows. Sie sind ein Grund für das Tempo, die Ruhelosigkeit und den Stress, von dem ich spreche. Auch wenn sie das alles nicht selbst machen, so verstärken sie, was da ist. Sie machen Ängste real.

Und gute Gründe für Ängste gibt es ja. Wohnungen sind verdammt teuer geworden, weil man mit Boden und Wohnraum spekulieren darf, weil der Staat bislang nur halbherzig eingreift, um den Anstieg der Mieten in Schach zu halten, weil es viel zu wenige Sozialwohnungen und vielerorts insgesamt zu wenige Wohnungen gibt. Wenn Normalverdiener keine für sie bezahlbare Wohnung finden, dann liegt das nicht an Migranten. Und doch wird Ihnen gerne die Verantwortung für alle möglichen Fehlentwicklungen in die Schuhe geschoben. Gerne auch an Schulen und Kindergärten, die nicht gut klarkommen mit Kindern, die nur schlecht Deutsch können. Tatsächlich hatten diese Schulen und Kitas auch schon große Probleme, bevor die Flüchtlinge kamen, denn sie haben einfach zu wenige Ressourcen. Das ließe sich alles ändern, bedürfte aber größerer gesellschaftlicher und politischer Anstrengung. Da ist es einfacher »Das Boot ist voll« zu rufen – geholfen ist damit aber niemandem.

Während ich die letzten Zeilen für dieses Buch schreibe, ertrinken wieder Flüchtlinge im Mittelmeer, weil Schlepperbanden ihnen untaugliche Schiffe angedreht haben und weil Retter nicht retten dürfen! Unglaublich aber wahr: Helferinnen, die auf hoher See Leben hätten retten könnten, wurde das untersagt. Eine junge Aktivistin, die einige Zeit auf einem Schiff der Organisation Sea Eye verbrachte, erzählt auf einer Kundgebung für die Seenotrettung in Frankfurt, wie sie erleben musste, wie über 300 Menschen ertranken, weil ihnen die Seenotrettungsleitstelle Maritime Rescue Coordination Center in Rom verboten hatte, in lybisches Hoheitsgewässer einzudringen, wo sich die Flüchtlingsboote noch befanden. Ein paar Kilometer offene See entscheiden über Leben und Tod. So verbreitet sich Hartherzigkeit und Inhumanität in Europa. Wir spüren das auch in unserem Alltag, an ganz vielen verschiedenen Stellen. »Gewiss kann man sich moralische Kälte antrainieren. Doch wer das tut, sollte sich nicht wundern, wenn er den Empathie-Schalter auch dann nicht mehr findet, wenn Mitgefühl gebraucht wird. Es ist schwer, die Solidarität nach draußen auf null zu fahren und sie zugleich im Inneren hochzuhalten«, schreibt Bernd Ulrich treffend in *Der Zeit*.[20]

Es wird Zeit, das alles offen auszusprechen, überall, wo man darauf trifft. Es wird Zeit dagegen aufzustehen. Noch ist es nicht zu spät.

Dank

Ich hatte das Glück, viele Frauen und Männer zu finden, viele Expertinnen und Experten aus der Zivilgesellschaft, der Politik, der Wissenschaft, die mir bereitwillig etwas ihrer Zeit geschenkt und meine Fragen beantwortet haben beziehungsweise mich an ihrer Sichtweise auf das Thema teilhaben ließen. Ihnen allen ein großes Dankeschön.

Herzlichen Dank auch an den Westend Verlag, der sich mit großem Engagement auf das Thema einließ. Vor allem an Maximilian David, dessen ausgesprochen gründliches Lektorat ich sehr hilfreich fand.

Ein großes Dankeschön auch an meinen Lebensgefährten und alle Freundinnen und Freunde, die mein Projekt mit großem Interesse begleiteten, und mich praktisch und emotional unterstützt haben.

Literatur

Bachmann, Günther: Visionen und Politik: Wissen, Angst, Wagnis, in: *Jahrbuch Ökologie 2014*, Stuttgart 2013

Baier, Andrea, Müller, Christa, Werner, Karin: *Stadt der Commonisten. Neue urbane Räume des Do it yourself*, Bielefeld 2013

Bianchi, Reinhold: Psychosoziale Destruktion im Neoliberalismus aus der Perspektive der Rationalen Psychoanalyse, in: Burkhard Wiebel/Alisha Pilenko/Gabriele Nintemann (Hrsg.): *Mechanismen psychosozialer Zerstörung. Neoliberales Herrschaftsdenken, Stressfaktoren der Prekarität, Widerstand*, Hamburg 2011, Seite 11–17

Brodnig, Ingrid: *Hass im Netz. Was wir gegen Hetze, Mobbing und Lügen tun können*, Wien 2016

Brown, Lester: *Plan B 3.0. Mobilizing to Save Civilization*. New York, London 2008

BUND & Misereor (Hg.): *Zukunftsfähiges Deutschland. Ein Beitrag zu einer global nachhaltigen Entwicklung*, Basel 1996

Elias, Norbert Leo: *Über den Prozess der Zivilisation. Soziogenetische und psychogenetische Untersuchungen*, Bd. 1. *Wandlungen des Verhaltens in den westlichen Oberschichten des Abendlandes*, Bd. 2. *Wandlungen der Gesellschaft, Entwurf zu einer Theorie der Zivilisation*, bearb. von Heike Hammer, Amsterdam 1997

Etzioni, Amitai: *Jeder nur sich selbst der Nächste? In der Erziehung Werte vermitteln*. Hrsg., eingel. und mit Kommentaren versehen von Hans Nübel. (Herder) Freiburg, Basel, Wien 2001

Etzioni, Amitai: *Jenseits des Egoismus-Prinzips. Ein neues Bild von Wirtschaft, Politik und Gesellschaft*. (Schäffer-Poeschel) Stuttgart 1994. Zweite Auflage unter dem Titel: *Die faire Gesellschaft. Jenseits von Sozialismus und Kapitalismus*. (Fischer-Taschenbuch)

Frankfurt/M. 1996. (Original: The Moral Dimension. Towards a new economics, 1988)

Franck, Georg: *Die Ökonomie der Aufmerksamkeit*, München 1998

Frey, Dieter: *Psychologie der Werte: Von Achtsamkeit bis Zivilcourage – Basiswissen aus Psychologie und Philosophie*, Heidelberg 2015

Giesecke, Dana, Hebert, Saskia, Welzer, Harald (Hg.): *Futurzwei Zukunftsalmanach 2017/18*, Frankfurt/M. 2017

Glauber, Hans (Hg.): *Langsamer Weniger Besser Schöner. 15 Jahre Toblacher Gespräche: Bausteine für die Zukunft*, München 2006

Hacke, Axel: *Über den Anstand in schwierigen Zeiten und die Frage, wie wir miteinander umgehen*, München 2017

Hartmann, Michael: *Der Mythos von den Leistungseliten. Spitzenkarrieren und soziale Herkunft in Wirtschaft, Politik, Justiz und Wissenschaft*, Frankfurt/M. 2002

Hofmann, Madeleine: *Macht Platz! Über die Jugend von heute und die Alten, die überall dick drin sitzen und über fehlenden Nachwuchs schimpfen*, Frankfurt/M. 2018

Hüther, Gerald: *Was wir sind und was wir sein könnten. Ein neurobiologischer Mutmacher*, Frankfurt/M. 2011

Jagersbacher, Britt: *Reality-TV – Die inszenierte Wirklichkeit*, Riga 2015

Knigge, Adolf Freiherr von: *Über den Umgang mit Menschen. Neudruck der dritten Auflage* [1790]. Frankfurt/M. und Leipzig 2001

Leitschuh, Heike: *Bewusstseins- und Kulturwende: Das Neue wächst schon im Alten, in Jahrbuch Ökologie 2013: Wende Überall? Von Vorreitern, Nachzüglern und Sitzenbleibern*, Stuttgart 2012 (a)

Leitschuh, Heike: »Deutungseliten dringend gesucht«, In: *Politische Ökologie 128*. München 2012 (b), S. 138–141

Leitschuh, Heike: »Neue Organisationen aktivieren die Zivilgesellschaft«, In: *Jahrbuch Ökologie 2012: Grüner Umbau. Neue Allianzen für die Umwelt*, Stuttgart 2011

Lenin, Wladimir Iljitsch: *Was tun? Brennende Fragen unserer Bewegung*, 21. Auflage. Dietz, Berlin, 1988

Lind, Georg: *Moral ist lehrbar. Handbuch zur Theorie und Praxis moralischer und demokratischer Bildung*. München 2009

Linz, Manfred: *Suffizienz als politische Praxis. Ein Katalog*, Wuppertal 2015

Linz, Manfred: »Wie lernen Gesellschaften – heute?«, In: *Wuppertal Institut für Klima, Umwelt, Energie: Impulse zur Wachstumswende* 4/2012

Maaz, Hans-Joachim: *Die narzisstische Gesellschaft: Ein Psychogramm*, 2012

Opaschowski, Horst W.: *WIR! Warum Ichlinge keine Zukunft mehr haben*, Hamburg, 2010

Paech, Nico: *Befreiung vom Überfluss. Auf dem Weg in eine Postwachstumsökonomie.* München 2012

Precht, Richard David: *Die Kunst kein Egoist zu sein. Warum wir gerne gut sein wollen und was uns davon abhält*, München 2010

Rützel, Anja: *Trash-TV*, Ditzingen 2017

Seidl, Irmi & Angelika Zahrnt (Hg.): *Postwachstumsgesellschaft. Neue Konzepte für die Zukunft.* Marburg 2010

Schmidbauer, Wolfgang: *Raubbau an der Seele. Psychogramm einer überforderten Gesellschaft*, München 2017

Schneidewind, Uwe & Zahrnt, Angelika: *Damit gutes Leben einfacher wird. Perspektiven einer Suffizienzpolitik*, München 2013

Schindler. Jörg: *Die Rüpelrepublik. Warum sind wir so unsozial?*, Frankfurt/M. 2012

Schor, Juliet B.: *True Wealth*. New York 2011

Spitzer, Manfred: *Digitale Demenz. Wie wir unsere Kinder um den Verstand bringen*, München 2012

Stengel, Oliver: *Suffizienz. Die Konsumgesellschaft in der ökologischen Krise*. München 2011

Wagner, Greta: *Selbstoptimierung. Praxis und Kritik des Neuroenhancement*, Frankfurt/M. 2017

Wallace, David Foster: *This is water. Some thoughts, delivered on a significant occasion, about living a compassionate life*, New York 2009

Wardetzki, Gabi: *Narzissmus, Verführung und Macht*, Berlin 2017

Welzer, Harald: *Mentale Infrastrukturen. Wie das Wachstum in die Welt und in die Seelen kam*, Berlin 2011

Welzer, Harald: *Selbst denken. Eine Anleitung zum Widerstand*, Frankfurt/M. 2013

Anmerkungen

1 Im Buch wird die männliche und weibliche Form abwechselnd verwendet.

I. Was ist nur mit den Leuten los?

1 *Frankfurter Rundschau*, 13. März 2017
2 *Frankfurter Rundschau*, 19. September 2017
3 *Tagesspiegel*, 8. November 2017
4 *Frankfurter Rundschau*, 11./12.November 2017
5 Hessischer Rundfunk, HR Info, 2. März 2018.
6 Interview der Autorin mit Harald Welzer im April 2017
7 Die Stadt Frankfurt verfolgt seit Jahren mit dem sogenannten »Frankfurter Weg« eine offene Drogenpolitik, indem sie die Süchtigen auch auf der Straße Drogen konsumieren lässt. Zugleich versucht sie mit Hilfe stationärer Hilfseinrichtungen (zum Beispiel sogenannten »Druckräumen«), den Drogenkonsum in geordnete Bahnen zu lenken. Der fortschrittliche Ansatz wird von Medien und Politik zunehmend kritisiert.
8 *Frankfurter Rundschau*, 20. Dezember 2017
9 http://www.wwf.de/lebensmittelverschwendung, abgerufen am 27. Dezember 2017.
10 http://www.jahrbuch-oekologie.de/Leitschuh2013.pdf, abgerufen am 31. Januar 2018
11 Hans Magnus Enzensberger: *Die Große Wanderung: 33 Markierungen*, Frankfurt am Main 1994, Seite 12.
12 *Frankfurter Rundschau*, 24. November 2017
13 http://www.polizei-beratung.de/medienangebot/detail/27-weggeschaut-ignoriert-gekniffen/, abgerufen am 29. Januar 2018
14 *Frankfurter Rundschau*, 21. Dezember 2017
15 Stefan Sauer: »Amazon entsorgt Retouren«, *Frankfurter Rundschau*, 9. Juni 2018.
16 Vgl. Carsten Knop: Die Jagd auf unser digitales Ich, *Frankfurter Allgemeine Zeitung*, 24.2.2018
17 Markus Sievers: »Visionäres Steuersparen. Amazon-Chef Jeff Bezos erhält in Berlin einen Preis für visionäres Unternehmertum. Kritikern taugt er jedoch nicht als Vorbild«, *Frankfurter Rundschau*, 15. April 2018.
18 https://de.wikipedia.org/wiki/Adolph_Knigge

19 Axel Hacke: Über den Anstand in schwierigen Zeiten und die Frage, wie wir miteinander umgehen, München 2017

20 Frey, 2015

21 Hacke, 2017

22 *Frankfurter Rundschau* 30. Januar 2018, http://www.fr.de/rhein-main/landespolitik/kommunen-ausgrenzen-funktioniert-bei-der-afd-nicht-a-1436551, abgerufen am 26. Februar 2018

23 Zitiert nach Axel Hacke: Über den Anstand in schwierigen Zeiten und die Frage, wie wir miteinander umgehen, München 2017, Seite 134 f.

24 www.wikipedia.org/wiki/Paradise_Papers, https://projekte.sueddeutsche.de/paradisepapers/politik/das-ist-das-leak-e229478, abgerufen am 9. Januar 2018.

25 Manager Magazin, 23.1.2018, http://www.manager-magazin.de/politik/deutschland/a-1189415.html, abgerufen am 24. Januar.2018.

26 »Mehr Millionäre denn je«, in: Frankfurter Rundschau, 22. Juni 2018

27 https://www.oxfam.de/system/files/bericht_englisch_-_reward_work_not_wealth.pdf, abgerufen am 2. Februar 2018

28 www.ag.gov.au/CrimeAndCorruption/AntiCorruption/Documents/G20HighLevelPrinciplesOnBeneficialOwnershipTransparency.pdf

29 Bernie Sanders: Das Gesetz des Schwächeren, *der Freitag*, 18. Januar 2018

30 Reuters: »Deutsche Bank to hike bonuses to more than 1 billion euros for 2017: FAS«, 27.1.2018.

31 »Manager sahnen ab«, *Frankfurter Rundschau*, 6. Juli 2018

32 *Frankfurter Rundschau*, 28. Dezember 2017

33 Elias, 1997

34 Hacke, 2017

35 Schindler, 2012

II. Die Ichlinge kommen. Beispiele aus unserem Alltag

1 Uwe Marx: »Angriff auf die Ärzte«, *Frankfurter Allgemeine Zeitung* 22./23. Juli 2017

2 Felix Hütten: »Die Not der Notaufnahmen«, *Süddeutsche Zeitung*, 8. Oktober 2017

3 Uwe Marx: Angriff auf die Ärzte, *Frankfurter Allgemeine Zeitung*, 22./23. Juli 2017

4 Interview mit Dennis Göbel, Tabea Görzel und Ulrich Reissmann am 18. März 2017

5 Ein sicher größerer Kostenblock ist wohl die Pharmaindustrie bzw., die Hersteller von Heil- und Hilfsmitteln mit zum Teil unangemessen hohen Preisen. Fragwürdig ist auch, inwieweit die teure Apparatemedizin und die ökonomischen Zielvorgaben für die Krankenhäuser den Impuls begünstigen, die Maschinen auch auslasten zu wollen.

6 »Ärztepräsident warnt: Gewalt gegen Ärzte nimmt zu«, *Passauer Neue Presse*, 3. Mai 2017 http://www.pnp.de/nachrichten/bayern/2495541_Aerztepraesident-warnt-Gewalt-gegenueber-Aerzten-nimmt-zu.html, abgerufen am 3. Mai 2017

7 Name geändert, Interview am 20. März 2017

8 Ruth Herberg: »Beschimpft, bedroht, beleidigt. Zahlreiche Lehrer werden sogar körperlich angegriffen«, *Frankfurter Rundschau*, 3. Mai 2018

9 Interview mit Marina Möller am 23. März 2017

10 Interview mit Benjamin Keelan am 5. April 2017

11 Interview mit Marianne Hübinger und Paul Hafner am 10. April 2017

12 https://www.hu-berlin.de/de/wirtschaft/newsletter-wtt/wtt-nl-04_2016/Beispielprojekt_Littering_Verhalten, sowie http://www.vaboe.at/service/Downloads/Gerlach_Humboldt-UniversitaetBerlin.pdf, abgerufen am 25. April 2018.

13 Interview der Autorin mit Manfred Fröhlich im Mai 2017

14 Pauline Stahl: »Vermüllung als Ausdruck eines Lebensgefühls«, *Frankfurter Allgemeine Zeitung*, 7. Mai 2018

15 Oliver Teutsch: »Wurst im Sinn, Müll im Park«, *Frankfurter Rundschau*, 7./8. April 2018

16 Berliner Zeitung 3. Januar 2018

17 Ariane Bemmer: »Lassen Sie mich durch, weil ich es bin!«, *Tagesspiegel*, 8. November 2017.

18 SRW Aktuell, 28.5.2017

19 Welt Online, 15. Dezember 2017

20 *Berliner Morgenpost*, 18. Dezember 2017

21 Interview der Autorin mit André Baudach am 10. Oktober 2017

22 Interview der Autorin mit Benjamin Jendro am 17. Oktober 2017

23 Hessenschau 29. Januar 2018, www.hessenschau.de/sport/fussball/gewalt-gegen-schiedsrichter-das-lass-ich-mir-nicht-kaputt-machen,gewalt-schiedsrichter-100.html, abgerufen am 30. Januar 2018

24 Interview der Autorin mit Stefanie Schulte und Gunter Pilz am 8. Juni 2017

25 Interview der Autorin mit Christine Kumpert am 9. Mai 2017

26 Richard Meng: »Vorsicht: Eltern«, *Frankfurter Rundschau,* 25. Mai 2018

27 NO TO AGGRESSIVE PARENTS – BFV, YouTube.com, 19. August 2018

28 Reinhard Müller: »Der wahre Meister«, *Frankfurter Allgemeine Zeitung*, 22. Mai 2018

III. Neoliberale Konkurrenzmühle und (un)soziale Medien

1 Interview der Autorin mit Dieter Frey im Dezember 2017.

2 Hacke, 2017

3 Bastian Berbner und Henning Sussebach: »In Braunschweig machen 48 Prozent der Schüler Abitur. In Cloppenburg 18 Prozent. Wie kann das sein?«, *Die Zeit*, 15. März 2018

4 Hartmann, 2002

5 Schmidbauer, 2017

6 Hartmut Rosa: Die Welt wird freudloser – in der Beschleunigungsfalle, Interview in der *Frankfurter Rundschau*, Weihnachten 2017.

7 http://www.soeb.de/fileadmin/redaktion/downloads/Fachtagung_soeb_3/soeb3_Zusammenfassung_vs_1-2.pdf, abgerufen am 30. April 2018.

8 Leitschuh 2012

9 *Der Freitag*, 22. März 2018

10 *Frankfurter Rundschau*, 29./30. März 2018

11 Kathrin Hartmann: »Armut, die sich lohnt«, in: *Der Freitag*, Ostern 2018, https://www.freitag.de/autoren/der-freitag/armut-die-sich-lohnt, abgerufen am 30. Mai 2018.

12 www.wikipedia.org/wiki/Obdachlosigkeit; www.deutschlandfunk.de/sozial statistik-immer-mehr-obdachlose-in-deutschland.1818.de.html?dram:article_ id=373118, abgerufen am 30. Mai 2018.

13 *Frankfurter Rundschau* 20. Mai 2018.

14 Bianchi, 2011

15 www.wikipedia.org/wiki/Armuts-_und_Reichtumsbericht_der_Bundesregie rung, abgerufen am 30.April 2018.

16 Bianchi, ebenda

17 Bianchi, 2011

18 Interview der Autorin mit Manfred Fröhlich im Mai 2017

19 Interview der Autorin mit Thomas Kliche am 4. Januar 2018

20 Frey, 2015

21 *Hania Luczak: »Die Liebe zum Ich«, in Geo 9/2012.*

22 S. o.

23 Sebastian Herrmann: »Ich bin so schön«, *Süddeutsche Zeitung*, 25./26. November 2017.

24 www.wikipedia.org/wiki/Narzissmus, abgerufen am 28. März 2018

25 Scobel: »Ego-Kult – im Zweifel ich zuerst«, 3sat am 11. Januar 2018, www.3sat. de/page/?source=/scobel/195764/index.html

26 Wardetzki, 2017

27 Schmidbauer, 2017

28 Schmidbauer, 2017

29 Ariane Bemmer: Lassen Sie mich durch, weil ich es bin! Egoismus in der Gesellschaft, *Tagesspiegel*, 8. November 2017

30 Interview der Autorin mit Rolf Haubl am 7. April 2017

31 Franck, 1998

32 Maaz, 2012

33 »AfD im Bundestag – Ausdruck einer kolossalen Dummheit«, Interview mit Claus Leggewie, Frankfurter Rundschau, 25. September 2017, http://www.fr. de/politik/bundestagswahl/afd-im-bundestag-ausdruck-einer-kolossalen-dummheit-a-1357126, abgerufen am 9. April 2018

34 Greenpeace Nachrichten 3/2018

35 Karl Doemens: »Mit Blaulicht zur Bouillabaisse – Trumps oberster Umweltschützer Scott Pruitt leugnet den Klimawandel und gebärdet sich wie ein Sonnenkönig«, *Frankfurter Rundschau*, 7./8. April 2018

36 Sascha Lobo: »Die Krise des Wir«, Spiegel Online, 8. November 2017

37 Interview der Autorin mit Rita Süssmuth am 5. April 2018

38 Frederik Obermaier, Bastian Obermayer, Nicolas Richter: »Die Asozialen«, *Süddeutsche Zeitung* 11./12. November 2017

39 Jens-Uwe Heuser, »Wir statt Gier. Wer einen anderen Kapitalismus will, muss das Mitgefühl fördern. Forscher und Praktiker lernen gerade, wie das geht. Steht uns eine soziale Revolution bevor?«, *Die Zeit*, 26. Oktober 2017, http://www.

zeit.de/2017/44/altruismus-empathie-mitgefuehl-kapitalismus/seite-6, abgerufen am 13. April 2018

40 Meinhard Miegel, Gedanken im Februar 2018, www.kulturelleerneuerung.de/aktivitaeten/gemeinsinn, abgerufen am 5. April 2018

41 Andreas Reckwitz: »Die alte und die neue Mittelschicht«, in: *Frankfurter Allgemeine Zeitung*, 22. Oktober 2017, sowie Andreas Reckwitz: »Wir Einzigartigen«, Interview in der *Frankfurter Allgemeinen Zeitung*, 5.Oktober 2017.

42 Spitzer, 2012

43 Lenin, 1988

44 Interview der Autorin mit Thomas Kliche am 4. Januar 2018

45 Eine Befragung der Bundesanstalt für Arbeitsschutz und Arbeitsmedizin im Jahr 2015 ergab, dass inzwischen die Wege, die zwischen Wohn- und Arbeitsort zu bewältigen sind, immer länger werden. Das berichtet das Institut für Arbeitsmarkt- und Berufsforschung (IAB): Zwischen 2000 und 2014 stiegen die durchschnittlichen Distanzen von 8,7 auf 10,5 Kilometer, das ist ein Anstieg um 21 Prozent. Es gibt auch immer mehr Pendler, die 50 Kilometer und mehr zurücklegen müssen.

46 »Die Arbeitswege werden immer länger«, *Frankfurter Rundschau* 18. April 2018

47 Schmidbauer, 2017

48 Martin Hecht: Der Anschlag auf den Selbstwert«, in: *Frankfurter Rundschau*, 20. Juli 2018

49 www.statista.com/themen/161/burnout-syndrom, abgerufen am 30. Mai 2018.

50 http://www.spiegel.de/lebenundlernen/uni/studie-ueber-studenten-bachelor-stresst-mehr-als-diplom-a-902397.html, abgerufen am 30. Mai 2018.

51 www.news.efinancialcareers.com/de-de/148681/karrierekiller-depression-immer-mehr-banker-leiden-unter-psychischen-belastungen, abgerufen am 30. Mai 2018.

52 Dichtestress ist ein Begriff, der der Ökologie entlehnt wurde und dort unter anderem für das jährliche Lachssterben verantwortlich ist. Der Hirnforscher Gerald Hüther etwa erklärt in seinen Vorträgen gerne, wie Lachse zur Paarung flussaufwärts an den Ort ihrer Geburt zurückkehren, um sich zu paaren und um zu laichen. Danach sterben sie innerhalb von drei Tagen. Bisher sei man davon ausgegangen, dass sie damit allein einem genetischen Programm folgen. Ein Experiment ergab jedoch eine völlig neue Perspektive: Ein Forscher fing die Lachse nach dem Laichen ein und brachte sie zurück ins Meer, nicht ohne sie vorher rot zu markieren. Siehe da, sie lebten fröhlich weiter, denn ein Jahr später fanden sich diese Lachse wieder an den Lachplätzen ein. Die Begründung: Am Ort ihrer Paarung befinden sich viele Tausend andere Lachse, das Wasser ist flach, es gibt wenig zu fressen. Die Lachse sterben letztlich aufgrund mangelnder Nahrung und Dichtestress.

53 scobel: »Der Ego-Kult – im Zweifel, ich zuerst«, 3sat, 11. Januar 2018

54 Wagner, 2017

55 Vgl. Jagersbacher, 2015; Rützel, 2017

56 Sascha Lobo: »Die Krise des Wir«, Spiegel Online, 8. November 2017

57 Brodnig, 2016

58 Schmidbauer, 2017

59 Interview der Autorin mit Herta Däubler-Gmelin am 1. März 2018.

60 Schmidbauer, 2017

61 Jens-Uwe Heuser: »Wir statt Gier. Wer einen anderen Kapitalismus will, muss das Mitgefühl fördern. Forscher und Praktiker lernen gerade, wie das geht. Steht uns eine soziale Revolution bevor?«, in: *Die Zeit*, 26. Oktober 2017, http://www. zeit.de/2017/44/altruismus-empathie-mitgefuehl-kapitalismus/seite-6, abgerufen am 13. April 2018.

IV. Wo bleibt das Positive?

1 Ulrike Gastmann: »Lächeln an Kasse zwei«, *Die Zeit* am 4. Januar 2018.

2 www.wikipedia.org/wiki/Freiwilligensurvey, abgerufen am 2. Mai 2018.

3 www.wikipedia.org/wiki/ehrenamt, abgerufen am 2. Mai 2018.

4 »Wir sind nach wie vor kein Volk von Egoisten«, Interview mit Gerda Hasselfeldt, Präsidentin des Deutschen Roten Kreuzes, *Frankfurter Rundschau*, Ostern 2018.

5 Inga Michler: Ich e.V., in: *Die Welt am Sonntag*, 15. Juli 2018.

6 Siehe World Giving Index: www.cafonline.org/about-us/publications/2017-pu blications/caf-world-giving-index-2017, abgerufen am 15. Mai 2018.

7 Interview der Autorin mit Burkhard Wilke, DZI, am 4. Mai 2018.

8 Leitschuh, 2011

9 »Arme Familien kommen aus der Armut kaum raus«, *Frankfurter Rundschau*, 31. Januar 2018; Interview mit Hejo Manderscheid, 19. April 2017.

10 Interview der Autorin mit Ulrike Schell am 3. Januar 2018

11 www.hessen-lebt-respekt.de/aktuelles, abgerufen am 8. Mai 2018.

12 www.hessen-nachhaltig.de, abgerufen am 27. Mai 2018.

13 https://www.focus.de/panorama/welt/alan-barnes-fund-spendenkampagne-bringt-schwerbehinderten-fast-300-000-euro_id_4445276.html

14 www.morganstanley.com/ideas/sustainable-socially-responsible-investing-mil lennials-drive-growth, abgerufen am 3. Mai 2018.

15 utopia.de/b2b/utopia-studie-veroeffentlicht/, abgerufen am 3. Mai 2018.

16 Zwischen 1965 und 1975 geborene Generation

17 www2.deloitte.com/global/en/pages/about-deloitte/articles/millennialsur vey.html, abgerufen am 3. Mai 2018.

18 Heike Leitschuh: »Wir probieren's mal anders. In der Umweltbewegung steht ein Generationenwechsel an. Die Jungen sind nicht mehr prinzipiell dagegen und leben Nachhaltigkeit auch im Alltag«, in: *Der Freitag*, 9. Juli 2015, http://www. heike-leitschuh.de/downloads/Freitag_Naechste_Generation_KW-28-6.pdf, abgerufen am 3. Mai 2018.

19 Hofmann, 2018, und Leitschuh, 2012 b

20 Jens-Uwe Heuser: »Wir statt Gier. Wer einen anderen Kapitalismus will, muss das Mitgefühl fördern. Forscher und Praktiker lernen gerade, wie das geht. Steht uns eine soziale Revolution bevor?«, *Die Zeit*, 26. Oktober 2017, http://www. zeit.de/2017/44/altruismus-empathie-mitgefuehl-kapitalismus/seite-6, abgerufen am 13. April 2018.

21 www.villa-locomuna.de, abgerufen am 25. Mai 2018.

22 www.diekooperative.de, abgerufen am 29. Mai 2018.

23 www.shoutoutloud.eu, abgerufen am 29. Mai 2018.

24 Baier et al., 2013

25 Stengel, 2011

26 Paech, 2012

27 Linz, 2015

28 Leitschuh, 2012

29 Schor, 2011

30 Brown, 2008

31 Christian Schüle: Gerechtigkeit – Teilen als Tugend, Deutschlandfunk 6. April 2016, http://www.deutschlandfunk.de/gerechtigkeit-teilen-als-tugend.2540.de.html?dram:article_id=350021

32 Baier et al., 2013, S. 220

33 Wut ist am Ende austauschbar«, Interview mit Rene Wilke, *Frankfurter Rundschau,* 7./8. April 2018.

34 Scobel: »Ego-Kult – im Zweifel ich zuerst«, 3sat 11. Januar 2018, 2018

35 »Unser System steht auf der Kippe«, Interview mit Richard David Precht in der Wirtschaftswoche, 13. Oktober 2010, www.wiwo.de/erfolg/trends/richard-david-precht-unser-system-steht-auf-der-kippe/5688192.html, abgerufen am 11. Mai 2018.

36 Jens-Uwe Heuser: »Wir statt Gier. Wer einen anderen Kapitalismus will, muss das Mitgefühl fördern. Forscher und Praktiker lernen gerade, wie das geht. Steht uns eine soziale Revolution bevor?«, Die Zeit, 26. Oktober 2017, http://www.zeit.de/2017/44/altruismus-empathie-mitgefuehl-kapitalismus/seite-6, abgerufen am 13. April 2018.

37 Weitere Informationen: www.bundesnetzwerk-zivilcourage.de, www.praevention-rhein-neckar.de.

38 Interview der Autorin mit André Baudach am 10.Oktober 2017

V. Wir haben es selbst in der Hand, ob die Egozombies unser Leben bestimmen oder nicht

1 Hacke, 2017

2 Interview der Autorin mit Hejo Manderscheid am 19. April 2017

3 Jens-Uwe Heuder, »Wir statt Gier. Wer einen anderen Kapitalismus will, muss das Mitgefühl fördern. Forscher und Praktiker lernen gerade, wie das geht. Steht uns eine soziale Revolution bevor?«, *Die Zeit,* 26. Oktober 2017, http://www.zeit.de/2017/44/altruismus-empathie-mitgefuehl-kapitalismus/seite-6, abgerufen am 13. April 2018.

4 Interview der Autorin mit Katja Kipping am 18. Juni 2018

5 Interview der Autorin mit Rita Süssmuth am 5. April 2018

6 Interview der Autorin mit Olaf Tschimpke am 3. Mai 2018

7 www.bundesregierung.de/Webs/Breg/DE/Themen/Nachhaltigkeitsstrategie/_node.html, abgerufen am 20. Juni 2018; www.wikipedia.org/wiki/Deutsche_Nachhaltigkeitsstrategie, abgerufen am 18. Juni 2018

8 Gerhard Gundermann, »Ein paar Gedanken über Arbeitsplätze, Lebensräume und eine Supermaschine«, 1995

9 Gerhard Gundermann baggert noch immer, singt noch immer, provoziert noch

immer: »Ich brauche keine Freiheit«, Interview mit Hans-Dieter Schütt, *Neues Deutschland*, 24./25. Februar 1996

10 Interview der Autorin mit Ulrike Schell am 3. Januar 2018
11 Paech, 2012
12 Interview der Autorin mit Raimund Allebrand am 18. Juni 2018
13 Interview der Autorin mit Dieter Frey im Dezember 2017
14 Lind, 2009
15 Stengel, 2011
16 Hüther, 2011
17 Scobel: »Ego-Kult – im Zweifel ich zuerst«, 3sat 11. Januar 2018
18 »Wir können ja nicht überall perfekt sein«, Interview mit Greta Wagner, *Der Freitag*, am 28. Juni 2018
19 Michael Herl: Mündig unmündig?, *Frankfurter Rundschau*, 26. Juni 2018
20 Bernd Ulrich: Was es mit uns macht, was wir mit ihnen machen. Die Flüchtlinge in Gefahr, die EU im Festungskoller – 15 Thesen zur Wende in der Asyldebatte, Die Zeit, 19. Juli 2018.